飞客攻略007

飞客茶馆编辑部 编著

经济日报出版社

图书在版编目（CIP）数据

飞客攻略007/飞客茶馆编辑部编著．——北京：经济日报出版社，2017.6

ISBN 978-7-5196-0148-5

Ⅰ．①飞… Ⅱ．①飞… Ⅲ．①民用航空－运输企业－市场营销②饭店－市场营销 Ⅳ．① F560.6 ② F719.2

中国版本图书馆 CIP 数据核字 (2017) 第 133221 号

飞客攻略 007

编　　著	飞客茶馆编辑部
责任编辑	江　泉
责任校对	刘　璇
出版发行	经济日报出版社
地　　址	北京市西城区白纸坊东街 2 号（邮政编码 :100054)
电　　话	010-63584556（编辑部）63516959（发行部）
网　　址	www.edpbook.com.cn
E－mail	edpbook@126.com
经　　销	全国新华书店
印　　刷	北京瑞禾彩色印刷有限公司
开　　本	710mm×1000mm　1/16
字　　数	290 千
印　　张	18.5
版　　次	2017 年 7 月第一版
印　　次	2017 年 7 月第一次印刷
书　　号	ISBN 978-7-5196-0148-5
定　　价	39.80 元

版权所有 盗版必究 印装有误 负责调换

【序言】

因为有你，世界不同

飞客茶馆创始人大飞

飞行是伴随人类发展简史的终极梦想之一，当我们的祖先凝望蓝天苍穹之上展翅翱翔的雄鹰之时，便已在心中扎下了飞行之梦的种子。从敦煌飞天壁画、嫦娥奔月的动人神话到西方爱神丘比特的美丽传说，无论哪个民族、哪个国家，其崇拜的诸神大都会恣意飞翔，这是人类对飞行的朴素构思与美好愿景。

《墨子》记载："公输子削竹木以为鹊，成而飞之，三日不下。"它是说鲁班制作的木鸟能乘风力飞上高空，三天不降落；在明朝，万户因第一个想到利用火箭飞行而名垂青史；15世纪70年代，意大利天才莱昂纳多·达芬奇设计出一种由飞行员自己提供动力的飞行器，并称之为"扑翼飞机"；1891年，滑翔机之父奥托·李林塔尔制成一架蝙蝠状的弓形翼飞行器，成功进行了滑翔飞行；1903年12月17日，莱特兄弟首次制作了完全受控、附机载外动力、可持续滞空不落地的固定翼飞机，同年，中国华侨冯如决心要依靠中国人的力量来制造飞机，1910年7月，他成功试飞。自此之后，人类的飞天梦终于得以实现。

他们是飞客的缔造者，是自由的吟游诗人，更是梦想的实现者，世界的探索者！

作为20世纪初最重大的发明之一，飞机的演化史堪称一部人类智慧完美结晶力作：从双翼机演化到单翼机；从早期的木质结构发展到金属结构；从活塞式发动机升级至涡轮喷气式发动机；从最初只能乘坐一人扩展到今天能运载500人以上的巨型喷气式客机；从单纯用于作战和运输用途延伸应用于关乎国计民生的各行各业；从低空、低速到高空、高速，并向着冲出大气层的方向极致进化……在短短90多年时间里，它深刻改变并影响了人类的生活，越过时空地域阻隔的障碍，开启了人们征服蓝天的全新征途。

如今的飞客，尽享舒适飞行带来的无穷乐趣，深度领略世界大不同的种种精彩。未来，其实离我们更近。

作为商旅人群和未来消费升级人群的先行者，我们属于蓝色地球的小众人群，但更是这个世界进步前行的推动因子。因为，来到这里的你我，彼此内心深处都怀揣共同平衡向上的人生价值观：我们热衷蓝天自由飞行，推崇舒适下榻之所，旅行是我们的使命；我们不拘泥于传统观念，乐观而从容地对待生活，对于社会及人文自有独到鲜明的见解；我们待人处世宽容而礼让，力求成为"物质与精神共同富裕的进步主义者"。同时，我们更乐于将美好点滴通过高品质及高性价比的方式呈现并与大家分享。因而，在当下纷繁紧张的大千世界中，这片社区净土方显如此弥足珍贵，它令我们暂时放松绷紧的思绪，哪怕片刻休憩，都会令人备感美妙。

作为社区倡导者，殷切期待在这里的每一位飞客，都能执承"享此刻，享未来"之理念，飞行天下，探索世界，舒享未来。

【前言】

愿您找到最适合自己的常旅客计划

自 7 年前飞客茶馆创立以来，论坛聚集着越来越多对常旅客计划感兴趣的人，飞客茶馆现已成为国内领先的中文常旅客社区。在过去的一年中，更是有超过十万新会员加入，常旅客的队伍日益壮大。值此之际，飞客茶馆更新品牌定位，殷切期待在这里的每一位飞客可以秉持"享此刻，享未来"之理念，在论坛中分享信息，交流心得，探索世界，舒享未来。

"飞客茶馆"社区现已突破 40 万用户，很多商旅或休闲旅行者都开始加入酒店集团、航空公司的常旅客计划，但由于常旅客计划本身具有较为特殊的复杂性，所以 2016 年上半年我们编写了《飞客攻略》第一版，系统讲述了主流酒店集团和航空公司的常旅客计划，让常旅客新手能够快速检索到他们想了解的内容。

常旅客计划是酒店集团和航空公司为吸引和留存客人而成立的积分优惠奖励计划，亦可称为顾客忠诚度计划，通过向旅客提供积分及礼遇鼓励旅客对某个酒店连锁或航空公司可持续追随及体验。

常旅客的内容虽然说不上日新月异，但是每隔一段时间必然是有变化的。一方面，酒店集团和航空公司常旅客计划会根据当下的状况进行更新和升级。比如 IHG 优悦会从 2017 年 1 月 1 日起积分为他人兑换大中华区的免费房晚政策发生变化，必须提前至少 7 天致电预订中心登记；雅高乐雅会从 2017 年起，积分将区分为"会员等级积分"和"奖励积分"，只有"会员等级积分"作为保级的标准；凯悦酒店集团的会员计划更新为"凯悦天地"精英会员的等级也变更为探索者（Explorist）、冒险家（Discoverist）以及环球客（Globalist），随之升级和保级标准也改变，等等。还有每个酒店作为免费房晚等级的变化，这些都有可能在一年中有数次变动。另一方面，整个常旅客计划的大环境也会发生变化。2016 年对于国际酒店常旅客计划来说，是个不寻常的年份，最重大的影响莫过于喜达屋和万豪两大国际酒店集团正式合并（现在双方会员间等级已经可以直接匹配，积分可以互转）。国际酒店集团的常旅客计划的格局发生变化，如何吸引和留住高级会员，每个酒店集团都面临一道选择题，希尔顿集团直接开放等级匹配；凯悦酒店集团则提高了高级会员的门槛，也增加了最高端会员的权益。

正因为如此，《飞客攻略007》面世了。《飞客攻略007》既可以看作是《飞客攻略》第一版的补充，也可以作为一本全新的书来使用。我们希望即使以前不知道常旅客计划的人们通过此书也能找到适合自己的常旅客计划。在《飞客攻略007》中，我们分了3个部分来阐述。第一部分，我们邀请了10位来自不同行业的资深常旅客，他们中有公务员、销售经理、创业者、地产开发咨询……但是无一例外，他们都有着酒店集团及航空公司精英会员会籍，甚至是终身白金会员。他们讲述了从常旅客新手到资深专家的转变过程，希望大家能从他们的叙述中得到启发，从而找到适合自己的常旅客计划，用合适的价格获得最舒适的旅行体验。第二部分是常旅客计划指南，简单讲述了主流航空酒店常旅客计划的特点、会员等级以及积分累积和使用技巧。值得一提的是，我们在第三部分中加入了高端信用卡的介绍和推荐。因为高端信用卡和常旅客计划是相辅相成的。酒店集团和航空公司往往会和银行联合推出联名卡，让持卡人获得特殊权益。持卡人刷卡消费累积航空或酒店积分，也能增强忠诚度。非联名卡的高端信用卡一般也会有常旅客需要的权益，比如机场的快速安检通道、机场贵宾室、高端酒店入住折扣等。

希望通过飞客茶馆或《飞客攻略007》，使更多商旅人士了解各类常旅客计划，从而挑选真正适合自己的常旅客计划并享受更美好的旅行。另外我也向飞客茶馆的所有会员表示感谢，谢谢你们来飞客分享经验，回答问题，帮助新人快速成长，你们的无私分享是飞客茶馆不断发展的基础。

最后，感谢《飞客攻略007》的诸位作者：sheep956、voice78、suleiyu8585、keyman、飞人田田、pingsoft、D_E_S_I_R_E、donata、专属天使~~、luqikai、karev217、iamroy、Simon0902、jirenjzz、pglgc、益寿延年、四月的麦田、katmai、CA1301、hangscar、rockie、Nicksterdgd、小廖、jonsonhwang、达叔、aoface（以上均为飞客茶馆ID）。

目 录

序言　因为有你，世界不同 / 001
前言　愿您找到最适合自己的常旅客计划 / 001

Part 1

我眼中的常旅客计划

第 1 章　常旅客计划，给我带来了什么

1.1 基层公务员的常旅客入门指南 / 002
1.2 完美你的旅行，小白领的常旅客积分生活 / 014
1.3 常旅客的气质不仅是积分，更是习惯 / 018
1.4 教你如何让出差不再很辛苦 / 022
1.5 常旅客计划让我成为创业者 / 030
1.6 长长的飞行，也是回家的旅程 / 035
1.7 学生族，也可以这样玩转常旅客 / 042
1.8 如何花最少的钱享受更好的出行礼遇？ / 048
1.9 从"出国党"到"出差党"，常旅客的华丽转身 / 052
1.10 常旅客计划并非遥不可及，改善出行品质从此刻开始 / 055

Part 2

常旅客计划指南

第 2 章　酒店常旅客计划

2.1 国际酒店集团常旅客计划综述 / 060
2.2 IHG 会员等级权益及积分累积、使用技巧 / 064
2.3 SPG 会员等级权益及积分累积、使用技巧 / 076
2.4 Hilton 会员等级权益及积分累积、使用技巧 / 088
2.5 Hyatt 会员等级权益及积分累积、使用技巧 / 101
2.6 Accor 会员等级权益及积分累积、使用技巧 / 110
2.7 Marriott 会员等级权益及积分累积、使用技巧 / 127
2.8 SHANGRI-LA 会员等级权益及积分累积、使用技巧 / 147
2.9 尚在探索中的国内酒店常旅客计划 / 155
2.10 酒店联名信用卡 / 158

第 3 章　航空常旅客计划

3.1 航空常旅客计划综述 / 168
3.2 世界三大航空联盟 / 174
3.3 中国国际航空及凤凰知音会员等级权益 / 180
3.4 中国东方航空及东方万里行会员等级权益 / 186

3.5 中国南方航空及明珠俱乐部会员等级权益 / 213

3.6 海南航空及金鹏俱乐部会员等级权益 / 218

3.7 国泰及港龙航空马可孛罗会员等级权益 / 225

3.8 如何更好地使用航空里程 / 233

3.9 航空联名信用卡 / 239

第 4 章　高端信用卡

4.1 无限信用卡 PK / 246

4.2 开启贵宾室体验之旅 / 255

4.3 让延误不再头疼 / 263

4.4 作为一名"飞客",如何配置自己的专属卡包 / 273

Part 1

我眼中的常旅客计划

第1章 常旅客计划，给我带来了什么
基层公务员的常旅客入门指南
完美你的旅行，小白领的常旅客积分生活
常旅客的气质不仅是积分，更是习惯
教你如何让出差不再辛苦
常旅客计划让我成为创业者
长长的飞行，也是回家的旅程
学生族，也可以这样玩转常旅客
如何花最少的钱享受更好的出行礼遇？
从"出国党"到"出差党"，常旅客计划的华丽转身
常旅客计划并非遥不可及，改善出行品质从此刻开始

Part 1 | 我眼中的常旅客计划 »

第 1 章
常旅客计划，给我带来了什么

1.1 基层公务员的常旅客入门指南

作者：周宏声
飞客茶馆 ID：voice78

▲ 职业：公务员
▲ 酒店集团会籍：希尔顿钻石会籍、洲际至悦会籍、香格里拉钻石会籍、喜达屋金会籍
▲ 信用卡：浦发 AE 白、浦发 IHG 金、交通银行 VISA 银联双标白金、华夏环球精英白、中信淘宝 V 金、中行联名（国航、南航、海航）白、工行大来白

本人帝都公务员一枚，年近四十，有家庭无事业，基本属于底层中的底层。两年前因参加洲际酒店集团（下文简称 IHG）的促销"赏夜"活动，踏入了常旅客的大门，从此一发而不可收。现在每天上飞客茶馆已经成了我一项雷打不动的必修课。

在飞客茶馆既能结识很多朋友，也能第一时间了解到各大酒店集团、航空公司

（下文简称航司）、银行信用卡相关的促销。而且飞客茶馆论坛的气氛特别好，我在小白阶段发过几次求助帖，基本都是秒回，而且都能切中要害，一语中的，真正诠释了飞客的宗旨"Life is better when shared"（分享，让人生更美好）。

一般认为，航空公司、酒店集团、信用卡三者构成了常旅客的基本内容。对于航司会员，限于我的工作性质，几乎不用出差，所以也就没有机会成为航司的精英会员。但是对于酒店和信用卡，应该说加入飞客茶馆两年来颇有心得。目前我持有IHG优悦会白金会员、希尔顿荣誉客会和香格里拉贵宾金环会的钻石会籍，同时持有浦发运通白金卡、交行白麒麟等热门信用卡。这点资历和飞客论坛里各位大神相比自然是小巫见大巫，但是我想我的经历对于广大小白应该会有一点借鉴意义。

一、如何选择适合自己的常旅客计划

目前，国际酒店集团主要包括洲际、喜达屋、希尔顿、凯悦、万豪、雅高、香格里拉这七家。这七家都有各自的积分体系和精英会员计划。作为初学者，在预算有限的前提下如何选择适合自己的精英会员计划，是我们首先面临的问题。

我第一个加入的是洲际酒店集团的IHG优悦会。与其他酒店集团相比，洲际集团的酒店在国内分布最广；另外洲际进入中国的几个品牌档次分布高低搭配合理，能够充分照顾到我这样的低收入阶层；最重要的是积分获取途径多样，精英会员的获取相对简单且有一定的权益，特别适合家庭短期出游或搭配小长假。

对于洲际集团的玩法，其核心就是趁促销活动时低成本地获取积分，用积分换房结合现金补差价升房并获取待遇。而什么时候应该使用积分，什么时候应该使用现金呢？结论很简单：淡季花钱，旺季用分。因为现金价格随淡旺季浮动很大，而使用积分兑换价格恒定。此外，洲际集团每年都有若干次"Point Break"，简称PB活动，参加PB活动的酒店在指定时间段内，不论原本兑换标准是多少，都会统一降为5000分/晚。例如2015年的PB名单上就曾经出现过拉萨圣地天堂洲际酒店和越南的岘港洲际度假村，这两家酒店正常兑换分别是25000分和50000分，所以5000分一晚只能用超值来形容了。

关于累积积分首选项的问题，洲际酒店积分累积原则是1美元10分，精英会员有最高100%的积分加成。同时洲际酒店和多家航司有合作，客人也可以选择不累积酒店积分而累积航司里程。而在航司里程的累积规则上，一部分航司以入住消

费金额和累积里程数挂钩，一部分航司累积里程数与入住次数挂钩。根据洲际积分的估值和航司里程估值来看，与消费金额挂钩的航司里程累积都不划算，但以入住次数为准累积航司里程是否划算就要区别看待了。

举个例子，2016年端午我去唐山游览园博会，住了一晚天津滨海智选假日酒店，该酒店周末6折价格为税后256元左右（请注意，目前IHG已取消周末6折，具体请以官网为准），按照美元汇率和我的会员级别，如果累积酒店积分可以得到580分左右，以洲际积分公认的每万分300元估值来看也就是大概18元的回报；如果累积南航里程，由于南航累积规则是1美元3公里，所以大概能得到116里程，以国内航司每10000里程700元的回报计算约为8元回报，但如果累积国航里程，则规则是每次入住800里程，约56元回报，回报率超过了20%！所以在这个例子中明显是累积国航里程划算。

说完了洲际集团，再来说说我加入的第二家酒店会员计划：希尔顿荣誉客会。之所以选择希尔顿是因为以下几个原因：第一，高级别会员获取简单，待遇丰厚。2015年希尔顿开启了针对VISA无限卡持卡人的金卡Status Match（特殊升级），说到待遇，金卡已经能够保证延迟退房、早饭和房间升级，钻卡更是以极大概率升到套房。说起来，我的第一次升套经历就是在三亚海棠湾的希尔顿逸林酒店，而那时的我仅仅只是金卡而已。第二，积分获取方式简单粗暴，效率高。希尔顿酒店通过注册多倍积分活动，入住积分回报率非常可观，且官网不定期推出积分买一送一活动，便于短期大量累积积分。第三，希尔顿的酒店分布虽然不如洲际广泛，但也算比较合理，作为洲际集团的补充非常合适。

希尔顿酒店集团的玩法，即低成本获取钻石会籍，通过注册多个活动后入住或官网大促买分大量获得积分，再有针对性地使用积分或者积分加现金的方式入住酒店。

下面重点要说的是希尔顿积分的获取和使用。

获取积分最重要的途径就是买分，官网标价是10美元1000分，但每年会有两次官网大促，买一送一，花费800美元可获得160000分，如果能结合信用卡海淘返现等活动，成本还能再低一点。但是，如果没有刚需，建议大家不要囤太多分，因为从长远来看，积分总是贬值的。酒店集团贬值积分的途径很简单，提高兑换标准即可。

获取积分的第二个重要途径就是现金入住叠加各种多倍积分活动。这里我直接贴一张图来说明。

Item	Base	Bonus	Miles
2015 TRIPLE YOUR TRIP OFFER	0	10680	0
QANTAS AIR - UP TO QUADRUPLE QANTAS PTS	0	8010	0
Base Points	5340	0	0
LRM 5K POINTS OFFER	0	5000	0
LRM 2K POINTS OFFER	0	4000	0
50% BONUS ON BASE POINTS	0	2670	0
LRM BRAND 1ST STAY BONUS	0	2000	0
GOLD VIP BONUS - 25% 2015	0	1335	0

这是我在 2015 年 10 月入住大连康莱德酒店的积分获取情况。希尔顿的积分体系基本规则是每消费 1 美元得 10 分，税费除外，这部分积分叫作 Base Points。本次入住两房两晚，获得 5340 分，也就是图中第三项的分数，除此之外都是获取的奖励积分。先看看图中第一项积分获取情况，这是希尔顿"平时两倍，周末三倍积分"的促销活动，注意这里的两倍三倍都是包含 Base Points 计算的。我当时正好是周末入住，所以得到了额外的两倍奖励积分。这个奖励属于季度例行促销，每个季度都会发布，内容大同小异，最常见的就是两倍积分。

再来看看图中第二项，这是航空公司奖励。希尔顿的里程累积与其他酒店集团有所区别，其他集团在累积时要么选择积分，要么选择里程，而希尔顿允许你选择完全累积积分或在累积积分的同时累积里程，一般累积比例是 1 美元 1 里程。而航空公司奖励就是在特定时间段入住给予特定航司多倍里程。要想激活这个促销，需要先注册这家航司的会员，然后把会员账号输入到希尔顿里程伙伴一栏。

图中第四五七项被戏称为"三剑客"，是 2015 年针对希尔顿旗下顶级品牌华尔道夫酒店和康莱德酒店的三项促销，分别是每两晚 5000 分，每晚 2000 分和三次入住分别奖励 2000、3000、5000 分。这个促销入住其他品牌比如逸林、希尔顿是不能激活的。第六项是积分方式选择完全累积积分获得的额外 50% 奖励分。第八项是基于会员级别给的奖励积分，金卡是 Base Points 的 25%，钻卡是 50%。此外，如果你是钻卡，还可以同时拿到早餐和每次入住的 1000 分奖励，而金卡就只能二选一。

以上叠加，使我的回报累积接近 40000 分。即便按照官网买一送一大促的估值，40000 分也等于 200 美元，而我一共才花了 534 美元，相当于打了 62 折，也就是说我只花了每晚 500 元的价格就体验了希尔顿旗下的顶级品牌。如果用这些分兑换酒店入住，可以入住 CAT1 酒店 8 晚，或者 CAT2 酒店 4 晚，这样看的话甚至可以说这次是正收益入住。

说过了积分获取，再来看看希尔顿积分的使用。对于希尔顿积分来说，结论也比较简单，CAT1-2 优先积分入住，CAT3 及以上积分加现金方式优先，顶级酒店结合住四送一优先积分入住。国内 CAT1 和 CAT2 的酒店共 28 家（请以官网为准），其中不乏热门旅游目的地。这些酒店如果以现金入住，每晚大概 500—900 不等，而使用积分的话，CAT1 只需 5000 分，CAT2 也只需 10000 分，以官网大促买分的标准来看，CAT1 只需 170 元，CAT2 也只需 340 元而已。而且希尔顿的积分换房与洲际集团不同，洲际集团积分房原则上不给任何待遇，而希尔顿的积分房所有待遇都能给，无形中又减少了成本。善用这一规则，可以为你的旅行节省很多开支。

我加入的第三个酒店常旅客计划是香格里拉的贵宾金环会。香格里拉是少有的旗下酒店全部采用自营模式而非输出管理模式的品牌。这一特点保证了旗下每家酒店的高品质，但是也因此带来了布局不广的弊端。所以更适合作为辅助性的常旅客计划而不宜作为主力。

加入这家完全是因为我连续赶上了三重优惠活动。首先是 2015 年香格里拉开启了住五家不同酒店可获赠 5000 分的促销，其次我叠加了阿里旅游的真五折活动，最后又幸运地赶上了香格里拉开启 Status Match，用洲际白金会员和希尔顿金卡会员 match 到了他们的钻卡（这里必须要提醒大家，这种 match 活动看到了一定要尽快参与，我在第一时间就参与，结果用两个酒店集团的次顶级会员就得到了钻卡，晚一周参加的人提交了 SPG 顶级会员身份却只 match 到翡翠会员，再晚一周，

match 关闭了）。三重优惠叠加下我用很低的成本就得到了 6000 分。在今年，香格里拉积分兑换先后开启了五折和七五折促销，我只用 1500 分就兑换了秦皇岛香格里拉三晚住宿（现金预订的话大约 2200 元），同时也有早餐和行政酒廊使用权等会员待遇加持，从而度过了一个惬意的小长假。

另外，这家酒店的延迟退房和提前入住待遇非常慷慨，钻卡会员最早上午八点即可入住，而退房最晚可到次日晚六点。和一般酒店下午两点入住、次日 12 点退房的政策相比，足足延长了 12 小时！此外，所有香格里拉的中餐厅都有相当水准，值得体验。总之，香格里拉是一家非常有特点的酒店集团，有机会大家可以体验一下。

二、如何以较低的成本极大提高你的出行体验

1. 首先常旅客计划确实能帮你省钱。举个例子吧，如果你持有希尔顿荣誉客会的钻卡，那么在 2016 年 5 月以前预订希尔顿酒店集团旗下的各个基础房型，都有极大概率升级到套房并享受行政待遇，意味着你只需要花大概每晚 170 元左右就可以入住 10 家国内的希尔顿 CAT1 的酒店，340 元左右就可以入住国内 18 家 CAT2 的酒店，同时还有可能升级套房及享受双人早餐。就算是快捷酒店，一晚也不止这个价格。也许有人会说，从第三方平台能订到更便宜的价格，但我的建议是除非第三方平台报价便宜很多，否则不要从第三方预订，因为你损失的除了本应有的会员待遇外，还有本次入住的可用于保级的房晚和大量的积分。

2. 除了省钱以外，怎样以较低的成本来极大提高你的出行体验？以中国国际航空（以下简称国航）里程来举例，如果你想安排一次欧洲自由行，那么机票绝对是支出中的大头，如果不是赶上特价，一个往返经济舱大概也要 5000—6000 元。但如果你使用国航里程兑换国泰航空由香港出发的航班，那么仅需 11.5 万里程就可以兑换到头等舱，而 11.5 万国航里程的估值，大概就是 7000 元左右。钱并没有省，但是在飞机上这 10 个小时的体验是天壤之别。作为全世界仅有的八家五星级航司之一，国泰航空的头等舱无论硬件配置、服务水准都是顶级中的顶级。

3. 虽然常旅客计划经常有各种诱人的促销，但千万不要为了参加而参加，结合自己的刚需才是王道。比如 2 年前洲际酒店集团的促销"赏夜"，作为新会员，我的任务是通过官网两次预订，体验两个品牌，一共住三晚，完成包括一个周六在内的连续入住，如果纯粹为完成任务，最廉价的方式就是在北京选一家最便宜的智

选假日酒店（简称HIX）完成周末连住，再找个最便宜的假日酒店（简称HI）住一晚。但是因为我有天津的出游计划，就把周末连住安排在天津，虽然多支出了路费，但天津的酒店房价比北京便宜，而且由于天津的计划属于刚性支出，就算没有这个任务我也会去，所以实际完成任务的成本就只有北京的一晚而已。

三、最后跟大家分享信用卡配置的一些心得体验

我个人使用信用卡的经历以2012年为分水岭，之前的10年，前五年招行，后五年民生，完全没有任何积分回报的概念。2012年以交通银行沃尔玛联名卡为起点开启了办卡狂潮，目前持有八行信用卡十余张。在我看来，信用卡可以分两大类，一类是以招商银行经典白为代表的权益卡，另一类是以交通银行沃尔玛联名卡为代表的主刷卡。对于权益卡，你只要办下来基本就可以放到抽屉里去了，除了需要用到权益时拿出来用一下，其他时候因为积分回馈价值的问题，基本不会用来日常消费。

而主刷卡，顾名思义就是可以用作日常消费主力的信用卡，其积分回馈价值较高。个别的信用卡可以做到两者兼顾，既有好的权益，又有很高的刷卡回馈，这就可以被称为一卡走天下的"神卡"了。近一年来，浦发运通白金卡应该可以算得上这个荣誉称号，不过能保持多久还要拭目以待。

说到信用卡配置，首先还是要以需求为出发点，再结合自己的消费习惯配置。对于权益卡来说，核心就是能够以尽量小的付出获得尽量多的权益。而对于主刷卡来说，那就是要有足够高的积分回馈价值。那么如何衡量主刷卡的积分回馈价值呢？虽然各家银行的信用卡积分兑换清单都琳琅满目，但目前常旅客们公认的是以航空公司里程作为衡量标准。由于其价格透明、便于量化、适用范围广的特点，最适合用来衡量信用卡积分回馈价值。但是在我的推荐榜单中，除了航空里程以外，也有以累积酒店积分或者直接抵扣消费等方式实现回馈的卡种。

考虑到之前酒店首推洲际集团，所以优先推荐大家办理中信银行优悦会联名金卡，按我的分类标准来看，这是一张标准的权益卡，办理下来刷一次获得1000优悦会积分作为首刷礼后，就可以收好了。其权益除了中信信用卡标准权益以外（例如累积9分享兑），只要持有卡片，就可以保持洲际集团金卡会员资格，而无须每年入住10晚保级。此外，用这张卡在非周末时间订房也可以享受85折优惠，并且可以延迟至下午两点退房。而且这张卡片还有一个功能就是把你的消费金额以一般

18∶1、洲际酒店内9∶1的比例转换成优悦会积分。至于这张卡片的持有成本，开卡后消费一次即免首年年费，之后每年消费5次可免次年年费，如果你持有中信的白金卡，可以直接致电中信银行客服要求终身免年费，一般都能成功。

如果您对酒店积分和航司里程完全不感兴趣，且家里所在城市有沃尔玛超市，可以考虑办理交通银行沃尔玛联名信用卡。这张卡常年名列积分回馈价值的前几名，备受推崇。首先，这张卡的消费积分可以以100分兑换1元的比例直接抵扣沃尔玛超市的消费，也就是说日常回馈比例接近1%，这是一个很了不起的数字。其次，在上月消费达标后，当月每周五都可以参加最红星期五超市和加油活动，回馈比例达到5%。再次，每年有两次超级最红星期五活动，回馈力度达到50%。最后，每年还有两次周周刷活动，一般是要求每周满足五笔168元有积分消费，达标周数达到8周且消费总金额排名在前若干名的可获得昂贵礼品。但是作为屌丝来说，参加四周是最划算的，可以获得50000积分回馈，也就是500元沃尔玛消费额度，单以这一项而论，回馈率甚至接近15%。而对于所在城市没有沃尔玛超市的人，交通银行的标准金卡也是一个不错的选择，除了没有前述第一项的回报，后面三项都有。

接着跟大家说说能够快速积累航司里程的信用卡。在选择此类信用卡之前，首先要确定自己准备累积哪家航司的里程，因为要想换到里程票，即便是一张国内短途至少也要数千里程，所以切记一旦确定累积了哪一家，一定要集中累积。国内能申请到的信用卡，最常见的就是累积国航、东航、南航、海航四大航司，其余只有个别卡片可以累积外国航司里程，所以我只集中说说四大航司的选择。四大航司中，国航隶属星空联盟，同时和国泰航空是伙伴关系，南航和东航属于天合联盟，海航不属于任何联盟，但是和阿拉斯加航空、香港航空、柏林航空等多家航司是伙伴关系。联盟内或者互为伙伴关系的可以实现里程的互相累积和兑换。也就是说，你可以坐国航航班，把里程累积到同为星空联盟的美联航，然后用美联航的里程兑换同为星空联盟的全日空航班。如果选择了合适的信用卡，一年通过消费累积一两张国内免票的机会还是可以的。如果把目标锁定在国内航线，那么在航司选择中，一般认为优先考虑以你的所在城市为基地或主要枢纽的航司。例如北京首选国航，上海首选东航，广东首选南航，海航则以北京和海口作为主要基地，所以北京的同学们也多了一个选择。这主要是因为以你所在城市为基地的航司，从你所在城市出发航班多，投放的里程票数量才多，你也就有更多机会换到里程票。本人身处北京，选择了国航作为主力累积。

既然确定了以累积国航为主，那么可以尝试以下几张信用卡：国内消费，可以考虑用华夏精英环球信用卡搭配中信淘宝V卡。华夏银行信用卡主要用于线下消费，只能累积国航里程。虽然本身16∶1的比例不高，但是华夏银行一般一年会有两次消费满额送积分活动，规划好了的话一年拿30000里程很容易。而且由于其定位银联白金卡，所以可以参加银联专属活动。而中信淘宝V卡主刷线上渠道，基础比例50∶1看起来很差，但是可以根据你的淘宝会员级别拿到多倍积分，最高可以拿到10倍积分，也就是达到5∶1的惊人比例。

说完国内消费时的信用卡选择，再来说说海淘。国外商品不仅质量有保障，价格也便宜，还可以叠加诸多银行的返利优惠。所以现在海淘在消费支出中比例也越来越大。在海淘的信用卡选择中，返现永远是考量收益的第一指标。而返现是各大银行你方唱罢我登场的，没有哪个银行一直有优势。从2015年来看，中国银行和建设银行的特定信用卡分别能达到最高18%和16%的返现比例，算是一枝独秀。到了2016年，浦发、广发、建行、中信都在发力，具体选择哪家还是看个人喜好。在返现之外，如果单纯说到累积里程，那么中行的几张EMV航司联名白金卡可以说是独孤求败。其中国航VISA联名卡基础比例12∶1，境外消费双倍积分，入账币种修改成美元，做分期再送一倍积分且三期美元分期免手续费（赶上美元升值就还是别用了）。同时，每年年终根据当年消费金额再送国航里程，比例为每10000元送1000里程。综合算下来可以达到约2.86∶1。海航万事达联名卡与国航比例相同，南航稍低，也没有额外消费奖励，但也能达到4.67∶1，所以如果平时海淘多的朋友，根据自己的累积航司办一张是很好的选择。

以上说的都是可以轻松刷免年费的信用卡。像华夏是每年刷卡5次免年费，中信是6次，但可以申请终身免年费，中行的EMV白金联名卡全部是终身免年费。但是如果我们把目光放到刚性年费或者可以积分兑换年费的信用卡，那么选择余地又大了不少。有些人会说，信用卡一般都是刷卡能免年费，刚性的不划算。其实可以换个角度想一想，只要刚性年费信用卡附送的那些权益你用得上，那么你就可以把年费看成是以优惠价格提前购买了服务。比方说刚性年费的招商银行百夫长白金卡，每年3600年费不可免除，但如果你能使用运通的FHR渠道订几次顶级奢华酒店，那么额外给你的升房待遇，住三免一等就可以补回年费了。

说到刚性年费信用卡，我首选浦发运通白金卡，这也是各大信用卡论坛推崇备至的神卡。这张卡直接办理难度较大，如果你有他行白金卡，对办卡很有帮助。年费虽然是3600元，但目前的推广优惠是首年免年费，次年可以用20万积分兑换年费。这张卡线上线下通吃，基础兑换比例12∶1已经胜过了很多航空联名卡，而且国东南海四大航司都可兑换，不像航空联名卡是指定航司的。更让人兴奋的是这张卡可以根据自己的消费习惯购买5倍积分权益，每类每季度9元。除了常见的商旅酒店类、餐饮类、百货类、娱乐类等线下渠道，还支持支付宝和微信消费5倍积分，每月奖励50000分封顶，考虑到奖励积分的话，兑换比例达到逆天的2.4∶1。此外该卡自身权益也很丰富，首先本身配发本人无限次PP休息室（Priority Pass，提供机场贵宾厅服务的组织），同时可以每年携伴六人次，虽然PP休息室主要用途在国外，但是国内机场也有不少支持使用的，其中不乏精品。其次这张卡可以以50000分每晚兑换五星级酒店住宿，每年限兑2晚，而且此卡还有三次免费接送机服务，服务车型为龙腾出行的舒适型车，经常能赶上BBA（奔驰宝马奥迪）接送。如果一家小两口都拿下这张卡，配合前面讲浦发优悦会联名卡说到的分享红包，每年为自己筹划一次几乎全免费的三亚四日度假之旅是没问题的。也许有人会问，分享红包要达到上限，每天要消费5笔10元以上，这个怎么才能达到。实际上，这里有个技巧叫作化整为零，比方说，你日常交电费、手机费、水费，都可以通过支付宝缴纳，一般我们会选择一次性缴足，但为了分享红包，我们就可以刻意拆分多笔缴纳，再比如现在网购非常方便，日常要在京东商城买点东西，就可以通过微信支付购买自定义礼品卡，实现小额多笔消费。要知道微信和支付宝消费本身就可以累积5倍积分，如果加上每天的分享红包，以及其他一些5倍积分的消费，一张卡一年累积60万分比较轻松。那么让我们试算一下，一家小两口两张卡累积就是120万分，两个人各拿10万分可兑换四晚三亚亚龙湾铂尔曼或者海棠湾香格里拉，往返机票兑换南航里程票，两人48000里程，需要576000积分，即便再加一个孩子，也才需要1064000分，如果能够赶上海航或南航打折兑换，所需积分更少。再把浦发赠送的接送机考虑进去，算下来只要自己解决玩和吃就行了。如果一定要说这张卡有什么缺点，一是办卡比较难，飞客论坛里经常有人申请几十次拿不下来；二是很多境外线上交易商户不计积分；三是近期几项规则修改导致积分获得途径变少。

第二推荐的就是交行双币种白金卡。因为卡面有麒麟图案，因此被大家亲切地称为"白麒麟"。这张是首张免年费的白金卡，现已可以在网上直接申请，且新户核卡45天消费满6笔即可免首年年费。这是一张更偏重权益的卡片，主要权益是每年6次机场贵宾通道和6次PP卡，6次免费代驾，免费道路救援。看起来很一般，但是重点在于这张卡可以申请最多三张附属卡，附属卡完全免费，且也享受每年6次机场贵宾通道和6次PP卡。说到机场贵宾通道要多说一句，贵宾通道虽然也提供休息室，但论舒适性是远远不如PP、龙腾等专门的休息室，更重要的是提供专人协助快速通过安检的功能。这个功能在某些情况下是非常实用的，比如2015年10月我们全家的九寨之旅。我们是从成都租车前往九寨沟，在回成都的时候，尽管我们预计到路况问题，早出发了数个小时，但因为沿路山体滑坡，还是被迫多绕行了200公里，并且都是崎岖的山路。到最后抵达成都双流机场时，离飞机起飞不到一个小时了。幸好有贵宾通道功能，工作人员一溜小跑帮我们换登机牌，并送我们到专用安检通道，不排队直接进行安检，才赶上了这个航班，如果是走普通安检，即便是有所谓的临近起飞航班快速通道，但是仍然要自己托运行李，换登机牌，那么能不能赶上飞机就很难说了。交行对比浦发还有一个优势就是境外线上交易基本都可以累积积分，基础比例18：1兑换国东南海四大航，搭配境外交易10倍积分活动可以做到1.8：1，胜过浦发AE白金卡2.4：1的比例。但是注意该卡种如果交易币种不是美元，是有货币转换费产生的，所以仅适合在美元地区消费。此外对于交通银行代表性的最红星期五活动来说，白金卡最大的优势就是不需要像金普卡那样要求上个月消费满额才能享受，而且返还比例达到10%。也就是说不论你是加油还是超市购物，相当于全单九折。仅仅这一项权益，用足的话就相当于把年费捞回来了。

最后一个推荐的就是招商银行经典白金卡。这张卡申请条件和交通银行白金卡类似，年费3600元，可以使用10000分兑换，附属卡年费2000元，可以使用5000分兑换。招商银行消费20元人民币或者2美元才能累积1分，算是相当奇葩的设定。幸好主副卡持卡人每年都有一次生日当天10倍积分的优惠，累积上限为10000分。所以把握好这个机会，最划算的是设置成美元记账后消费2224美元，例如购买2224美元的美国亚马逊礼品卡，囤起来自己用或者帮着身边亲戚朋友海淘买买买都可以。这张卡是一张典型的权益卡，主要权益包括主副卡各六次机场贵宾通道且每次可带一人，主副卡每年各一次可转让的体检和不可转让的口腔洁治以及四晚以100积分+300元起兑换高档酒店住宿。在兑换里程方面，基础比例15：1兑换国内四大航，18：1兑换亚洲万里通，也就是国泰航空的里程，比例乏善可陈。如果考虑到生日10倍积分的话比例不错，但是那些积分大部分需要用来兑换年费，剩下的如果一定要换，建议兑换国泰航空的里程，毕竟国泰兑换的是英里，而国内四大航都是公里。表面上看，这张卡权益和浦发运通白金卡类似且处于下风，但是考虑到浦发神卡的权益过于丰厚，持续减少权益或者提高积分获取难度是大概率事件，所以这张招商银行经典白金卡仍然可以作为一个备选予以考虑。

上面三张是我认为比较值得申请的高端信用卡，当然，所谓的高端是针对屌丝来说，真正的土豪一般更青睐运通百夫长黑金卡、VISA无限卡、万事达世界之极卡或者JCB的御尊卡。那些卡片年费动辄上万，基本都是针对私人银行用户邀请下卡的。但是各家卡组织的次顶级卡由于持有成本很低，倒是可以考虑申请一张。例如万事达的世界卡，其在万事达的体系里面高于白金卡，但在国内几家发行了此卡的银行基本都宣布终身免年费或刷卡免年费。持此卡片可以注册并参与喜达屋酒店集团的一夜升金活动，快速成为金卡会员；VISA的Signature卡和白金卡可以在国内的凯悦旗下酒店住三付二；JCB白金卡可以在日本享受诸多专属礼遇。所以不嫌麻烦的话，建议各申一张有备无患。

最后我想对大家说的是，玩常旅客确实能给大家带来很多乐趣，也确实能在现有条件下提高生活品质，但是说到底，要想追求更美好的生活还是要靠大家提高自己的硬实力。无论何时都要记住这一点，不要本末倒置，为了追求这些权益，而放松了自己的本职工作。说白了，本文说的所有这样那样的权益，都可以直接购买到。你钻卡能进行政酒廊，我一个人花300元也能进；你能延迟退房，我直接多定一晚就好了；你能走白金卡贵宾通道，我一个人150元随便走；你能里程兑换头等舱，不差钱的我直接买头等舱票就行了……这样的例子不胜枚举。希望每一个读者都能明白这个浅显的道理，不要让常旅客计划成为自己的负担，而是变成自己美好生活的催化剂。

1.2 完美你的旅行，小白领的常旅客积分生活

作者：苏雷雨

飞客茶馆 ID：suleiyu8585

▲ 职业：某医药公司销售经理

▲ 酒店集团会籍：洲际至悦精英会籍、希尔顿钻石会籍、喜达屋环球客会籍、凯悦环球客会籍、香格里拉翡翠会籍

▲ 信用卡：浦发 AE 白、兴业行悠白、招行经典白等

8 年前我大学毕业，和经过高校洗礼的莘莘学子一样，从一个能文能武的翩翩少年，成长为一个热衷网游的阳光宅男。

毕业后，我迷迷糊糊地走入社会，在一家医药相关的企业做着小白领的工作，成长的过程中遇到了生命里对我影响最大的两件事：一是结识并娶到了一位优秀的妻子，二是接触并加入了常旅客的积分生活。

一、从经济型酒店到国际五星，能省不如会花

最早接触到常旅客计划是从酒店会员开始。念书的时候很少旅游，经济独立了之后，就想多看看世界，所以我和妻子经常会利用各种长短假期旅游。可是那时

候兜里不宽裕，出去玩也要找最经济的酒店，除了一些环境复杂的青旅，大多数快捷酒店最少也都要二三百块钱。在网上不断查找和比较的过程中，我注册了飞客茶馆，了解到多个国际连锁酒店的会员忠诚计划，我发现通过入住积累积分和参与活动，住一晚五星级酒店的成本远没有想象的那么高。

当时正值洲际酒店集团（以下简称 IHG）"先行者活动"办得如火如荼，新会员只要入住 4 次，就可以获得 2 晚全球通用的免费房晚。于是我从最容易入门的 IHG 开始，先是申请了中信银行的 IHG 信用卡，自动获得了 IHG 的金卡会籍。享受周末订房六折（目前 IHG 已取消周末 6 折，请以官网为准），让我能够用 350 元每晚的价格入住皇冠假日酒店，享受双人自助早餐，第二天下午 4 点退房，更可以用 260 元的价格入住智选假日酒店。4 次入住的花费算下来 1000 多元，但获得的免费房晚甚至可以用来兑换几千元一晚的热门豪华度假酒店！

IHG 的酒店分布广泛，档次价格选择余地很大，我们夫妻俩的国际连锁酒店体验之旅因此开启，虽然表面上每晚住宿比以前多花一两百，但是通过入住积分和酒店每季度的各种活动奖励，我很快就可以赚够积分来换取免费入住，进一步稀释了之前的成本。而最重要的是住宿品质得到提升，我们得到了更好的休息，更加丰富的早餐，更加周到的服务，让出行的每一天都活力满满。

在 IHG 之后我开始涉猎更多的国际连锁酒店忠诚计划，希尔顿酒店集团（Hilton）的多倍积分回血和会员等级匹配为我敲开了另一扇大门。至今我依然认为 IHG 是最容易入门的酒店常旅客计划，而希尔顿则是作为进阶的最好选择，同时也是最厚道的酒店集团。希尔顿早期开放会员的匹配（即如果你是其他酒店集团的高等级会员，可以直接给你本集团的对应等级会员），让我用 IHG 的白金会员，直接匹配到了希尔顿的顶级钻石会员。希尔顿集团的酒店分布在国内少一些，但是价格友好，即便最低级别的希尔顿花园也能保证不错的品质。积分获取渠道多样，通过积分兑换，大多数希尔顿逸林酒店可以做到三百出头的价格，甚至有些酒店低至 160 块。配合钻石会员等级，100 多块钱享受着套房、双早、下午茶及酒廊的欢乐时光……

所谓能省不如会花，忙碌的工作是为了更好的生活，生活品质的提升，就在于一次次美好的体验和回忆。更何况这些并不需要黄金万两的堆砌，只要你迈出常旅客探索的第一步。

二、从跬步到千里，刷卡积分帮大忙

相对于酒店来说，航空方面的费用总是不那么友好，对于不经常出差的我来说，靠机票飞出各家金卡会员是不可能的，但是我可以最大限度地靠近这些"航空精英"待遇。比如通过信用卡权益获得 CIP 快速安检的待遇；可以用龙腾或 PP 卡在头等舱及商务舱贵宾休息室里填饱肚子，上了飞机倒头就睡而不必惦记空乘什么时候发餐；可以聚沙成塔地用联名卡兑换里程，体验传说中豪华客机的头等舱。

因此，在信用卡方面，消费额一定的前提下，哪些是权益卡，哪些是主刷卡，哪些刷超市，哪些刷饭店酒店，哪些专供境外返现，都要有明确的分工，这些信息还要即时更新，说不定哪天一张"神卡"倒下去，又一张"神卡"站起来。

比如我目前的配置：

1. 权益卡：中信 AE 白金卡提供 8 次的机场 CIP 及 8 点龙腾贵宾室点数；浦发 AE 白金卡提供无限次个人及 6 次带人的 PP 卡，同时包含 3 次免费境内接送机；兴业行银卡悠系列提供 4 次境内接机和 2 次境外接机。这些基本满足了我一年中的出游需求。

2. 主刷卡：今年最无脑刷的浦发 AE 白金卡，利用它的五倍积分快速积累里程和 5 万分换酒店权益，我上半年的国内游至少已经节省了 3000 元以上。

3. 联名及特殊属性卡：浦发 JAL 日航联名卡，明年大约可以换到双人日本自由行的机票；利用浦发梦卡的境外返现，相当于出境游购物自带打折属性；招商银行经典白金卡，用参加招商银行的各种活动获得积分，换取亚洲万里通积分，兑换两停留一开口的机票，做到"一张票"游玩 4 个地点。

这些信用卡让我的旅行更加方便和从容，出门有车接，到机场快速安检，在贵宾休息室吃饱喝足，公务舱上平躺安睡，下机直接接到五星级酒店。除了兴业银行行卡悠系列有 900 元的刚性年费（但只要用满接送机就已经物超所值），其他卡片只要合理规划使用，无须额外支付年费。我需要做的只是勤勤恳恳工作，开开心心游玩，提高自己的消费能力。

三、从规划到笃行，生活本该有节奏

因为酒店和航空的舒适体验，让我们刚刚结束一段旅途，又期待下一次的出行。所以我们会计划着什么时候休假，什么时候必须完成工作，什么时候一定要休息以保证足够的体力和精神，甚至于为了积分，考虑买什么东西该刷什么样的信用卡。

我们夫妻俩的工龄有限，每年的带薪年假都只有 5 天（很快就要变成 10 天啦），如何拼假、如何利用好每个小长假，同时预见性地回避开工作繁忙的月份，错开公众假期的人流高峰，这真的是一门科学！看到特价的机票要眼疾手快，简单沟通之后果断决定，事在人为，凭着超高的执行力，我们既可以提前 8 个月规划樱花季的日本之旅，也可以在周二买下本周末的旅行机票，收拾行李，说走就走。

有人会问，这么复杂不累吗？对于我来说，这种规划并非是一种压力和束缚，相反我发现自己从来没这么有条理过。通过安排酒店和机票行程，规划各个景点的前往路线，让我休眠了的学习能力重新被激活，扔下多年的英语也捡了起来。随着体验各地不同的特色酒店和五星级航空成为我们的乐趣和爱好，出行的预算逐渐提高。

四、从宅男到"摄影师"，遇见更好的自己

如果没有妻子的付出和劝导，也许我现在还在电脑前没日没夜地打着游戏，如果没有常旅客生活，我可能也不会如此喜爱并坚持旅行。

在多次出游之后，2014 年我买了一台微单相机，至今我依然用它来记录生活。我们会在周末回到校园去拍摄一组致敬青春的写真，也会驱车几百公里看一片向日葵花海，甚至专门从沈阳飞上海辗转到崇明岛就为了看东滩的日出和西沙的落日。每家第一次入住的豪华酒店，我都会用心地体验和拍照，写一篇报告，留给自己纪念，也发给朋友参考。随着不断的学习和经验的积累，我的摄影水平也稳步提高，以至于这个业余爱好经常会给我带来一些收入。

常旅客的积分生活让我可以用几乎同样的预算，比别人住得更好，走得更远，更庆幸的是，它让我在看见更多世界的同时，看到了一个更好的自己，一个努力工作的自己，一个能为家人带来舒适生活的自己。

如今我们已有了宝宝，记得某个前辈说过，孩子成长中最重要的两件事，一个是陪伴，一个是探索。这些积分与会员资格，让我们有更多的机会和更好的条件陪伴孩子去探索这个世界，教她积极而乐观，沉着而豁达，让她有更开阔的眼界，不为小利而迷失，更不为挫败而放弃。

这是常旅客的积分生活带给我的完美旅行，我要用它继续书写我们的美好人生！

1.3 常旅客的气质不仅是积分，更是习惯

作者：姬洪波

飞客茶馆 ID：keyman

▲ 职业：地毯进出口贸易
▲ 酒店集团会籍：喜达屋终身白金会籍、洲际至悦大使会籍（SAR）、希尔顿钻石会籍
▲ 航空公司会籍：国航终白
▲ 信用卡：工商银行白金会籍

20世纪90年代开始，我大学毕业后一直从事外贸工作，当时因为工作经常出差，在家的时间相对少了很多，儿子出生后也是见少离多，失去了很多陪伴儿子成长的机会，错过了孩子稍纵即逝的种种可爱。尽管如此，通过出差积攒下来的酒店积分以及航空公司的里程，却能够让我有机会带着家人一起旅行，也算是对家人的补偿。

记得有一次一家人去维也纳，那时候儿子也就十二三岁，除了维也纳经典的景点如美泉宫、大教堂、金色大厅等之外，专门去了趟名人墓地，瞻仰了莫扎特、贝多芬、马勒等诸多大家的墓地，面对着形态各异的墓碑与墓志铭，我逗儿子说："将来等你爸去世了，你打算写个什么样的墓志铭？"儿子不假思索地回答："积分也是钱！"一家三口不禁莞尔，没想到在家闲聊时经常念叨的小小积分在孩子的

印象中竟是如此！

对酒店与航空公司的认识，要从最一开始出差的时候说起，那个时候航空公司少，选择也少，国际连锁店酒店更是少之又少，除了北京、上海以外，很难见到喜来登、假日一类的酒店。加上预算有限，对于难得有机会体验一下颇为高大上的"涉外"宾馆，印象中当时住过的北京长城喜来登、桂林喜来登、乌鲁木齐假日、上海华亭喜来登酒店、广州中国大酒店、花园宾馆、文化假日酒店、杭州香格里拉酒店等，都觉得非常震撼。每当入住这样的酒店，都觉得一切是那么美好，房间精致讲究，卫浴备品高级，早餐丰盛且洋气，服务员漂亮又礼貌。在那个时候，出差住什么酒店似乎成为一种向往与期待。

记得有一次随当时的老板出差，早餐闲聊之间突然对酒店的认知有了新的提升，他问我："为什么喜欢这类酒店？"我想当然地回答："因为设施好，安全舒适！"他的回答却出乎我的预料！他说："这些都是一家酒店最基本的条件，但是真正可以吸引客人入驻的是酒店品牌，特别是连锁酒店品牌带给人的体验与感受！"那是第一次听到"连锁酒店"的说法，好奇而新鲜。他接着解释："酒店连锁其实就是行业与服务标准的统一，比如你要去一个陌生的地方，对于同一品牌的酒店而言，即使你没有去过那家酒店，但是仅仅凭着酒店的品牌，你就可以知道这个酒店大概的设施与定位，甚至可以想象出酒店各个功能区域的装饰与位置。比如假日酒店，一般来说一楼的大堂吧或者咖啡厅就是早餐的地点，大概早餐的种类也都差不多，房间不会很大，相对而言比较商务、简洁；而喜来登定位就高很多，也一定贵很多！"原来酒店的品牌还有这样的作用！过去二十年中国迅猛发展，国外各种连锁酒店雨后春笋般地出现，大大增加了了解并且感受连锁酒店的机会。随着入住酒店的增多，自己也真实体会到连锁酒店的品牌价值。

对于经常出差的人群，常旅客计划无疑是极具诱惑力的。虽然当初加入这些计划，除了因为免费，也只是因为有一张酒店的会员卡，感觉自己逼格较高，从未指望能够通过一张小小的卡片为自己带来什么利益。最早加入的常旅客计划是洲际集团的"优悦会"和喜达屋酒店的常旅客计划，九十年代中后期又加入了国际航空的"知音计划"。一次办理入住，前台小姐的一句话，可谓一语点醒梦中人。记得那是在某喜来登酒店办理入住手续，拿出会员卡问前台服务员能否房间升级时，前台小姐非常礼貌地说："对不起，先生！我们只有金卡以上的会员才可以房间升级。"那个时候才知道，原来会员还分不同的等级，不同等级的会员可以享受不同的待遇与服务，而通过每次住宿积累的积分，竟然有可能为自己带来免费住房甚至更大的个人利益。从此，常旅客计划像是一个有着无比魔力的铁环，将自己牢牢套在其中，欲罢而不能！

人们都说"由俭入奢易，由奢入俭难"，一旦尝到了高端会员以及免费住房的种种甜头，就总是致力于让自己维持较高的会员等级。特别是享受到免费的积分房间、里程升舱、免费机票等带来的真金白银般的收益。从开始的时候尽可能住自己是会员的酒店，飞自己是会员的航空公司到为了获得更多积分，不惜绕远或者多跑路也要尽可能飞国航，住洲际和喜达屋的酒店。曾经一段时期，对积分的痴迷超过一切。为了保级，曾经做出过当时被周围的人觉得百思不得其解的刷房、刷航段的举动，每年伊始就开始盘算如何分布自己的旅行住宿计划，每次出差回来，都会不停地检查自己的各种常旅客积分账号，落实积分到账以及累积情况，每年到年底，都要详细计算自己的住宿或者飞行状态，以便在年底之前补足自己缺少的房晚或航段。看着自己的会员等级从普通卡到银卡到金卡，再到白金卡，着实会有极大的满足感。

时光荏苒，当一个又一个年头在奔波中翻过，一直在路上、在云端的我发现通过十几年的努力，不知不觉间竟然在常旅客计划中获得了不菲的收获，在2014年年底获得喜达屋终身白金会员资格，2015年获得国航终身白金会员资格，同时获得洲际集团"优悦会"至悦皇家大使资格，而更重要的是，这两家酒店集团以及国航已经悄无声息地渐渐融入我的生活，成为我生活中重要的一部分。

当喜达屋集团刚刚推出终身白金卡时，我曾经与某喜来登酒店的销售总监开玩笑说："你们推出一个终身白金计划，不怕失去那些获得终身白金资格的会员吗？"那位总监自信满满地说："不会的！推出这个终身白金会员计划，是为了让那些长期忠实于喜达屋酒店的会员在退休之后或者出差减少之后，依然可以享受到同样的待遇！"这么多年后，在付出了那么多保级的艰辛与困难，在默默持之以恒的意志下，我忽然发现之前的担忧完全是杞人忧天，因为这种生活习惯与旅行方式早已融入生活，渗入骨髓，成为自己生活中密不可分的一环。

让人接受新的产品、新的思想是一件非常困难的事情，而能够把这种接受变成一种习惯应该是其最高境界了，因为它是在自己不经意间不知不觉地影响与灌输，习惯也在不知不觉中默默地养成。常旅客计划也许最初带给客人的是积分等优惠，而最终传递给会员的是自己的理念、文化，最终形成一种习惯。

以前经常有朋友问我总是住一家酒店不烦吗？我会告诉他，你到了一个陌生的城市、陌生的地方，抵达酒店下车的那一刻，如果为你开车门的门童微笑着对你说："先生，欢迎您光临！"或者说："X先生，欢迎您回来！"，你会突然觉得旅途中有了一丝温暖、踏实和信任，而这种感受，一定要通过自己多年的旅行经历才能体会。

微不足道的积分将我们带入常旅客的行列，而伴随着那些积分周而复始的累积与消费，整个酒店集团或者航空公司的品牌形象却润物细无声般渐渐融入我们的生活习惯，给自己深深刻上了烙印，积分的累积是常旅客的开始，而习惯的养成则最终变成了常旅客的气质。因为积分，我们加入了常旅客，因为常旅客，我们养成了自己的旅行气质与习惯，而这才是旅行的真谛，才是常旅客修成正果的完美体现！

1.4 教你如何让出差不再很辛苦

作者：张睿

飞客茶馆 ID：飞人田田

▲ 职业：渠道总监

▲ 酒店集团会籍：凯悦金卡会籍

▲ 航空公司会籍：国航金卡会籍

▲ 信用卡：交行白麒麟、浦发 AE 白、中信国航世界卡、工行大来白金卡

我是一个从事互联网渠道拓展工作的人，常年往返于北京和各省之间，同时我也是一个爱热生活的人，喜欢潜水、滑雪、热爱旅行，一直对飞机、酒店、信用卡很感兴趣，也非常渴望自己能够出门就是两舱，享受着行政酒廊，刷着没有额度限制的信用卡，潇洒地四处行走。然而，现实通常是我挤在狭小的经济舱，住着普通的商务酒店。

我曾因为飞机延误在赤腊角机场强劲的空调下吹了一整宿，也曾在去英国的 747 中间座位一动不动地待过好几个小时，更经历过在境外信用卡刷爆无法买买买的尴尬……难道接下来自己的差旅生活都要如此辛苦，遇到紧急状况后都只能这么无助吗？答案显然是 NO ！从 2015 年接触飞客茶馆后，我开始明白头等舱和贵宾休息室并不是高富帅的专享，信用卡如果使用恰当也会给你带来意想不到的惊喜，酒店的高级会籍会使你宾至如归。一切只需要自己开始学习、开始积累、开始交流，请记住，每一个达人都是从白板开始的！

一、现在就行动，加入航空常旅客计划

相信经常坐飞机的人都会用航旅纵横、航班管家等软件，大家不妨打开看看，过去一年中自己总共坐了多少次飞机？选择了几家航空公司？总共飞了多少公里？也许数字会让自己吓一跳，原来我坐了这么多飞机呢！但是，为什么自己却哪个航空公司的会员都不是呢，甚至一次里程换票的经历都没有！原因很简单，想想自己在订飞机票的时候，是否只看了价格或者航班的时间，完全没有考虑过航司的问题？

常旅客计划通常是为了吸引公商务人士从而获取更高额及稳定的收入，这就要求会员有足够的忠诚度，这一点在航空上体现得最为明显，定级航段和定级里程只能实打实飞出来。因此，想获得航司的高级会员，每次出行一定要尽量选择该航司或者该航司同联盟航司的飞机。

1. 选择适合你的航司

成为常旅客，第一个问题就是成为哪家的常旅客？这是一个见仁见智的问题，每家航司都有优缺点。国内航司主要是国航、南航、东航、海航，对应的常旅客计划就是国航的凤凰知音、南航的明珠俱乐部、东航的东方万里行和海航的金鹏俱乐部。四家的优缺点在飞客茶馆的飞客知识——国内航空公司版块中有很详细的介绍，在这里把我自己选择航司的重要因素跟大家分享一下。

第一是位置和航线覆盖。通常需要航司常旅客计划的飞友，都是常驻在某一个地方飞往其余地方，或者一条固定线路来回飞（如京沪），因此这家航空公司（或航司所属联盟）在你常驻地是否有较好的航线覆盖、是否在你的常驻地拥有基地，就非常关键了。航线覆盖全，你才能够尽可能多地选择该航司出行，同时航司所在的航空联盟也是选择的关键，联盟航线覆盖会直接影响到今后出国的长途飞行能否帮你增加定级里程。航司的基地意味着机队、机组、维修、飞行员等都会有较灵活的配置和较好的保障，例如国航在北京、成都均拥有基地，在值机候机等常规服务以及飞机延误等各类突发问题的处置上，通常会优于非基地所在地。

第二是航司的安全飞行表现。既然要经常坐飞机，生命就与航司紧密地联系在了一起，虽然国内航司都有不错的安全飞行表现，但是事故率上各航司还是有所区别，同时在飞机保养维修的方面，各航司也有不同。同时，个人乘坐各航司时是否有过紧急情况也是选择航司的重要因素，如果乘坐某航司有过一次甚至多次惊险的经历，想必自己也不敢选择了吧。

第三是航司的服务。航司的服务涵盖了从购票开始一直到下飞机取完行李出机场的全过程。在选择的时候可以回想自己乘坐飞机整个过程中的体验，如购票是否顺畅，改签是否方便，值机是否快捷，机上餐食如何等。

就我自己而言，由于身处北京，又经常出国旅行，因此选择了星空联盟成员中国国际航空公司的凤凰知音会员。国内的主要城市以及国际重点城市都有国航的航线覆盖，同时国航的事故率是国内最低的，并且承担了国家领导人的机队服务。凭借国航的凤凰知音金卡及白金卡，在国内大多数机场以及境外星空联盟休息室可以享受贵宾待遇，在国内部分机场，凤凰知音白金卡还可以优先安检。另外，国航推出的终身白金卡制度是国内四大航司中唯一的终身贵宾制度，但是国航终身白金卡只计算 CA 实际承运航班里程。

2. 常旅客的福利

在成为国航金卡后，最大的好处是可以选择第一排或紧急出口的座位，宽敞的座位会使旅行相对舒适。如果是白金卡，可以通过白金卡专线电话预订座位，但金卡就只能提早到机场，在值机柜台办理。通常金卡以上就可以在商务舱或头等舱柜台办理值机，在托运时还可以享受多一件行李的优惠，并且行李会被贴上 Priority 的标签，意味着行李将会优先出现在到达机场的行李转盘。

金卡、白金卡会员在申请免票和申请候补的时候会有更高的成功率。申请免票是指用里程兑换机票，通常热门航线或旺季是很难用里程兑换到机票的，金卡和白金卡兑换到的概率就大了很多，但还是要提早申请，尤其是给他人申请。在申请免票的时候还要注意一点，就是要提早将受益人加入里程兑换名单，从加入到生效要 60 天的时间。对于"出差狗"来说，最渴望的就是到了机场就能搭乘最近的一班飞机，这就会用上另一项重要功能，机场候补。国航对于金卡及以上会员开放优先候补的权利，除了周五下午和周一早上的京沪、京广等航线（这些航班通常会有超过 100 位金卡及以上的会员）、春运和十一等客运高峰难以候补，其余航线金卡和白金卡候补的成功率还是很高的，这样一来，出行就高效了很多，不会把时间过多地浪费在机场候机上。

3. 遇到延误怎么办

国内飞机延误是司空见惯的事情，2015年中国航班平均晚点21分钟，1/3的航班延误。机场数据网站FlightStats对2015年全世界188座机场的准点率统计结果显示，排名后20位的机场中，中国地区占14席，其中杭州萧山机场准点率仅41%，位列倒数第一。恶劣天气是航空业的固有障碍，空中管制则是最让旅客头疼的一种解释，同时航空公司和机场管理不利也是导致飞机延误的重要因素。

面对这些我们无力改变，却能让自己更加从容地应对延误。机场的贵宾休息室虽然在延误的时候人满为患，但是在休息室里有热乎的饭食和饮料，有沙发靠枕和毛毯，要比在冰冷的候机大厅等候强许多。同时，如果遇到飞机取消，金卡旅客会被优先安排，我就遇到一次航程被取消，由于是金卡，被安排了套房住宿。

当然，如果自己花钱购买机票，要尽量选择使用有延误险的信用卡进行支付（如中信国航世界卡、浦发运通白金卡、中行国航白金卡等），这样在发生延误后会有一笔赔偿安慰你受苦的身体。如果是公司购票，那就应该在夏季之前自行购买飞机延误险（具体险种可以在茶馆搜索），也能够在飞机延误后获得一定的赔偿。在航班选择上，要尽量选择早班飞机，并避开雷雨多发时段的航班（帝都要尽量避开6月、7月的傍晚航班）。

在遇到延误后，最重要的还是要保持一颗平常心，出门在外总会遇到不如意，暴躁不安不如泰然处之。

二、信用卡，一个让生活更加美好的东西

如果没有成为航司贵宾的机会，但偶尔又会出差或者旅行，希望享受贵宾休息室或者快速安检等福利，那最好的途径便是拥有几张能够提供这些服务的信用卡了。其实，信用卡的作用远不止这些，娱乐、购物、医疗、交通、餐饮，信用卡的福利几乎可以覆盖到生活的方方面面，所以千万别小看了信用卡，赶紧看看自己钱包里有几张信用卡吧。

1. 我的第一张白金卡：交通银行白金信用卡

我的第一张信用卡，就是交通银行的Y-POWER卡，起始额度只有5000，一

直用了 6 年，额度从 5000 涨到了 20000，期间没有一次逾期，月均消费逐年递增。在这种情况下，交通银行向我抛来了橄榄枝，给我发送了白金信用卡（俗称白麒麟）的办卡邀请。

直到现在我还难以忘怀当时激动的心情，这可是我人生中的第一张白金卡啊，还是在没有任何进阶的前提下，完全靠消费刷出来的啊！拿到卡后，我仔细地研读了权益，并且时刻揣在身上，刷卡必刷此卡。

说说白麒麟的使用心得吧。其最大的优势在于最红星期五的加油和超市活动，白金卡可以返 10% 作为刷卡金下次使用。在机场贵宾厅方面，享有 6 次 PP 卡和 6 次国内机场银行贵宾厅服务，超值的是附属卡也完全享有机场贵宾厅服务。容易被忽略的是，白麒麟是有 CIP 服务的，一年 6 次。此外，白麒麟还提供了一年 6 次免费代驾服务。

2. 2015 年度神卡：浦发运通白金卡

之所以被称之为神卡，一定是有过人之处的。12∶1 换航司里程、本人无限次 PP 卡、每年三次接机、50000 积分换五星级酒店 1 晚（一年 2 次），这些如果还不够刺激你，那再加上 5 倍积分、境外返现、延误赔偿，真的是没有理由不去申请一张了。

神卡的攻略在飞客茶馆里应有尽有，我重点分享一下飞机延误的赔偿。2016年5月我通过浦发AE白金卡购买了国航从成都返回北京的机票，不幸的是飞机延误并取消了。原定于21:15起飞的飞机，在22点正式宣布取消，然后就是安排住宿、等待补班通知。通常晚上的飞机被取消，第二天都会在很早的时候进行补班，以不影响第二天的飞行计划。因此，夜里3点半接到酒店前台电话，4点集合前往机场，6点补班飞机起飞，回到北京是早上8点10分。原定21:15起飞变为次日6:00起飞，原定23:55到达延误至次日8:10分到达，拨打浦发银行信用卡贵宾专线申请理赔。在确认了付款信息后（通过支付宝用该卡付款也是可以的），银行会记录你的延误信息并提交给保险公司。通常5个工作日内就会有保险公司专员通过邮件联系你，需要提供的理赔资料清单如下：

（1）持卡人身份证明（正反面复印件）；

（2）刷卡生效凭证（持卡人提供信用卡对账单），如使用第三方支付平台刷信用卡，则需加附第三方支付平台账单信息；

（3）航空公司或其代理人出具的机票订单确认信/登机牌；

（4）航空公司出具的延误证明（备注原定航班号及原定起飞/到达时间、实际航班号及实际起飞/到达时间、延误原因的书面证明）；

（5）付款委托书（保险金支付的持卡人本人账户信息确认单，供保险公司支付赔款使用。需要提供具体支行名称。签名需手写。可以填好委托书后打印，签字，给委托书拍照，把照片发邮件给理赔人员邮箱）；

（6）保险金收款银行卡正反面复印件（即上述付款委托书中填写的账号对应的银行卡。如担心安全信息泄露，反面的安全码可以遮住）；

（7）除持卡人以外的配偶、子女，请提供结婚证、户口簿、出生证等亲属关系证明文件和资料。

因此，请务必在航班延误后，保留好登机牌，如果航班取消，要保留好补班飞机登机牌。在这里再强调一下，航班取消或延误后，自行改签了是不赔的！除非改签航班也延误了，赔的将会是改签航班的延误！另外，北京的飞友可以在T3值班经理柜台开延误证明，飞机的实际抵达时间可以在航旅纵横或航班管家等软件截图就可以。

所有资料都准备完全后，邮件反馈给保险公司专员就可以等候赔偿金到账了！

3. "出差狗"的飞行利器：工商银行白金卡、中信国航世界卡

之所以推荐工商银行白金卡，是因为该卡提供持卡人本人无限次的CIP服务，即快速安检服务，同时你也可以享受工商银行在机场的贵宾休息室，工商银行的任意白金卡都享有此福利，同时还可以充分利用工商银行3136下挂，享受银行权益。（工商银行3136具体如何操作，飞客茶馆有帖子详细说明，请到飞客茶馆搜索。）

中信国航世界卡需要国航金卡以上会籍才能申请，如果有了国航金卡，一定要去申请中信国航世界卡。无限次龙腾卡、一年8次CIP服务（可以给他人使用）、8:1兑换里程、飞机延误全款赔偿（最高5000元）、首都机场T3航站楼48小时免费停车、三甲医院预约挂号服务，最重要的是国航金卡以上免年费！

三、保持一颗平常心，享受每一次的旅途

作为一名普通的"出差狗"，在混迹飞客茶馆一年后，发现自己的差旅生活已经变成以下模式：用浦发 AE 白或中信世界卡购买机票，在中信银行 T3 专属车位停好车，在头等舱值机柜台选好座位，然后用工商银行白金卡 CIP 服务快速安检，用 PP 卡在首都机场 T3 航站楼国航头等舱休息室候机，最后带一瓶矿泉水登机，在第一排或紧急出口享受机上时光，下飞机后优先提取行李前往酒店。

仓廪实而知礼节，当拥有了这一切便利之后，自己更加深刻地感受到旅途的愉快与否最终还是取决于自己的心态。对于航司来说，两舱客人和常旅客贵宾都是重要的收入来源，但是航司的服务不可能对每一个两舱客人和金卡、白金卡客人都做到无微不至，银行对待高端持卡人也是如此，情况纷繁复杂，难免会有疏漏。出门在外，只有自己能够放平心态，淡然处之，旅途才能更加惬意。便捷也好，失望也好，尊荣也好，无奈也好，每一个出差在外的人都有一个目标，就是有一天能够稳定下来，幸福地和家人过好每一天，怀揣着美好去面对每一次的行程，希望每一个飞友都能够享受在路上的时光。其实，高兴就好！

1.5 常旅客计划让我成为创业者

作者：吕轶伦
飞客茶馆 ID：donata

▲ 职业：前瑞金医院医生、现创业公司医学部总监
▲ 酒店集团会籍：希尔顿钻石、万豪白金、喜达屋白金、凯悦环球客、洲际至悦大使
▲ 航空公司会籍：东航金卡、英航银卡
▲ 信用卡：招商银行运通白金+钻石卡、中行 VISA 无限卡、浦发运通白金、浦发 IHG

始于东航

记得第一次接触常旅客计划是十年前在虹桥机场，那时我还是瑞金医院的一名普通住院医生。有一天我赶去北京参加一个学术会议，暴雨如注，航班延误似乎成了必然，航班信息板上一个个红色的"delay"显得分外显眼，每个登机口外都是一座难求，无数双焦虑的眼睛盯着航班信息和柜台工作人员，有两个人甚至为了盒饭大打出手。同行的医药代表招呼我说，他是东航金卡，我们可以一起去休息室等一下。我第一次来到了航空公司贵宾休息室，第一次坐上了宽阔舒适的座椅，第一次吃到了热腾腾的面条，我甚至能惬意地边喝咖啡边打开笔记本电脑继续做 PPT。我立刻对神奇的金卡产生了兴趣，医药代表介绍说，现在航空公司都有会员计划，不妨注册个会员累积下里程，里程可以兑换免费机票，还可以享受更多的权益。他们每周出差，飞得比较多的同事，基本上都有金卡银卡会员等级。于是我当场注册了

东航的会员，以后出去开会或者是和家人一起旅游，都会尽量选择东航的航班，由于出差往往是全价票，去欧美开会也经常是公务舱，所以很快也到了金卡，一年下来差不多累积了十万多的里程。第二年暑假全家去青岛旅游，我用 12000 里程/人的里程外加少量税费兑换了到青岛的往返机票，当时官网的机票都是 1300 多往返，里程兑换使我节省了不少出行的成本。

结缘希尔顿

从小在上海长大的我，接触酒店常旅客前只知道两家高级酒店，一家华亭宾馆，另一家希尔顿。工作后，出差和开会住过不少希尔顿，也注册了会员，但是由于大多是第三方付费（如药厂），所以没有什么会员等级，积分也很少。直到 2011 年的某天，我在食堂门口路过招行信用卡地推，一眼看中了 AE 白金的希尔顿金卡权益。凭借瑞金医院的背景，我顺利拿到了希尔顿金卡，也开始享受希尔顿会员带来的便捷——当我参加欧洲肾脏病年会，入住维也纳希尔顿时，由于旅行社只负责房间费用和早饭，同行的同道们只能挤在大堂用免费的网络，而我凭借金卡会籍，能在房间里一边办事一边欣赏多瑙河的美景（那时只有金卡或者钻卡会员才能免费上网）。

常旅客的进阶

2012 年，一个偶然机会接触到了飞客茶馆论坛，我仿佛是刘姥姥进了大观园，看到了一个崭新的常旅客世界。

我惊奇地发现，同一个航空公司联盟里的里程是可以互相积累的，乘坐南方航空、法国航空都可以累积到东方航空的账号上；同一联盟航司的休息室、小车接送的权益有时是可以通用的，这样一来我商旅出行的选择面更广了。从论坛中我也学习到，一般维持航空会员等级的话集中飞一个联盟内的各家航司即可，对于常驻上海的我来说，毫不犹豫地选择了总部在上海的东航，主要是因为东航航线丰富程度能有保障，是出行首选。当我去广州出差，有时南航的航班时间和机型更好，我可以选择乘坐南航，同时也能把里程累积到同为天合联盟的东航会员账户上。

我惊喜地发现，原来入住希尔顿不仅可以选择累积积分，还能累积航空公司里程。2013 年、2014 年经常出现的东航三倍固定里程活动让我受益匪浅，每次入住可以获得 2400 里程，使我能更快地兑换到我所需要的机票，和家人一起享受美好假期。希尔顿虽然在国内分布不是非常均匀，但我主要差旅的国内一线城市和欧美城市都有覆盖，金卡作为最容易获得和维持的酒店高级会员（一年 20 次或者 40 晚即可保级）值得我去拥有。

我还发现，原来大公司往往有协议价，医院的供应商很多都是 500 强企业，从做影像仪器设备的通用、西门子和飞利浦到制药的辉瑞、默沙东和罗氏，很多企业都有比较好的协议价格而且可以给客户订房，价格一般在最优弹性价的 6~7 折，偶尔托医药行业的朋友从内部系统预订能够节约不少开销。同时，公司协议价往往会包含早饭，使我能体验到更多酒店的会员计划，我开始尝试入住万豪和喜达屋的酒店，体验不一样的酒店风格。

常旅客计划促创业

2013 年，做旅游的朋友找到我，问我是否愿意创业做医疗旅游。当时我比较犹豫，放弃医院体面优渥的工作改行艰苦的乙方服务需要非凡的勇气。而且旅游行业和医疗行业有一定的跨度，如果创业失败，很难再回到医疗圈。朋友在给我描绘美好前景的同时，从常旅客的角度进一步游说我，说我对常旅客计划有研究，其实做旅游和健康服务挺适合我的，因为要整合海外资源，要经常飞赴海外，住酒店也是家常便饭，在预算之内可以灵活选择航司和酒店，适合于我这样喜欢玩常旅客的人。最重要的是，每年 20 天休假，不会出现在医院里没时间出去旅游的情况。我考虑再三，最终选择了脱离体制创业，能更好地玩转常旅客也是原因之一吧。

常旅客计划的调整和补充

创业后，原来覆盖国内一线城市和欧美的希尔顿酒店常旅客计划已经不能满足我的需求了，我选择了洲际和喜达屋成为我加入常旅客计划的第二选择。由于分布广，价格适中，洲际和喜达屋是二三线城市商旅出行的不二之选，如果当地既有洲际又有喜达屋，可以结合它们各自的促销活动考虑，哪家适合就住哪家。比如我 2016 年 9 月去厦门出差 5 天，周四去周二回，厦门的喜达屋酒店有威斯汀、艾美、喜来登，洲际也有英迪格、皇冠假日两家，2016 年我的洲际 Q3 先行者活动有入住 5 晚、两次周六入住等任务，喜达屋有 2 个房晚或以上的住宿获得双倍积分，完成包含2个房晚或以上包含周末的住宿可获得三倍积分，同时，银联高端卡客户（白金、钻石）入住指定酒店有住二送一（送的是房券），于是我安排如下：周四到周六入住厦门威斯汀，获得三倍积分和银联住二送一免房券一张，周六用周末6折入住磐基皇冠假日，既节约了开销又完成了一次周六入住任务，周日到周二再次入住厦门维斯汀，获得双倍积分和第二张银联免房券。后来，我把获得的两张免房券用在了大禹开元，体验了村落酒店的不同风格。

由于我司有自营旅行社，部分酒店有旅行社价格，出差往往会选择有旅行社价格的酒店，而从2016年年初开始许多希尔顿的酒店第三方预订不给待遇了，而万豪任何预订渠道待遇都会有，所以我选择了万豪作为希尔顿之外在美国差旅的酒店补充。恰巧万豪2016年推出了新会员住二送一的活动，结合我希尔顿钻石、喜达屋白金的背景，申请到了9次入住升级白金的挑战任务，较为轻松地取得了万豪高级会员会籍。

由于目前公司境外业务较多，我司主要供应商美国医院接受信用卡扣款，为了节省汇款手续费，降低成本往往会选择信用卡支付费用，所以一年来我也增办了不少信用卡，每个月根据各种银行的返现活动进行线上支付，比如浦发的梦卡2016年从四月开始到年底有8%返现，但是每个月80美元封顶，我又申请VISA和MASTER两张卡，每月最多可以获得160美元的返现，其他银行也有返现活动，从1%~6%不等，有返现的尽量选择返现，境外返现封顶后线上就主刷浦发IHG联名卡累积洲际积分，由于浦发IHG联名卡获得的积分均算保级积分，美元消费累积积分更多（境外消费1美元累积1个积分，比例比境内消费8元累积1个积分高），结合浦发微信红包活动，可以较为容易地保住洲际至悦会员等级。

至于航空常旅客，由于业务需要，全球各地都会有差旅，而陪客户出国时需综合考虑航班时间、价格因素，往往无法自主选择航司，故仅有天合联盟Elite Plus是不够的，所以我又选择了寰宇一家中的英国航空（BA）作为补充，一方面是国泰或者日本航空低舱位累积比例很低，兑换比例BA相对厚道，另一方面，希尔顿每年都会有英航多倍里程的活动，如2016年第二季度就有英航四倍积分的活动，累积英航非常合算，在希尔顿每美元的消费不仅可以获得10个希尔顿积分，还能获得5个BA里程。我们每年都会有到日本的家庭出游，用BA出日航的机票十分实惠。BA被称为里程兑换的"短途利器"，在兑换3000英里之内的航线有一定的优势，用 BA 里程兑换日本航空从上海到东京的单程机票仅需 7500 里程加 100 左右的税费，按里程实际价值计算在 800 元左右，比官网预订起码节省了 30% 以上的成本。

现在，和飞客茶馆一样，公司也获得了 A 轮融资，正在不断地壮大、发展，我的常旅客计划也从单一的计划不断扩充、优化，调整组合，其实并没有固定的、唯一的常旅客计划，只能在实践中寻找最合适自己的。

1.6　长长的飞行，也是回家的旅程

作者：平泳佳

飞客茶馆 ID：pingsoft

▲ 职业：电影制片人

▲ 酒店集团会籍：喜达屋白金卡

▲ 航空公司会籍：东航金卡、国航金卡

　　周日又开始了一波密集的行程，漫长的航班延误、糟糕诡异的天气、复杂的跨场转机，以及令人沮丧无助的备降待飞。在澳门，出租车司机欺负我不认得路，既不愿打表又试图多问我讨要行李费；在上海，虹桥 T1 臭气熏天的休息室让人忍无可忍，好不容易到了北京，酒店的厨房把我的番茄意大利面硬生生地做成了老北京炸酱面。我们面前的道路往往就是这样，很多时候，那些不可预知的变故差一点就要把生活在云端疲惫不堪的我们击倒在地，差一点再也爬不起来。

　　夏季的飞行总是艰难的，在华南阴沉诡谲的云层中，飞机在闪电与气流交织的旋涡中心像一片脆弱的残叶，我的心脏随着每一次机身的猛烈晃动而悸动。偶然，在无数云层中间偶然的一个小缺口里出现了一片光亮，我低头去看，突然间，熟悉的香港中银大厦那每一条白色的尖利棱线刺破阴暗的天空，就这么毫无防备地出现在离我很近很近的地方，那也许是这个世界级地标再也无法复制的只属于我的视角与瞬间，感动溢满了我的心头。这是我漫长的航空生涯中很特别的一刻，在我们不

可预测的前路上，总有你不知道的美好风景与感动时刻在等待着你，总有一天，我们都会明白，一切的艰难与苦痛都是无法复制的美好。

于是，我们鼓起勇气，背起行囊，继续飞行。

在浑浑噩噩飞行了好多年之后，我们开始慢慢使用那些还略显简陋与粗糙的出行 APP，从最早买机票可以换积分的携程到需要一张一张拍照积累航迹的飞常准，再到后来根正苗红的航旅纵横，后来不知从哪一天起，各大航空公司、酒店集团的官方 APP 开始迅速进驻手机的主屏，再后来出现了飞客茶馆。拜其所赐，我几乎换掉了所有正在用的信用卡，不再零碎地购买各家航司的机票，咬牙用有限的差旅标准挑战酒店集团的白金会员。终于，在我三十岁那年，我的钱夹里出现的是清一色的 G、P 打头的会员卡，而这些带给我的不仅仅是休息室、旅行不便保险、升房和会员礼遇，那是我直到今天还能坚持我云端生涯的力量与信念。

事实上，我是在飞客茶馆第一次听到了关于喜达屋 SPG "一夜升金" 与 "白金挑战" 的传说，于是办理了第一张招商银行万事达全币卡。在 SPG 顺利升到金卡后，我偶然发现，公司的协议酒店里有大量的喜达屋系酒店，不管是通过电话预订还是在客户端中输入 SET/ 企业账号，都能使用到公司的协议价格来进行酒店的预订。我几乎只用了两个月的时间便达成了 SPG 的白金挑战任务，并在随后通过关联达美航空的 Crossover Rewards 计划和阿联酋航空的 Skywards 计划，间接地享有了以上两家常用航空公司的部分常旅客计划，而 2016 年第四季度推出了 SPG 与东航的合作，则是更加接地气并且更实用的合作方案。

结婚的第四个年头，我从上海去了深圳工作，写在 offer 里的量化价值、绩效激励、引领行业生态之类的诱惑性词汇在跨越 1300 多公里的日夜想念与时时牵挂面前，显得如此苍白脆弱并且不堪一击，所以，"回家" 是在这份新工作带来的所有艰难困苦、一团乱麻、人仰马翻开始之前，我必须面对并且找出解决方案的 "阿喀琉斯之踵"。

于是我总是会说，我和家之间最近的距离，是一张周五傍晚不打折的机票，如果要给这个距离加上一个厚度，那便是航旅纵横列表中那些密不透风的飞行记录，但有时一场归期不定的热带气旋或者一阵捉摸不透的跑道风切变，便能隔开这个世界上最遥远的挂念。

深圳到上海的飞行距离 1343 公里，根据季节的不同，每天有 9 个航空公司大约 48—52 个航班穿梭两地，其中虹桥机场与浦东机场的比例约为 1:3。而周五 18:00 后，只有南航、深航、东航的航班执飞。特别令人不解的是，作为国内仅次于京沪、京粤的密集型商务航线，沪深航线的宽体客机数量少得可怜，仅国航与南航的两架空客 A330 进行低密度的运营，所以注定在华南变幻莫测、阴晴不定的航路气流里，是那些窄窄的单通道客机日复一日陪着我，摇摇晃晃、颤颤巍巍地飞行在回家的路上。

深圳宝安国际机场并不支持天合优享（SKY PRIORITY），东方航空使用机场自营的休息室，而南航的会员休息室与两舱休息室之间存在巨大的设施与服务落差，虽然深圳航空的尊鹏阁在全国来看都是最优质的休息室之一，但深航的航段无法被计入国航常旅客计划的"终身白金"序列始终是一个巨大的硬伤。在我成功申请到招商银行运通百夫长后，深圳机场令人纠结的航班选择问题终于迎刃而解，通过设在宝安机场一层的贵宾出发层，在银行指定的柜台办理登机，在值机前使用独立的安检通道，并由专车送至飞机下专用廊道口。由于深圳的天气异常多变，延误概率极大，百夫长白金卡提供的 4000 元/次的"旅行不便险"便是一个极佳的解决方案，特别要注意的是，旅行不便险不同于航班延误险，在延误期间的所有消费与住宿都是报销的对象，这一点，我也是在几次使用后才得知，需要特别注意一下。

很快，我便有了一套比大姨妈还精准的"回家时刻表"，周五下午 17:00，我准时踏出公司大门，坐 30 分钟的出租车从位于南山的科技园到达深圳机场"千疮百孔"的新航站楼，搭乘 18:30 的东航航班，如果没有严重的晚点，大约会在 21:00 前在上海虹桥落地，因为没有行李，我能在大约 10 分钟以内穿越 T2 的彩虹桥，在北出发层的 7 号门找到我家的车以及车的主人，当然，后来因为上海严禁空车驶入机场出发平台，我们的接头地点改为了 P7 停车库的香蕉层。而每周一，早上 5:00 准时起床，刷牙洗脸帮女儿盖好被子之后，在 5:30 前坐上用滴滴打车叫来的出租车，在 6:00 准时抵达浦东机场 T2 航站楼，大约花 15 分钟过关，20 分钟吃早餐，然后非常精准地搭乘 6:45 登机、7:25 起飞的国航早班机。一切顺利的话，10:30 前，我便能一本正经、穿戴齐整地出现在办公室里，这个时间甚至比我在上海上班时还略早一些。

由于我的家位于虹桥、浦东两个机场几乎中间的位置，所以关于出发地的选择也是通过了长期的比较。招行运通百夫长提供了虹桥机场有专人陪同快速安检的便利，过安检后虹桥机场的 V5 休息室提供了不错的面点选择，这里的辣酱面、咸菜面是我在全国机场吃过的最好吃的面条，当然受限于虹桥的大客流，东航在虹桥的休息室永远处于人满为患的境地，早班机的延误率也一直居高不下。而浦东机场方面，由于东航位于 T1 的国内休息室软硬件条件实在太过糟糕，国航在 T2 航站楼的休息室便是最佳的选择，国航自营航班一天只有一班从浦东机场出发，并且能赶在上班前抵达深圳，上座率一直很不错。国航在浦东 T2 提供了免费的电瓶车送至 90 号休息室，由于只有金卡以上才能进入，所以人不算太多，里面提供了粥、包子、牛奶等早餐选择，从质量来看彻底秒杀东航在 T1 的休息室，所以浦东机场逐渐成为了我出发去深圳的首选。

两年多来，这个严谨并且规划合理的"回家方案"精确并且严格地被执行着，成为了我与家人度过这段艰难的双城岁月坚实的依靠与寄托，每周的那两次飞行计划，让我们都庆幸地感到，其实我们没有真正分离，只是每周出个门而已。当然，周五傍晚的机票可是不会随便打折的，于是我们为这样的节奏付出了高昂的出行成本，但回家的冲动与兴奋是再高的成本也买不来的。

在钱包中各种卡片的加持下，我开始了更加密集与无畏的空中旅程，每一次的升级与福利都能让我节省出更多的时间，至少我能在每个周一黎明醒来之后，趁着黯淡的星光，在熟睡中的女儿身边静静地多陪十五分钟，然后浅浅地亲吻她的额头后出门。当航旅纵横显示我的里程记录超过了 99% 用户的时候，我几乎已经成为了入门级的航空达人，我甚至做了测试，从屁股离开办公椅到踏进家门拥住她的肩头，最快纪录是 4 个小时 42 分钟。

在我做空中飞人的这段日子里，我爱人也在变化着。对于一个患有严重"地图识别障碍综合征"简称"路盲"的患者，她真的已经很多次把车开上了与浦东机场隔海相望的东海大桥，然后吓得猛踩刹车，也有很多次在头顶巨大的飞机引擎轰鸣中，找不到去虹桥机场的路急得直抹眼泪。但她始终是一个坚强并且不会轻易认输的姑娘，一个夏末的周五，巨大的积雨云覆盖了华东的大部分区域，透过舷窗便能看到如高耸的山丘般巨大的纤维状黑色云层，机长通知，飞机改降浦东机场，当时我的心里一惊，她还在虹桥呢。当我在漫天大雨中走出机场的时候，微信提示铃声响了，她把车停在了 B2 车库。我在车库找到了我家的车和车的主人，我赶紧问，你怎么会过来的？她说，你当我傻啊，我不会看"飞常准"吗？我又问，雨这么大,你怎么会认识浦东机场的路啊?她说,开两个导航,一路双闪,慢慢开啊。好吧,亲爱的姑娘,有时候我真的不希望你成长得那么快,在我心里你应该永远是那个一脸懵懂、万事迷糊的少女的模样啊。

对于飞常准与航旅纵横两个软件的优劣,两个阵营争论已久,事实上对于我来说,最实际的选择是两个都用、两个都不放弃,航旅纵横的自动导入功能和航线图功能目前是飞常准无法企及的,但是在连接速度、航班信息更新方面,飞常准又显得那么兢兢业业、任劳任怨。对于航旅的建议,必须立刻加强网络的使用效率保障,不能每次要用的时候总来宕机,并且加强前序航班的实时监测与提醒;对于飞常准,虽然可能永远无法实现航班的实时倒入,但可以加强在机型信息、机场综合动态方面的可视化服务,这样,两款软件的共存与良性互动便不是问题。

自从双城生活开始后,旅行成为了我们一年中最重要并且固定的"家庭节日",我们分别从上海、深圳出发,然后在目的地相聚,然后一起出发前往下一个目的地。旅行的最后一天,我们又在机场告别,飞向不同的城市,我很难说清楚那一刻的感受,但每一次告别,每一次看着家人离去的背影,都让这次旅行变得厚重、深刻、更加不舍。

香港机场一号指廊边的 Plaza Premium Lounge,有一位做鱼蛋片头汤粉的阿姨,每次搭飞机前都会吃上一碗她的料理,放一点点葱花和蒜蓉香辣酱,馥郁的汤头总能让人忘记远行的惆怅。又是一次旅行的最后一日,又是分别前的那一碗鱼蛋汤,200 开头的远机位于登机区域入口的正中,东航的那些窄体机从成本考量往往不选择停靠廊桥,需要借助摆渡车进行接驳,从扶梯下行大约 20 米,便一眼看到拖着大包小包自由行大采购的队伍。我放开了爱人的手,蹭了一下她的脸颊,很快她向左进入人群,我向右转身,原路离开,除了说再见以外没有更多的道别和嘱咐。

招商银行运通百夫长提供东南亚多个地区的机场休息室服务,主卡 + 副卡可供四个人进入休息室,基本满足了我们全家出行的需要,如果有航司的休息室可以选择,也可以持吃招行卡前往新航休息室附近的 Wellness SPA & Salon 享受半小时的 SPA 服务,需要提前预约。

离 18 号登机廊大约 100 米的距离,是星空联盟共享的新航 Silver Kris Lounge,我要了一块草莓慕斯和一杯锡兰柠茶,刚放到嘴边,收到微信,我爱人的飞机已经开始滑行。我扔下沾满浓浓草莓果酱的蛋糕,拖着箱子,沿着玻璃幕墙组成的廊道一路奔跑，拼命想再看看她坐的那架飞机，可惜，也许是机位太远，也许是飞机太小，那架航班在我的视线可及之外飞向了上海。有那么一瞬间，心沉到了幽暗的谷底，那种眼泪在胸腔散开的酸涩感弥漫了我的整个身体，我喉咙哽塞、鼻子酸楚，我呆呆地望向远方，想朝某个方向挥挥手说再见，但这个角度的香港机场，除了水泥跑道和对面依稀可见的海上小岛外，就真的一片荒芜了。登机广播响了，前往北京的CA112号航班开始登机。空姐又来打招呼了，笑容甜腻，飞机起飞，飞向北京，和上海的方向大约差了40度。突然想起半年前，在名古屋中部空港，我跟爱人也是这样在机场说再见，我向西南飞往香港，她向西飞去上海，离别的角度依然是40度。

  关于分离的故事太多太多，于是相聚就成为更加值得的珍惜的时刻，还是讲一个关于飞行的故事。那是长假某一天的凌晨1:30分，香港风球减弱为三号，深圳机场大雨大风减弱，我和爱人搭乘从吉隆坡飞香港的国泰航空CX724航班之前没能成功在香港机场降落，离地大约十几米的距离由于侧风过大紧急复飞，备降35公里之外台风区边缘的深圳机场。经过了漫长的焦虑与等待后，勇敢英俊的英国正副机长驾驶着这架有着17.6年机龄的空客340四引擎客机拔地而起，1500高度低空沿深圳湾向西南飞行，在看见澳门葡京酒店的建筑群轴线后折向东偏北，对准赤鱲角北跑道进场。经历了之前的一次惊险的复飞，整个机舱鸦雀无声，飞机剧烈震荡产生的共振基本吻合了每个人目前心跳的频率。由于侧风过大，飞机在1000米空中几次大斜角调整姿态，巨大的坠落感与离心力引起了机舱内一阵阵惊呼。我手心已经湿透，我转头看她，还好，只是头发有些被汗水打湿，我说，没事，把眼睛闭上，很快就降落了，她点头。那是一个漫长并且被各种抖动与惊恐占据的夜晚，可似乎我的脑袋里没有想更多的东西，只有一个念头在晃动：幸好，这样的时刻，我们还在一起，我依然能一转身，就看到你的样子。

  自从东航2016年5月起终止了与国泰航空的合作后，国航成为了兑换国泰免票硕果仅存的国内航司，11万兑换国泰欧洲头等舱的福利几乎是我们屌丝阶层体验常规售价不低于8万的国泰航空长途头等舱的唯一途径，原先国航的积分还有一个终极的目标便是30万积分兑换星空联盟商务舱环球旅行，现在似乎也不见了踪影。对于在深圳南山上班的我来说，从蛇口码头出发前往香港机场是最佳的选择，蛇口码头已经实现行李直挂，大约45分钟便可出现在香港机场登机口，除非大风天气码头停航，深口—HKG 的路线无疑从成本还是时间来看都是最佳的选择。

招行运通百夫长最大的特点便是与 SPG 与英国航空（BA）积分的兑换，招行提供了 1500∶2000 的兑换比例，而 SPG 则是 20000∶25000，在 9 月的活动中，BA 对 SPG 的积分提供 35% 的奖励，同时 SPG 也在进行 7 折促销。在经过了几轮的调整后，BA 更加巩固了自己"短途之王"的美誉，对于我来说，从香港出发，国泰的航班几乎都可以进行十分方便的兑换，从上海出发，日航是最佳的选择。以上海为例，往返福冈的里程总额仅需 9000 英里，相比东航动辄 48000 公里的数字几乎是实惠到无以复加。而更加令人感到高兴的是，BA 的积分加现金计划可以最大程度地保留积分，保留下来的积分相比后续高峰节假日兑换机票的价格来说是非常划算的选择。

我们很快就要在机场各奔东西了，在爱人转身走向登机口的刹那，我拥住了她，还是没有什么话，胸口却依然弥漫着满满的酸涩。飞向上海的航班准点起飞，我还是没有找到她的飞机，我拿出手机，给她语音留言：总有一天，我们不再分离。

1.7 学生族，也可以这样玩转常旅客

作者：张雁飞

飞客茶馆 ID：D_E_S_I_R_E

▲ 职业：海外留学生

▲ 酒店集团会籍：洲际金卡、喜达屋金卡

▲ 航空公司会籍：东航金卡、国航金卡

一转眼，也在飞客茶馆上混迹三年了。这三年大致就是从上大学开始直到现在的一段时间，学习和工作之余，每天都上飞行报告区看看新帖，时间也就这么一点点过去了。所以，就让我以时间为基本准绳，梳理一下这三年以来的经历，并总结一些对于居住在澳洲的学生来说比较有用的经验。

一、初尝飞行的快感，两舱依然远在天边

第一次乘坐国际航线是在 2014 年 2 月份 XMN-PVG-AMS-MAD/BCN-AMS-XMN（你没看错就是这么长），借着荷兰皇家航空（下面简称 KLM）开航厦门的东风，和父母一起订了去西班牙的行程。不料出行那天机场工作人员以签证时间为由拒绝 check in，只得改签到第二天 PVG-AMS，由于当时在去哪儿上购买的票没有注意退改签的条款，原本 5000 元/人的票，又多加了 3000 元/人的改票费用，

旅行从一开始就因此不甚顺利。

不过，第二天到了上海，一架747映入眼帘。那是当年没有接触飞客茶馆前唯一知道的一款大飞机。上飞机的时候，庞大的座椅数量让我吃惊，我从来没想过一架飞机能够装下这么多人，前面还有这么多特别宽大，和国内线头等舱完全不同的座椅。就像刘姥姥进大观园，第一次乘坐国际航线时发现的每一个细节都让我有发现新大陆的错觉，一切的一切都让当时刚刚高中毕业，准备前往澳洲留学的我，感到非常兴奋。

回程的时候坐的是KLM Asia涂装的777-200ER，飞往厦门。当时在广告上有看到"Dream Liner"的少许字眼，误以为这次乘坐的就是波音最新一代的787，直到后来才明白，这就是很多航空公司的主力机型——777-200ER。这次飞行也是迄今为止在飞机上睡得最好的一次，足足睡了6个小时，之后不管是坐什么舱位，也再没有这么好好睡过一觉了。

2014年3月，踏上港龙航空KA617航班，第一次来到香港赤鱲角国际机场（HKG），转接晚上的国泰航空CX111前往悉尼（SYD）。当时还是国泰航空没有"削减成本"那么过分的好年景，所以在经济舱也享受到了一顿非常完美的机上餐食，至今仍然记忆犹新。

刚到澳洲，由于马航MH370的缘故，开始对飞行本身有所兴趣，进而不断搜索，最后终于找到了飞客茶馆这个大家庭。从飞客茶馆，我了解到：商务舱不仅有国内线的大板凳；乘客不用像沙丁鱼一样挤在位子上；飞机餐也能有和高级餐厅类似的分道形式等，带来的冲击是难以言表的。受此影响，自此之后，踏上了玩里程的"不归路"。

二、常旅客身份对于学生而言，到底是不是可达到的目标？

通过积攒会籍积分进而在常旅客计划中获得升级，取得更加优先的升舱机会与休息室使用权的方式，对于很多已经走上工作岗位的朋友来说是非常正常的。而对于学生来说，是否类似呢？我将用自己的亲身经验来告诉大家：

看到了这么多两舱飞行报告，再看看自己少得可怜的生活费，怎么才能提高升舱概率呢？那就多办几张会员卡吧，说不定能够瞎猫碰个死耗子？于是，在一年时间内，我加入了芬兰航空（AY）、美国航空（AA）、马来西亚航空（MH）、全日空航空（NH）、新加坡航空（SQ）、爱琴海航空（A3）、哥伦比亚航空（AV）、国泰航空（CX）等常旅客，我自己都不记得自己办理了多少张。

1. 第一次尝试

　　AY 的常旅客升级要求在所有这些常旅客中算是最低的一个了：40000 公里升级银卡，相当于联盟内的红宝石。计算了一下，一次乘坐国泰航空（CX）的往返，能够为我带来 16000 公里的里程，而且当下 CX 的价格也是比较便宜的，再加上一些假期出行，估计一年内的飞行凑个银卡没什么问题。于是第一次回国，依然坚持全程 CX。

　　不过，毕竟人算不如天算，第二次回国，口袋空空的我，看着 CX 当时接近 2000AUD 的票价。无奈选择了相对便宜的 SQ。

2. 第二次尝试：

　　上帝关闭了一扇门，还可以再打开一扇窗。当时，A3 刚刚加入星空联盟，为 A3 自家设计的常旅客计划，在常飞国际长段的各位土豪眼中，简直就是一个大羊毛。当年，从深圳宝安国际机场（SZX）出发，在仰光国际机场（RGN）中转的一套国航 A 舱，以 5000 人民币左右的成本拿下金卡，也是很流行的玩法。正好这次买了 SQ，就用上吧。

　　不过，对于飞行频率如此之低的我来说，再厚道的航空公司也把我的窗给关上了，第一次 SQ 飞行结束之后，A3 经不住薅，于是将升级要求大幅提高，尤其是每年要完成 4 个 A3 航段这点，让我感到自己的渺小……

　　以上故事告诉我们：对于飞行距离长，但飞行次数极低的学生们，常旅客计划真心不是我们的菜。学生买票有几个比较巨大的限制：时间、地点、价格。在这种情况下，一不可能做到完全地忠于某个联盟，二也赶不上现在因 cost cut 而日新月异不断变难的常旅客计划（最新的玩法是从 CX 开始的 status point 以及 UA 的 PQS）。

三、常旅客对于学生而言，能不能玩？要怎么玩？

　　虽然常旅客的升级对学生来说是近乎不可能达到的目标，然而常旅客对于学生来说，可以玩，该玩，一定要玩。至于玩法嘛，就是接下来要介绍的里程票了。

　　本人对里程票的了解在大二之前还是一片空白。是什么时候打开新世界的大门呢？一切源自于那个暑假在飞客茶馆上问了一个问题："用什么里程出 TG 的 C 舱或者 CX 的 C 舱会比较划算？"底下各位推荐了 AA、UA、AV。因为比较想先体验 CX 的商务舱，所以就先打了 AA 的客服电话。

当 AA 客服报出一个"兑换国泰航空悉尼到厦门的商务舱单程需要 35000 里程"时，内心难掩激动。当时 AA 刚刚和 US 合并，开放了一次卖里程的活动，70000 里程只需要 USD 1672，按照当时的汇率，相当于人民币 9814 元，也就是说用比经济舱稍贵一点的价格就可以享受到商务舱！

事不宜迟，赶紧找老爸要来信用卡，买了 70000 里程。于是，我终于在大二下学期的时候，坐上了 CX 的公务舱，也第一次体验到了休息室！

琳琅满目的餐台

人生中第一款平躺座椅，不过餐食并不是很完美，只能说，远离悉尼空厨配餐……

有了这次经验之后，信心越来越足。之后，我又趁着美国航空（AA）在 2016 年 3 月 21 日前尚未改版的时候，买了 70000 里程，体验到了马来西亚航空（MH）的新舱，成本还是一样的优惠：2100AUD。后来，尝试了更多的里程计划，发掘出了更多的玩法与更充分的可能性，也终于在 2016 年 11 月 20 日坐上了泰国航空（TG）的头等（当然，也离不开我自己在平台上倾注的心血，这才有了不少余粮）。

里程票商务舱的成本相对于普通经济舱来说，会贵一点，不过对于有所余钱，愿意出高价买 PE 的学生们来说，还是很值得一试的。

介绍一个小小的工具，由一位台湾同胞无私贡献：http://fflyer.herokuAPP.com。只要输入起终点，就能分析出所有两点之间的里程票兑换方式以及所需里程，可以很方便地找到合适你的里程票。用这个工具，我找到并使用过 3 个兑换中澳线商务较为划算的常旅客计划：美国航空（AA）、美国联合航空（UA）、亚洲万里通（Asia Miles），三者皆为 80000 里程往返中澳。

接下来分析一下三个计划的利弊：

美国航空（AA）：

优点：

- 行程中不超过 24 小时的转机点可以放置至多 3 个
- 改签免费，只收税差（这一点是我最推荐的）
- 按区出票，出发地/转机点均可灵活安排
- 出票费用低廉

缺点：

- 官网无法查到实时票量变化，必须电话人工操作

美国联合航空（UA）：

优点：

- 实时票量变化在官网上容易查看，一目了然
- 按区出票，出发地可以灵活安排
- 澳新—东南亚线，中国—南太平洋往返仅需 60000 里程

缺点：

- 对于非 UA 高级会员，改签费用极高（一次改签 100 美金）
- 有时会出现虚假里程位（星空联盟通病）

- 2016 年 10 月 6 号之后，早期的"跳跳游"玩法被撤销，跨区转机也受到极大限制。

亚洲万里通（Asia Miles）：

优点：

- 可以查看票量变化
- 可以候补
- 可以和客服最多要求 3 程航班的候补，提高可能性

缺点：

- 按照路程收费，SYD-XMN 仅可选择于 HKG 转机，否则价格将为 120000 里程
- CX 对 Asia Miles 放位规律极为畸形，QF 在出发前几乎不放位置，导致候补经常失败
- 北京的中文客服相当呆板，不懂变通
- 出票费用高，往返各项费用总计竟能高过 1600 港币

综上所述，AA 目前来说是我用过的里程计划中最为推荐的一个。其实中澳线上还有很多其他的公司也提供不错的价格，例如哥伦比亚航空（AV）及全日空航空（ANA），还有日本航空（JL）。不过 AV 的票量几乎可以忽略不计，从来都很难换到；JL 价格便宜，但缺乏获取渠道；NH 尚未尝试，据说还可以。

以上就是我 3 年以来所有的经验总结与一些记录飞行的流水账。澳洲飞客圈的朋友们可以私信我，进行线下交流，谢谢大家！

1.8 如何花最少的钱享受更好的出行礼遇？

作者：何俞达
飞客茶馆 ID：sheep956

▲职业：工程师
▲酒店：IHG 优悦会至悦精英会员、希尔顿钻石会员、喜达屋金卡会员、万豪金卡会员
▲航空：中华航空金卡、厦门航空银行、东方航空银卡、南方航空银卡、国泰航空银卡
▲信用卡：台湾中信大中华携手飞联名卡、美国运通国泰航空尊尚信用卡、全日空 ANA 晶致卡

本人目前从事工程师的工作，大多时间需要出差，希望能在有限的预算内，让自己在飞行途中或是出差住宿中得到更好的体验。刚开始从对积分里程、常旅客计划、航空联盟一无所知，到目前已经是 IHG 优悦会至悦精英会员、希尔顿钻石会员、喜达屋金卡会员、万豪金卡会员等，一直致力于研究适合每个人的出行计划。

一、遇见飞客

我其实较晚才真正踏入飞客的门槛，第一次的遇见在 2011 年年底，当时才二十出头，那时参与了一个产品回函抽奖活动，很幸运地抽到第一奖，台北 W 饭店（W Taipei）奇幻客房免费住宿一晚，当时在办理入住时，前台的服务人员询问，先生有无要加入喜达屋会员？当时因觉得麻烦就跟服务人员说不必了！至今想想真有些后悔，少了一些点数的累积，毕竟 W 酒店价格对当时的我来说真的不太便宜。直到后来考研进入研究所后，平时除了做研究，还必须协助教授处理一些对外接待外宾，以及研讨会的订票及宾客房间的安排，亦或是会后的晚宴等等，但由于是实报实销，那时在协助订购时也是心想有无方法可以在价格不调整的情况下，帮自己争取一些福利？

先说说支付方式的改变，由原先的现金支付改成刷卡消费，甚至在提供外宾订房时也直接刷卡，加上信用卡的点数累积，以及发卡银行有时会提供一些订房或用餐优惠，由此也着实帮教授省下了不少经费支出。再说说航空公司里程累积，我在研究室期间经常会在中国大陆及香港、台湾地区进行学术研讨或是期刊会议报告，一年大概需要飞行 6—7 次，但毕竟每次提供的学术报销经费有限，而两岸直航的班机价格实在是让人无法恭维，因此通过香港转机费用相较来得划算，第一次搭乘国泰航空时，看到机场在国泰的报到处有马可索罗会的介绍，登机时又听到广播请马可索罗会员先行登机，而在班机上又感谢马可索罗会员搭乘，究竟什么是马可索罗会？那次回去就马上查询马可索罗会，首先看到 50 美金的入会费，就有点犹豫了！后来看了网络上的会员权益介绍，可以优先登机以及报到，还是花了钱去办了，原本以为没有用的优先报到，常常让我们在一起到机场时避开了排队人潮，而每次购买的机票都是在 V 舱以上，而转机出去一趟就是 4 个航段，大概一年后就升级到银卡会员，也因为在银卡会员期间享受到更多的福利，让我对航空公司的计划也越来越感兴趣。

二、踏入酒店会员、深入里程、航空会籍

后来研究生毕业后，我一直担任互联网工程师的工作，所以每年的出差次数和以往相比多了不少，且出差的时间都是非常临时，常常只要产线出错，就要立刻飞到工厂进行除错，或是故障排除。但由于公司出差政策，因此常常买到的票都是舱等较高的"经济舱"，且都是由公司的出差部门来订票，因此想刷自己的卡或是指定航空也没有办法！但公司允许住宿 120 美金 / 天预算去做报销，既然没法选自己偏好的航空公司，又想要累积里程、又想拥有精英会员的福利，到底应该怎么办？难道要每个航空公司的会员都办一个？其实不用，只要在各大航空联盟中各选择一

家来进行申办，以我为例目前大多为两岸航线，且几乎都是天合联盟成员，很快就达到华航会员金卡会员的资格，好在有大中华携手飞的计划，早前如果只是华航的金卡（天合精英会员），在搭乘两岸航线都是没有休息室可以使用的，在携手飞计划后都可以使用四航的休息室，而飞行所赚取的里程在之后的个人旅游也可以拿来使用，或是孝敬双亲帮他们换票。酒店常旅客计划因为出差预算几乎都只能住假日或是智选假日，而优悦会的分布也较广，因此成为我当初的选择，虽然常常被人说白金卡没什么用，但在假日常常被升等级，有时也送早餐，且如果是周末还有会员优惠订房，还有送早餐，对于出差来说，几乎都是早出晚归，常常回到旅馆行政酒廊也都关门了，因此这点对我来说没有这么重要，但早餐还是很希望能直接在饭店餐厅内用，省去出门觅食的时间，且优悦会近几年每季都有推出任务活动，去住宿达成任务能够获得更多额外点数，而住宿所获得的点数，可以在私人旅行时使用，或是和家人一同旅游也可以兑换。

三、弄清航空福利、飞行奖励中你要的是什么？

许多人在选择航空、酒店常旅客计划时都会很迷惘，但其实只要弄清你要的究竟是什么，以及你多久出行一次，之后再选择相对会比较简单，以我为例，之前希望能在出差飞行时，使用航空公司所提供的休息室，而公司又限定只能购买经济舱，每年出差都能去10趟左右，因此我果断选择华航的计划，刚好可以达到金卡（天合精英会员），因此这个计划是适合我的，因为光看这些短程的飞行距离，所飞的里程数还达不到升级标准，但用航段来算的话20次刚好能够达标，且又有两岸大中华携手飞的加持，搭到四航的两岸航线都能使用自营休息室。如果说是不常飞行的，又刚好都是天合联盟航班，想要有换机票的奖励，较推荐达美航空，虽然可能换票标准较高，但里程是没有期限的，对于不常飞行的常旅客来说可以有足够的时间累积到里程进行换票。但如果一年只飞一次又想要享受福利的话，那你还是买公务或是头等舱吧！

四、酒店会籍福利、兑换我要的是什么？

大多数酒店常旅客计划基本上都是以实际消费的金额进行点数累积，以优悦会为例，1美金可以累积10点数，也可以累积10点会籍积分，而会员等级是依照你的住宿晚数或会籍积分去决定，如果出差晚数没有达到至悦的标准，但以会籍积分可以达到，且优悦会的积分可利用部分银行转分机制去达成，因此优悦会算是等级提升相对容易的计划，虽然至悦会员福利没有附赠早餐，但在房型升级上都会予以升级，而换房也不会很难换，因此成为本人喜爱的住宿计划。

五、信用卡福利、年费、赚点数我要的是什么？

一般信用卡在选择上可以依照你所注重的层面去选择，以笔者所申办台湾中信的大中华携手飞联名卡而言，年费虽然是1350RMB，但可以有四航的精英会员会籍，刷卡2.2RMB可以累积一点，能够更快换到一张机票；或是以中信银行推出的IHG联名卡，以世界卡为例一般日常消费10RMB，能更快累积换房点数以及升级的精英点数。

根据自己的情况选择适合自己的飞行以及酒店计划十分重要，若选对则事半功倍，选错则事倍功半；选对信用卡做配合也能更快地让自己离换票或是换房更近，最后在累积完点数或是里程一定要注意是否有使用的期限，万一过期一切就白费了，希望大家在了解酒店计划、飞行计划后也能够成为一个小飞客，越玩越有心得！

1.9 从"出国党"到"出差党",常旅客的华丽转身

作者:方逍
飞客茶馆 ID:专属天使~~

▲职业:海外地产开发咨询
▲酒店集团会籍:希尔顿钻石、洲际白金大使、丽思卡尔顿银卡
▲航空公司会籍:海航金卡,美国航空金卡
▲信用卡:Chase 大通银行 J.P Morgan Select Card、蓝宝石卡、IHG 万事达环球卡、中信运通白、HSBC 美国 Premier 万事达环球卡

关于常旅客计划,无论是航空、酒店还是国内外信用卡的积分计划,在我看来都是一个由计划制订者为增加客户黏性开发并主导,常旅客为使权益最大化而根据自身需求有选择性参与的游戏。我已经记不清自己的第一张常旅客会员卡是哪一张,但是第一个精英会籍应该是 2009 年留学之前第一次去美国开会搭乘美国西北航空获得的银卡(等同于现美国达美航空银卡),从此便走上了保级、挑战、匹配、买分等一系列之路。

经过这几年的摸索以及在飞客和国外知名博客的学习我觉得常旅客计划的选择和人的习惯(你的所在地,常飞航线,航司/酒店偏好,预算等)息息相关。在文章中,我会根据自身从"出国"到学成归国从事跨国地产投资咨询行业的经历去阐述我对常旅客("出差狗")计划选择和配置的看法供常旅客们参考。

回顾在美国求学的四年，我的常旅客计划配置可以用杂而不乱来形容。所谓杂，我觉得大部分读者都可以理解，刚开始玩常旅客加之年轻以及好奇心，基本上飞客和知名博主们提到的各类野路子都玩了个遍，从通过专用链接速成下希尔顿金卡，匹配洲际白金卡，到大公司协议价入住酒店等；从匹配UA 1K卡（美国联合航空公开的最高等级卡）到刷出A3（星空联盟成员－爱琴海航空）金卡到MR（保级飞行）阿拉斯加航空金卡都一一试了个遍。但是，我还是会根据自己的实际情况，有选择性地去定义自己的主力卡。比如，大一时，出差不多，一年两次回国，一两次美国境内旅行，暂时没有SSN拿不到美国信用卡等。根据这些特点，我死心塌地地把自己大学第一年的主力航司选成了刚刚与西北航空完成合并的达美航空，毕竟当时达美也可以让我享受到美国境内免行李费、优先登机、优选座位等待遇。

所以说，出行不多建议主力攻一家常旅客计划。后来，我又发现自己大本营在西雅图，这里是阿拉斯加航空的大本营，于是着手去研究阿拉斯加航空的常旅客计划。我发现阿拉斯加简直就是一个神一样的航空公司，当时是可以兼顾到我飞国际航班要坐的AA（美国航空）、DL（达美航空）、AF/KLM（法荷航空集团），CX（国泰航空）等公司，又能兼顾到美国国内段飞阿拉斯加自己的航班累积的里程，而且都算定级。于是，我就用刷了三个美国东西海岸来回程飞出来的A3金卡果断match（挑战）了AS（阿拉斯加）金卡，接下来两年只飞能累积到阿拉斯加的公司，通过这样累积最后换出了去夏威夷度假的头等机票以及一次达美航空的北京西雅图往返机票。当然，当时换阿拉斯加西雅图到夏威夷里程票也是巧用stopover（停留）规则，去程在波特兰做停留，享受一下免税购物，回程直接把西雅图作为停留地，停留了三个月然后飞波士顿，这样一个春假的单程波士顿机票就在不增加里程成本的情况下免费出来了。

毕业回国，我就利用我的UA信用卡以及CHASE信用卡累积的UA里程换出了至今空前绝后的单程机票SEA西雅图－LAX洛杉矶－TPE台北桃园（白天停留13小时）－SIN新加坡（隔夜停留16小时）－BKK曼谷（夜里停留19小时）－PEK北京，这个路数单程全两舱，不但多带了毕业后回国的行李，还带我玩了三个地方，只花费了大约65000里程。

回国后我又分析了一下自己的base（主场）在北京，要飞的航线国航和海航都能基本覆盖，但是从票的成本来看，个人旅游海航会便宜，公司也不会指定航司，再加上自己喜欢坐港行 J 舱去曼谷，以及出差飞中美航线喜欢在西雅图做停留，于是果断放弃天合联盟，主飞海航，辅修国航。就这样，根据自身和公司情况，持续搞了两年海航金卡，也配合海航活动累积了不少里程。后来，我发现国内的航司真要算一笔里程使用的账。比如说，海航兑换京沪线，平躺 333 机型的往返才 28000 里程，而我们看看国航，单程 777/748 的国内头等居然要 25000 里程。所以，选择合适的常旅客计划还要根据自身情况，从票价累积比例和里程兑换比例综合去分析。

另外，关于酒店计划，目前我自己是用美国 CHASE 摩根大通银行的 IHG 洲际俱乐部的信用卡（49 美金年费，每年送一张全球免房券一晚）常年加持洲际集团的白金卡，然后利用这张白金卡去挑战了希尔顿钻卡。个人认为，如果只在国内出差，预算有限的话还是选择 IHG，它的好处就是各种价位的酒店分布比较全，比较好选择。如果预算比较高，可以考虑 SPG、万豪以及希尔顿。

我觉得，作为一名喝过洋墨水、薅过洋羊毛的常旅客，选择一款适合自己的常旅客计划还是要从自身生活和工作的角度去出发。老常旅客们能给出的只能是建议，每个人都要站在自己大本营、票价、长飞航线、航路偏好、兑换喜好等多维度去分析选择自己的常旅客组合，做到主副分明。

1.10 常旅客计划并非遥不可及，改善出行品质从此刻开始

作者：卢奇凯
飞客茶馆 ID：luqikai

▲职业：古玩收藏
▲酒店会籍：IHG 优悦会至悦精英会籍、万豪金卡会籍、希尔顿钻石会籍
▲信用卡：招商银行、广发银行、浦发银行、工商银行、中信银行

记得几年前刚大学毕业，我对酒店这个概念只是停留在晚上睡觉的地方，而豪华五星酒店对于我来说更是望尘莫及，挣钱都不容易，用钱肯定得用在有必要的事情上，何必花大钱仅仅去睡一觉呢？

不过随着时间的增长，情况发生了转变，对于生活品质有了更高的要求，由于自己经商，虽没有出差的刚需，但是本身时间较为空闲，外出游玩的次数也日渐增多。记得去年计划和爱人去三亚度假，在网上看攻略的时候，有一篇自驾的游记很吸引我，文中介绍自驾游海南，然后下榻的都是五星级酒店，各种酒店的环境以及服务都让我非常向往，那时候我还是个只会 OTA 订房的小白，在出发前计划了好久，最后选择了半山半岛洲际，订的是行政阁，对于网上介绍的行政待遇也是一知半解，没想到到了那边以后，一切都变得美好起来，酒店非常漂亮，房间很大，又有大晒台，酒廊每天提供早餐下午茶以及欢乐时光，全天供应软饮，而等我注册了会员之后还能享受免费 WIFI 以及延迟退房的礼遇，从来都没有想到酒店内竟然还别有洞天！

从那以后，我就对豪华五星酒店产生了浓厚的兴趣，并且开始研究其常旅客计划，也是机缘巧合，某次的搜索让我找到了飞客茶馆，我发现这个常旅客社区有好多专业大神，有长期出差的人士，有悠闲度假爱好者，更有一掷千金的土豪，他们在飞客茶馆都有着共同的爱好，那就是常旅客计划。注册飞客茶馆后，我学习了很多非常受用的干货知识，看到了精美的酒店报告，而且对于新人提出的各种问题，很多飞友都会热心解答、无私帮助。从此以后，一发而不可收，一有时间我就会泡在茶馆，吸收各种知识。在飞客茶馆，洲际IHG版块活跃人数最多，因为优悦会的常旅客计划是最简单也是最容易入门的，只要办理了中信的IHG联名卡，马上就可以获得IHG金卡的会籍，那时的金卡预订酒店可以周末六折（目前周末六折已结束，具体请以官网为准），这无疑是个非常好的开端，虽说IHG对于会员是严格按条款对待，不过成为白金之后，每次入住基本都会升一级，厚道一点的酒店也会送个早餐或者待遇，延迟退房等相关权益也能得到保障，总之，花了更少的钱却获得了更优的待遇，这当然是让人很愉快的事情！

接下去的时间，又遇到希尔顿以及凯悦的会籍匹配活动，由此又顺利地匹配到了希尔顿钻石以及凯悦的环球客会籍，更多的酒店会籍提供了更广的选择，希尔顿对待会员的厚道那是远近闻名的，在茶馆学习之后，知道每年希尔顿都会有买分促销的活动，最大比例是买一送一，换算下来是每万分300+人民币，由于是在浙江，周边有好些希尔顿CAT1以及CAT2的酒店，用积分换房简直是白菜价！于是乎，我又把目标瞄准了希尔顿。试想一下，如果入住5000积分的酒店，酒店赠送双早加酒廊待遇，舒舒服服在酒店睡一晚，酒廊吃吃点心发发呆，闲了还可以在酒店周边走走逛逛，放松一下心情，到了下午四点再退房，一算账，只花了150块，妥妥地住五星还能有正收益呀。当然除了价廉物美的积分房之外，在你入住高价酒店时，房间的升级有时候会让你更兴奋，由于拥有高级会籍，即使订的是基础房型，有时也会连升几级，举个例子，某次入住一家康莱德，用1000元人民币左右的价格订的基础房，后来工作人员帮我升级到了4000多人民币的房型，当时还真是受宠若惊啊！

为了配合出行，我继而开始研究航空常旅客计划，不过发现这个并不适合我，因为我没有飞行刚需，数十次的航段对我而言是望尘莫及。然而我发现一项更适合我的东西，那就是PP卡或者是龙腾，这类服务能让你的旅程从一开始就能享受头等舱一样的VIP待遇，然而这些怎么来呢，那就是信用卡了，然而对于我而言，此前虽然办过几张信用卡，但是都是些入门的卡种，如需此类的附带功能，至少都是白金等级。为了能成功下卡，我继续在飞客茶馆学习，终于功夫不负有心人，获得了中信的AE白，虽然对于大神来说，此卡不值一谈，但对于每年飞机出行不多的我来说，8次龙腾加上8次CIP，差不多也够用了！在今年的一次旅行中，拥有了各项技能的我，带着家人从机场送机CIP开始，到入住酒店有待遇有套房，所到之处如行云流水，着实享受了一把高品质的假期！

现在的我，闲暇之余就会翻翻飞客茶馆的APP，继续学习新的知识，花更少的钱获得更好的待遇，这就是常旅客的精髓。2017年对于常旅客计划，这是一个群雄争霸时代的开始，选择一个适合自己的常旅客计划，激活一个属于自己的完美假期吧！

Part 2
常旅客计划指南

第 2 章 酒店常旅客计划
国际酒店集团常旅客计划综述
IHG 会员等级权益及积分累积、使用技巧
SPG 会员等级权益及积分累积、使用技巧
Hilton 会员等级权益及积分累积、使用技巧
Hyatt 会员等级权益及积分累积、使用技巧
Accor 会员等级权益及积分累积、使用技巧
Marriott 会员等级权益及积分累积、使用技巧
SHANGRI-LA 会员等级权益及积分累积、使用技巧
尚在探索中的国内酒店常旅客计划
酒店联名信用卡

第2章
酒店常旅客计划

2.1 国际酒店集团常旅客计划综述

作者：周宏声
飞客茶馆 ID：voice78

2016年对于酒店常旅客而言，注定是一个多事之秋。这一年业内最重大的事件毫无疑问应该算是酒店业巨无霸"万达屋"的诞生。万豪和喜达屋联姻对于以后连锁酒店业竞争格局的长远影响尚不得而知，但是短期来看最直接的影响无疑在于：其余五大集团为了保住自己的市场份额纷纷火力全开。先是凯悦破天荒地开启了顶级钻石会员的等级，接着希尔顿和香格里拉也纷纷效仿，洲际则一改过往仅在淡季才开启促销活动的习惯，三次"先行者"活动整整持续了一年，雅高虽然没有什么特别给力的促销，但其收购了费尔蒙、莱佛士、瑞士酒店等品牌也显示其后劲不可小觑。

正因为有了上述这些巨头们的近身肉搏，这一年才成了每个常旅客的春天，像笔者这样的轻度爱好者也拿到了三个集团的顶级会籍，相信飞客们拿大满贯的也绝不在少数。说起来这篇综述是绝对轮不到我来写的，但是蒙论坛垂青，从那么多飞客大牛中竟然找我约这篇综述，受宠若惊之余也有点战战兢兢。好在后面还有多位达人传道授业解惑。我就在这里班门弄斧一下，有砖也请大家轻拍。

先说IHG吧，今年IHG仍然同时运行两套会员体系，适用于所有酒店的S-P-G和主攻IC（洲际酒店）的RA-A会员（S：至悦会籍；P：白金会籍；G：金卡会籍；RA：皇家大使会籍；A：大使会籍）。其中S（至悦会员）作为今年新增加的顶级会员级别，仅仅提供了25000奖励积分，或者立即提名一位白金会员就有所谓的一次性欢迎礼、100%的额外奖励积分，其仍然不能为顶级会员提供行政待遇这一点饱受诟病。至于RA-A体系，基础的A，也就是大使，依然要200美元或者32000积分兑换，RA也即皇家大使仍然要靠全年75晚且其中至少入住30晚IC来达成，成本较高，仅建议土豪或者高规格出差者考虑。

要玩IHG，基本思路还是没变，利用促销活动，尽量以低成本获取积分，再用积分兑换热门地点的酒店，需要待遇的话利用高等级会员升房打折的优势付费升级至行政房（目前活动已结束，各位可以期待一下第二季的先行者），这个戏称"比惨"的活动似乎刷新了下限。奖励积分总额减少不说，任务难度还增加了。考虑到今年IHG酒店积分兑换标准突破了50000这个多年以来的上限，从而为以后的进一步积分贬值打开了大门，再加上浦发红包的削弱以及金卡会员降低为周末7折，导致IHG的吸引力大减。当然，瘦死的骆驼比马大，这家集团旗下酒店分布广，均价低，这些优势只要存在一天，仍然是初级常旅客的首选。

如果要评选谁是今年最"没节操"的酒店集团，必须是希尔顿。今年希尔顿开启了至少三次五折或者买一送一的积分促销，还把顶级会员像白菜一样match，甚至还有部分运气好的能match到有效期到后年的钻卡。这种促销手段就像双刃剑，短时间确实能吸引大量会员，提升业绩，但是相应地也会使顶级会员待遇缩水，进而使那些真正靠一晚一晚住出来的顶级会员产生不平衡的想法甚至转投别家。好在2016年下半年希尔顿开始收紧了match政策，现在match后仅仅是获得钻卡挑战90天4stay的资格。这件事再次提醒我们：玩常旅客，执行力真的很重要！

希尔顿的玩法也很简单，拿到钻卡后，半价买分，以纯积分入住CAT1和CAT2的酒店基本都是超值，因为希尔顿的积分入住可以保证行政待遇，所以经常会出现等价200元住五星酒店套房还送双早和行政待遇的奇观。另一方面高CAT的酒店主要靠注册多倍积分活动，花钱入住可以获得大量积分回馈。例如今年四季度的APP订房三倍积分、航空里程bug分、VISA每stay可赚5000分等叠加起来，往往能做到30%—50%的回血。再往上的高CAT酒店，因为其中度假酒店居多，则可以使用大量积分兑换住四送一，这方面最著名的例子就是马尔代夫港丽岛康莱德，这家酒店常年每晚 4000 元以上的房价，若赶上旺季，7000 元一晚也是常事。但是若使用积分的话，则是 380000 分住四送一累积五晚，折合每晚不到 2500 元，虽然很贵，但是绝对是超值。

我持有的第三个酒店精英会籍是香格里拉（前两个是洲际和希尔顿）。对不起各位，一写到这里口水都流出来了，香宫的中餐确实不错，有机会的话大家一定要体验一下。现在钻石和翡翠会员使用积分兑换餐厅消费还有一个加权系数，太贴心啦。

话说回来，香格里拉由于分布问题，并不适合作为主力会籍持有，我个人的心得就是趁着每年的 5stay5000 分活动，利用第三方预订算合格 stay 的优势，什么招行 100 分 +300 元啊，浦发的 50000 分兑换啊，一起招呼，低成本拿下 5000 分，然后趁着每年都有的 5 折兑换住宿活动，或者是干脆兑换一顿大餐，包你不后悔。

再说到新的巨无霸"万达屋"，这个也是我一直垂涎的常旅客计划。SPG 旗下上有瑞吉、豪华精选、W 等顶级品牌，下有福朋、雅乐轩等亲民品牌，万豪这边普遍标准较高，更拥有丽思卡尔顿这个和四季、悦榕庄等齐名的奢华酒店品牌。目前这两家的会员计划还保持独立运营，但同时规定了逆天的 LINK 会员级别以及 SPG 积分 1：3 转万豪积分的比例，再加上 SPG 有时会放出六五折卖分促销，几个优惠叠加将会让 SPG 精英会员如鱼得水。鉴于 SPG 和万豪会员体系直到 2018 年之前都不会合并，所以强烈推荐大家把 SPG 纳入视野。要玩这两家的会员，关键词是"SPG 一夜升金""LINK 万豪金""9stay 万豪白金挑战""LINK SPG 白金"。不玩会员的，也建议大家趁 SPG 的 65 折卖分时多买点，SPG 的积分在 1：3 转到万豪后，无论是兑换万豪或者丽思卡尔顿酒店住宿还是兑换 7 晚大礼包都非常划算。尤其是大礼包，能够短时间大量累积美联航或者阿拉斯加航空的里程。前者仅需 40000 里程就可以兑换中国到澳洲的长达 10 小时航班的单程商务舱，后者的合作伙伴横跨天合联盟和寰宇一家，是公认的单位里程价值最高的航司。

至于高冷的"黑丫头"——凯悦集团以及浪漫的雅高集团，前者要在明年启用全新的会员等级系统，后者则大幅增加了顶级会员保持级别的难度，其影响有待观察。不过凯悦这两年一直和 VISA 联合推出住三付二活动，而雅高则经常会有实实在在的 5 折或者 6 折活动，理应得到大家更多的关注。

短短的篇幅，把几家酒店集团给我的印象以及简单的玩法概括了一下，希望让大家有个感性认识，根据自己的需求选择一到两家常旅客计划加入，花一点时间规划一下，给自己和家人带来一段又一段美好的旅程。

2.2 IHG 会员等级权益及积分累积、使用技巧

作者：杨锦晨

飞客茶馆 ID：karev217

我觉得首先需要声明的一点是：我们并不是酒店的推广方，和大家一样都是普普通通的消费者中的一员，我的介绍或许不能像酒店的外宣推广一样流光溢彩，惊艳四方，但我想，或许是你我真真切切的实际感受才是您阅读本文的最大收获，我也将尽我所能向大家介绍接下来这一章的内容，当然，介于能力和时间等多方面影响，文章或有些许纰漏，在此恳请各位指教。

一、洲际酒店管理集团简介

1. 客房数量多：无论是全球还是在中国，洲际的客房数量都是第一的，有最多的客房，一定程度上意味着消费者有更多的选择空间。

2. 品牌多：9 大品牌，从最"超五星"的洲际酒店及度假村（InterContinental Hotels & Resorts）到定位"商务快捷"的智选假日酒店（HolIDay Inn Express），洲际集团的品牌划分其实是非常明确和细致的，其他 7 个品牌分别是华邑酒店及度假村（HUALUXE Hotels & Resorts）、皇冠假日酒店及度假村（Crowne Plaza Hotels & Resorts）、英迪格酒店（Indigo）、假日酒店（HolIDay Inn）、EVEN 酒店、StaybrIDge Suites 品牌酒店以及 Candlewood Suites 品牌酒店，后 3 个品牌中国目前还没有。其中皇冠假日酒店、智选假日酒店和 StaybrIDge Suite 都是假日酒店的细分品牌。而华邑酒店及度假村是只针对中国的特殊品牌，强调中华礼仪和中式待客风格。

3. 会员制度多：从洲际集团自家引以为豪的优悦会（Priority Club Rewards）到专为洲际酒店及度假村设计的洲际皇家大使（InterContinental Ambassador）再到餐饮优惠计划的爱仕积分卡（Aspire Rewards），最后还有一个商务管理计划——商

悦会（Business Rewards）。本章主要介绍洲际优悦会的相关内容，其他4个计划的内容相对较少。

4. 覆盖国家地区多：世界五大洲近100个国家和地区均有覆盖，在我国，洲际集团旗下的酒店数量与其他国外酒店集团相比是有绝对优势的。

二、IHG优悦会会员等级权益

首先需要向大家普及几个基本的术语：

Stay：即入住次数，从进入酒店办理入住到退房，无论中间您住了多少天，都只算做1个入住次数（连续入住但多次等级入住/退房只算一个入住次数）；

Night：即入住房晚，这个相信大家都好理解；

Point：积分，一般来看在洲际旗下酒店的消费（不含服务费和税费），每1美元计10分。这其中还有诸多细则，我们会在下一节提到。

1. 优悦会（Priority Club Rewards）等级权益

优悦会（Priority Club Rewards），这是酒店界第一家同时也是现有最大的一家常旅客忠诚度计划。自2015年4月14日起，洲际集团调整了优悦会会员制度和等级划分。下设4个会员等级（括号内为相应资格获取方法）：

- 俱乐部会员（注册即有）
- 金卡精英会员（一年内住10晚或累积10000分）
- 白金卡精英会员（一年内住40晚或累积40000分）
- 至悦精英会员（一年内住75晚或累积75000分）

不同等级的会员有不同的酒店礼遇，具体如下：

您的多重礼遇	优悦会俱乐部会员	优悦会金卡精英会员	优悦会白金卡精英会员	优悦会至悦精英会员
赚取酒店积分或里程	√	√	√	√
专享优惠价格（IHG®优悦会会员特供价）[6]	√	√	√	√
专属客户服务热线	√	√	√	√
奖励房晚无不适用日期	√	√	√	√
奖励房晚可计入精英会籍所需房晚数	√	√	√	√
畅享网络[1]	√	√	√	√

续表

您的多重礼遇	优悦会俱乐部会员	优悦会金卡精英会员	优悦会白金卡精英会员	优悦会至悦精英会员
延时退房[2,3]		√	√	√
精英会员积分不会过期[5]		√	√	√
优先登记入住		√	√	√
基础积分上获得额外积分		10%	50%	100%
精英会籍累积房晚数可顺延			√	√
客房升级[3]			√	√
空房保证[4]			√	√
晋升至此会籍时的优选奖赏				√
晋升至此会籍即可升级赫兹®五星金卡®会籍				√

上表中需要注意的地方有这么几点：

（1）对于白金卡会员来说，"免费客房升级"这个权益并不是一个保证的礼遇，换句话说，酒店有不给白金卡客人升级客房的权利，按洲际集团官方的表述就是"须视供应情况而定"，这一点也是优悦会饱受诟病的一个点，相对其他酒店集团的高等级会员来说，洲际的这一礼遇就足以让自己的常旅客计划含金量大打折扣。

（2）额外积分，并不能够作为会员等级升级保级的参照，只有基础积分计入会员等级升级保级的参照。

（3）俱乐部会员可以直接支付50美金升级为金卡会员，当然我不推荐这样的做法。

（4）奖励住宿无禁止兑换日期，意味着您可以在"五一""十一"等这些酒店旺季使用积分兑换酒店房晚，但是数量一般有限，先到先得。

（5）奖励住宿同样可用来赚取精英会籍，意味着即使是兑换的免费房晚也可以作为会员升级保级中一年内住宿房晚的参照。

（6）精英会籍累积房晚顺延，指的是一年内有40/75晚符合奖赏标准的住宿可以计入会员下一个年度取得精英会籍资格的条件。

其实，对比其他酒店集团的常旅客计划来看，洲际集团优悦会的相关礼遇的确不是最佳的，特别是对于高等级会员没有免费客房升级保证和免费早餐这两项，让优悦会的含金量打了折扣，希望洲际集团在今后的会员等级权益调整时能够注意弥补这两项缺失。

2. 洲际大使（InterContinental Ambassador）等级权益

洲际大使（InterContinental Ambassador）是针对洲际酒店及度假村（IC）这一高端品牌单独推出的会员制度，该计划分为两个会员等级：大使会员和皇家大使会员，请注意，以下列出的礼遇仅限在洲际酒店及度假村才能享受，在洲际集团其他品牌酒店仍然按照原有的优悦会（Priority Club Rewards）等级享受相应礼遇。

大使会员在洲际酒店及度假村可以享受的礼遇如下：

- 客房升级保证
- 迎宾新鲜水果和矿泉水
- 入会大礼包
- 免费周末住宿礼券
- 延迟退房至下午4点
- 每次住宿免费观看一部付费电视电影
- 每日免费报纸
- 房内迎宾礼品
- 快速退房

其中您需要了解的是：

（1）客房升级保证：每次入住享受一次客房立即升级到更高级客房，请注意这里有了"保证"两个字。

（2）入会大礼包包括：5000优悦会积分代码优惠券、免费周末住宿礼券、行李标签和洲际大使会员卡。礼包将会以邮件的形式从国外进行邮寄，时限大概在6周左右。

（3）费用问题：新会员入会每年会费为200美元或用32000点优悦会积分兑换。一年有效期后以后，会员续会的年费为150美元。续会有60天等待期，等待期内所有礼遇均可使用。但等待期后没有续费，再次入会需要按照新会员入会处理。

（4）免费周末住宿礼券：免费周末住宿礼券有效期为12个月，礼券仅限周末付费入住（周末指的是星期五、星期六和星期天）（至少两晚）的第二晚使用。

（5）续会奖励：每年续会后都可以得到一张免费周末住宿礼券和一张5000优

悦会积分代码优惠券。

（6）优悦会等级升级：如果您是优悦会（Priority Club Rewards）俱乐部会员或非会员，那么一旦加入洲际大使计划，优悦会等级将晋升为金卡会员，但金卡或金卡以上会员不享受再次升级的礼遇。

（7）房内礼品：各有不同，但我遇到的都是布娃娃等手工品。

洲际皇家大使会籍是最高级别的洲际大使会籍。洲际皇家大使会籍仅向受到邀请的洲际大使授予，具体资格由优悦会独立决定。比例大概是洲际大使总人数的1%-1.5%左右，邀请条件按一般经验来看是：入住过5家或以上不同的洲际酒店及度假村且入住房晚大于70。

皇家大使会员在洲际酒店及度假村可以"额外"享受的礼遇如下：

· 24小时预订保证有房

· 早间8点入住保证

· 登记入住时行政间/俱乐部间/套房升级保证

· 客房及迷你吧酒水免费

· 优悦会等级升级为白金卡

换句话说只要您是皇家大使，进了洲际酒店，待遇就跟皇帝似的。

3. 爱仕积分卡（Aspire Rewards）等级权益

爱仕积分会员可在入会酒店的指定餐厅、酒吧及其他餐饮场所内，尽享专属优惠及权益。但是该卡规则是一个酒店发行该卡就只能在发卡酒店使用，目前参加该计划的酒店有：

北京金融街洲际酒店、北京新云南皇冠假日酒店、长沙北辰洲际酒店、成都高新皇冠假日酒店、福州世茂洲际酒店、广州中心皇冠假日酒店、昆明洲际酒店、昆明中心皇冠假日酒店、昆明中心假日酒店、兰州皇冠假日酒店、青岛海尔洲际酒店、上海颖奕皇冠假日酒店、上海世博洲际酒店、上海瑞金洲际酒店、苏州洲际酒店、西安皇冠假日酒店、西双版纳避寒皇冠假日度假酒店、烟台南山皇冠假日酒店。

名单可能会发生变动，请以洲际优悦会公布的名单为准。

爱仕积分卡等级划分为：

· 蓝宝石卡（免费加入）

· 金卡（累积消费人民币 2 万元以上）

· 铂金卡（累积消费人民币 5 万元以上）

· 爱仕积分卡采取终身会员制，不会降级，但该卡针对不同的发卡酒店有不同的优惠政策。

4. 商悦会（Business Rewards）等级权益

商悦会主要是针对企业预订者、商业旅行代理或个人预订者在参与活动的酒店的符合奖赏标准的消费给予优悦会积分奖励。大中华区仅限酒店销售邀请。

三、IHG 优悦会积分累积技巧

实际上，酒店常旅客计划对于消费者的意义无非在于"花同样的钱享受更好的服务和待遇"甚至是"花更少的钱享受同样的服务和待遇"，说得再直白一点就是"积分怎么得"和"积分怎么花"。那么接下来这两节就为大家简要地介绍洲际集团优悦会（Priority Club Rewards）积分怎么得和怎么花这两个重大课题。

1. 积分怎么得？

（1）Qualifying Stay：即入住积分；

a. 从 2014 年 7 月后，会员在洲际集团旗下任意一家酒店（StaybrIDge Suites/Candlewood Suites 两个品牌除外）每 1 美元合格消费兑换 10 点优悦会积分；

b. 会员在 StaybrIDge Suites/Candlewood Suites 这两个品牌酒店每 1 美元合格消费兑换 5 点优悦会积分；

c.) 在全日空洲际酒店、ANA 皇冠假日酒店和全日空假日酒店每 1 美元合格消费兑换 10 点优悦会积分，但全日空合作伙伴酒店每次入住将获得 600-1300 点不等的优悦会积分；

d. 在迪拜节日之城洲际公寓套房酒店或西贡洲际公寓酒店每 1 美元合格消费兑换 12.5 点优悦会积分。

请您注意的是，上述合格消费指的是除去服务费和税费后的消费金额。但如果您是在酒店前台办理入住时加入的优悦会，那么无论您本次入住消费金额多少都将直接获得 1000 分。

（2）积分兑换券：常见在市场活动中有发行，或者是大使计划入会或者续期都将获得一张 5000 分的积分兑换券（该礼券可以充值到任意的 IHG 账户内）。

（3）营销活动：例如后面我们将会分析的"先行者"系列、"劲•赏"、"赏夜"等都属于营销活动范畴，还包括一些需要用相应 Code 注册后再完成任务以获取积分的市场营销。

（4）信用卡：例如中信（citic）、浦发（SPD）银行发行的优悦会联名卡，通过在有积分的商户消费都可以按一定比例获得积分。；

（5）买买买：洲际集团官网可以直接购买积分，每 10000 分售价 125 美元约合 850 人民币左右，每次 1000 积分起购，60000 封顶（积分购买阶段计价）。这部分积分可以算作会员等级晋级/保级的参照。或者在选择住宿的时候选择"奖励积分包价"，这样来变相买分，一般费用是 40-50 人民币兑 1000 积分，当然还有 C+P 等也是买分的方法之一。洲际每年都有买分优惠活动，最高可以达到买一送一，最低成本在 57.5 美元/万分，这也可以作为你换取免费房晚的价格参照之一。

（6）有土豪抱腿：优悦会积分可以在账户间转移，当然，转移是要付出代价的，会员每转账 1000 分，需支付手续费 5 美元。

（7）其他：包括一些填写市场问卷后获得积分、客户挽留送积分等。

其实，积分累加真的没有什么技巧，以前有一个朋友问我"如何快速获得大量优悦会积分？"如果按正规的途径就两个方法：一是遇上合适的营销活动，完成任务后可以获得大量积分；二是"有事没事住几晚"。

另外，优悦会除了可以通过入住累加积分之外，还可以选择优先累加航空公司里程。

2. 积分怎么花？

换房晚，换里程，换礼品卡或其他杂七杂八的东西，捐了……一般来说，后三者基本不在我们的考虑范围之内，除非有特别超值的促销活动或是您急需的物品，那么换免费房晚似乎成了最佳选择。

积分换房晚除了正常直接兑换和现金+积分（Cash + Points）兑换外，一般每年都有如下的积分促销活动：

（1）Point Break（简称 PB）是最火爆同时也是最超值的活动，没有之一。

关于 PB 你需要了解的是：

a. PB 每年固定会有 4 期活动，5000 积分兑换一晚。但是时间不固定，您可以多多关注飞客茶馆；

　　b. 参与活动的酒店由洲际集团指定，每期不同，甚至有时候没有参与活动的中国区的酒店，但一般美国境内活动酒店会有一大堆；

　　c. 您可以最多兑换两个房间，带着父母或者朋友出游完全无压力；

　　d. 由于活动一般都比较火爆，如果兑换列表中有你中意的酒店，还是建议你提早兑换。

　　（2）One Day Sale：积分闪购，一般是5-8折积分兑换。

完完全全的酒店闪购会，一般常见于圣诞节到年底，这一段时间会有这样的促销，活动力度只能算是一般，按一般经验来看都是5-8折积分兑换，而且国内参加活动的酒店都比较少，北美的较多。

　　（3）Last Minute：积分半价兑换。

最火爆的时候，洲际是每月一次Last Minute的活动，但是经过众多酒店业主投诉后，这个活动已经变成不定时的促销活动。同上，国内参加活动的酒店都比较少，但是，如果遇上有您中意的酒店，没有任何犹豫的理由。

好了，上面是对洲际集团一些常见积分促销活动的简介，下面咱们来说说正常的房晚兑换，自2016年2月17日起，洲际调整了部分酒店的兑换基准。当然，大部分都是调高。

按一般经验来看洲际旗下酒店的兑换标准：

· 智选假日：10000–20000

· 假日：10000–25000

· 皇冠：20000–40000

· 洲际：25000–50000

· 英迪格：30000–50000

以上只是一个参照值，具体还以当日查询为准。

这边需要注意的是，洲际称奖励住宿无禁止兑换日期，意味着您可以在"五一""十一"等这些酒店旺季使用积分兑换酒店房晚，但是数量一般十分有限，先到先得。另外"现金＋积分"的方式一般都是买分时的操作方法，平时并不建议按该方式换房。如果你想入住更高级房型，请在入住时咨询前台，直接询问升级房间的价格及其所包含的服务，按需补差价购买。

四、关于优悦会会员累积 / 兑换里程的相关建议

住洲际旗下的酒店到底是累积积分还是累积里程？优悦会积分应该换房还是换里程？关于这两个问题的讨论从来没有停止过，下面我就这两个问题，简单地说说我的看法。

这两个问题上，个人认为，两者的现金价值的大小，或许是评估孰轻孰重的一个重要指标。就以洲际支持里程兑换的国航（Air China）和南航（China Southern）来看，两家航空公司和洲际的兑换标准是：

CA：每晚入住都可获得 800 公里里程（不分品牌和消费）；

CZ：住宿期间每 1 美元消费兑换 3 公里里程。

优悦会积分兑换所有合作航空公司都是统一标准：每 10000 积分兑换 2000 里程。我们假设一次入住消费为 100 美元（符合大多数假日酒店和皇冠酒店的入门房型消费平均水平），如果累积里程，可以获得国航 800 里程或者南航 300 里程；若选择累积积分，可以获得 1000 积分。

一般认为国航里程现金价值在 800 元 / 万公里 *，南航为 900 元 / 万公里 *（这两个数值仅为估算值，并不代表积分实际价值，随酒店政策和其他方面影响，该数值可能会发生变化），那么上述一晚入住折算国航里程现金价值 64 元，南航里程 18 元，优悦会积分价值 40 元。

若只按这样一次粗略的计算来看，直接累积国航里程成了最佳选项，次优选项为累积积分，而积分兑换里程的现金价值最低。若将积分兑换为里程，按照每 10000 积分兑换 2000 里程这样的标准来计算，价值 400 元的积分分别可换价值大约 160 元（CA）、180 元（CZ）的里程数。

看到这里有人就要说了，直接累积国航里程就行了。这的确是一个不错的选择，但是还是希望你结合自己的航空常旅客计划安排和酒店常旅客计划中间寻找其中平衡点。

对此，我的建议是：如果你对于酒店积分并没有太高要求或并不常住洲际集团旗下酒店，在入住非高消费酒店的前提下，可以选择累积国航、国泰等只有一个固定累积标准的航空公司。但如果您是酒店常住或对酒店积分有需求，还是建议你优

先累积积分。最后,非常不建议你直接将积分兑换为里程。

五、IHG 优悦会促销简析

以洲际集团"先行者"系列活动和"立赚万分、享兑丰盛奖赏"活动为例。

也许是想达成常旅客促销的"品牌"效应,洲际从 2015 年下半年开始到 2016 年一直在主打"先行者"系列活动,大致来说主要是"大额活动积分"获取和"住 X 送 X"的房晚促销。

"大额活动积分"或许取延续了洲际一直以来喜欢"拉新用户入坑"的准则,只要是新用户,一般得到的任务详情都是标准的住 3-4 晚或 2-3 次洲际其他酒店(可能有品牌限制),下面我们以"先行者 2016"中大部分用户收到的活动内容为例:

1. 下载 IHG APP+500 分;
2. 住满 3 晚洲际旗下酒店 +5000 分;
3. 两次官网直接预订入住 +5000 分;
4. 一次周末入住(周五 + 周六或周六 + 周日)+5000 分;
5. 入住 X 家不同的洲际旗下品牌酒店 +10000 分;
6. 完成上述 1-5 项时,额外获得 25000 分。

那么完成所有任务后,一共会额外获得 50500 分。这样的任务对商务旅客来说几乎没有任何难度,是的,这样优惠的活动条件都只是针对新客户,如果你是酒店老客户,极有可能抽到较难完成的任务。洲际的目的也很明确,就是尽可能多地吸引新客户"入坑"。

"先行者"系列活动中促销力度最大的一次是在 2015 年下半年的活动,活动要求是:

入住任意两次洲际旗下酒店,获享一晚免费住宿。而且当时这个"住二送一"的活动一个账号可以参加两次,即"住四送二",在当时是掀起了一阵风浪的。试想入住两次国内的智选假日酒店(两次一晚一般总花费 600 元左右),获得一张免房券,换一晚纽约、香港等地的洲际酒店(这个价格你可以自行查询),简直赚翻了!

六、IHG 优悦会常见问题

1. 在携程/艺龙/去哪儿上订的洲际集团客房，会员能不能得到相应的待遇？

可以，如果没有主动识别会员等级，请务必在办理入住时向前台工作人员提出（部分酒店可能需要您出示会员卡，可直接出示 IHG APP 内的电子卡即可）但 nights 和积分主要看的是房款是否由你直接给的酒店，而且是合格价格，符合以上两点，一般都有。

2. 一间房，入住 A 和 B 两人，A 和 B 都有积分不？

看运气，退房时尽量让前台分别打印 A、B 两人的水单，有分的概率很高。

3. 我作为至悦会员入住智选假日酒店，可以要求客房升级不？

主要看入住的酒店房型配置，但就一般情况来说大多数智选假日只有标间和大床房，没有更高一级客房。

4. 入住后，积分多长时间到账？

主要是看酒店方面结算的速度，一般 3-5 个工作日入账，如果超过 7 个工作日未入账，请提交积分补登申请。

5、优悦会积分换房后取消预订，会扣分吗？

在大中华地区预订酒店，如果是提前 1 天取消预订，积分会立刻退回你的账户，如果是入住当天取消，积分需要 48 小时退回。

6. 优悦会积分有效期多长？

自 2015 年 4 月 14 日开始，如果您账户中的积分在 12 个月内无任何变动，则其所有积分将会过期失效。但是只需在这 12 个月内赚取或兑换一次积分即可保证您的积分继续有效，所以保持积分一直有效的最简单的方法就是办理一张 IHG 联名信用卡，只要有积分消费，那么账户会一直保持积分有效。

7. 积分 + 现金换房有相应的升级房晚和积分吗？

有房晚，没有积分。

8. 金卡和以上会员入住时给的软饮券可以换什么？

各家酒店品种不一样，按一般规律，价值都不超过一罐王老吉。

9、在 IHG 天猫旗舰店订的房间算是官网预订吗？

算，但个人感觉，只要不给优惠券，一般都比官网贵。

10. 参加 PB 换了房晚之后取消，取消的房晚继续放回活动中供他人兑换吗？

并不是这样操作，取消后不会放回 PB 的奖池中。

11. 账号被封，怎么办？

不管是什么情况，您都可以致电给洲际优悦会官方客服试一试。

12. 洲际大使给的积分券可以给别人用吗？

可以的。

13. 哪些酒店有免费穿梭巴士？

一般来说位置比较偏的才会有，但一般使用都需要提前致电酒店礼宾部预订。

14. 订房时有提示税费调整是怎么回事？

由于 2016 年我国税收制度"营改增"的新常态改革启动后，包括洲际在内的多家国际酒店集团纷纷调涨了房间税费（原标准为每晚房费 10% 作为服务费，5% 作为税费，总计 15%），最高调涨到 21%，后又经过调整后，洲际酒店集团将税费调整为 6% 和服务费一起一共是 16%。所以，订房时请务必注意税费和服务费的收取情况。

Part 2 | 常旅客计划指南 >>

2.3　SPG 会员等级权益及积分累积、使用技巧

作者：姬洪波

飞客茶馆 ID：keyman

一、喜达屋酒店管理集团简介

喜达屋集团是全球最大的酒店及度假村及娱乐休闲集团之一，在全球 100 多个国家拥有或运营管理着超过 1200 家酒店或度假村，集团共有超过 18 万员工服务于全球的酒店等部门，是一家充分整合了酒店投资、运营管理、连锁经营等业务的集团公司。旗下拥有瑞吉（St. Regis）、豪华精选（The Luxury Collection）、W 酒店（W Hotels）、艾美（Le MerIDien）、威斯汀（Westin）、喜来登（Sheraton）、雅乐轩（Aloft）、源宿（Element）、福朋（Four Points）、Tribute Portfolio 以及刚刚推出的酒店品牌 Designhotels。

需要指出的是自 2015 年年底开始，另一酒店巨头万豪集团便开始了对喜达屋集团的收购，至 2016 年 7 月收购正式生效。目前，双方会员之间等级可以直接匹配，积分可以互转。对于常旅客计划而言，原来万豪有自己的体系，现在收购喜达屋，估计未来会出台新的常旅客计划以及酒店品牌的延续与整合。本文仍然沿用了喜达屋原本的常旅客计划。如下图所示，SPG 会员可以选择与万豪礼赏或者丽思卡尔顿积分计划互相匹配会员等级并实现积分互换。

像其他大多数酒店管理集团一样，喜达屋酒店管理集团以十一大品牌的酒店涵盖了中高档酒店的全部领域，且各具特色。旗下品牌有瑞吉（St. Regis）、豪华精选（The Luxury Collection）、威斯汀酒店及度假村（Westin）、喜来登酒店及度假村（Sheraton）、W 酒店（W hotel）、艾美酒店（Le Merdien）、雅乐轩（Aloft）、福朋（Four Points）、源宿（Element）、Tribute Portfolio 品牌酒店、Designhotels。

二、SPG 会员等级权益

喜达屋酒店拥有一项行业领先且备受赞誉的忠诚计划"SPG 俱乐部"（Starwood Preferred Guest），会员可以通过在喜达屋酒店的住宿、餐饮等消费获得积分并将其兑换成客房住宿、客房升级和航班，且无日期限制。

1. 会员的申请

申请成为 SPG 的会员非常简单，可以在 SPG 官网，也可以在酒店申请，都是免费的。获得批准后便成为 SPG 会员，开始享受 SPG 会员的诸多权益。

2. 会员的等级权益

（1）优先会籍

初始的 SPG 会员为优先会员，可以获得以下权益：

· 每一美元合格住宿均可赚取 2 点 Starpointss 积分（SPG 会员积分被称为 Starpointss 积分）

· 通过 spg.com 或 SPG 俱乐部应用程序预订时可享受免费客房内上网接入

· 即使未入住酒店，在全球喜达屋酒店及度假村内的超过 1000 家餐厅和酒吧，也能赚取 Starpointss 积分并享受最低 7 折优惠

· 只要确保每年进行至少一次账户活动，所获得的 Starpointss 积分就永远不会过期

· 预订团体或任何其他场合、商务或休闲住宿，如婚礼、会议等，每 3 美元合格收入均可赚取 1 点 Starpoints 积分

（2）金会籍（终身金会籍）

当会员在一个日历年度内住宿达到 25 个房晚或者 10 次合格入住，无论是合格的付费入住或者是用积分兑换的房间，都将升级至金会籍级别，在获得全部优先等级会员的权益之外，还可以获得以下额外权益：

·在合格住宿中每消费 1 美元费用均可获得 3 点 Starpointss 积分——比优先会籍会员多出 50% 额外奖励积分

·延迟至下午 4 点的退房（需要视酒店住房情况而定）

·在入住时升级至高级客房

·在抵达时选择一份迎宾礼品——选择范围包括 Starpointss 奖励积分、免费客房内上网或酒店饮品

·通过达美 Crossover Rewards ™ 计划，合格达美机票中的每 1 美元消费可赚取 1 点 Starpoints 积分

·在 World Rewards ™ 与 SPG 俱乐部及阿联酋航空 Skywards 计划携手合作：合格阿联酋机票中的每 1 美元消费，注册可赚取 1 点 Starpoints 积分

·预订团体或任何其他场合、商务或休闲住宿，每 2 美元认可收入均可赚取 1 点 Starpoints 积分

·成为终身金会籍，在总计达到 250 个合格夜晚及 5 年的尊贵级别时，您将获得 SPG 俱乐部终身™ 金会籍级别

（3）白金会籍（终身白金会籍）

当会员在一个日历年度内住宿达到 50 个房晚或者 25 次合格入住，无论是合格的付费入住或者是用积分兑换的房间，都将升级至最高级别的白金会籍级别，在获得全部"至尊金"等级会员的权益之外，还可以获得以下额外权益：

·在合格住宿中每消费 1 美元费用均可获得 3 点 Starpointss 积分，比优先会籍会员多出 50%

·可以在抵达时选择一份迎宾礼品，包括 Starpointss 奖励积分、欧陆式早餐或当地礼遇

·入住时升级至最佳可用客房，包括标准套房

·免费客房内高速上网接入

·免费健身俱乐部、行政俱乐部楼层待遇

·在下午 3:00 前且于抵达前 72 小时预订，即可获得客房供应保证

·通过达美 Crossover Rewards ™ 计划，合格达美机票中的每 1 美元消费可赚取 1 点 Starpoints 积分。此外，在乘坐达美航班时还可享受尊贵礼遇，如优先办理登机手续、优先登机、无限免费升级以及首个行李免费托运

- World Rewards ™与 SPG 俱乐部及阿联酋航空 Skywards 计划携手合作：合格阿联酋机票中的每 1 美元消费，注册可赚取 1 点 Starpoints 积分。另外，还可享受机场贵宾礼遇，包括优先办理登机手续、优先登机和免费电子门服务
- 预订团体或任何其他场合、商务或休闲住宿，每 2 美元合格消费均可赚取 1 点 Starpoints 积分
- 达到 50 个合格夜晚之后，可获得 10 晚套房住宿奖赏，可用于兑换客房升级，其中包括套房及精选高级客房。也可以选择相应的礼品，如亚马逊购物券等
- 在达到 75 个合格夜晚之后，每 1 美元合格消费可获得 4 点 Starpointss 积分，比优先会籍会员多出 100%，堪称业界最丰厚的积分奖励
- 在达到 100 个合格夜晚之后，可享受 SPG 俱乐部大使服务。SPG 俱乐部大使拥有各种各样的知识、培训经历和资源，可帮助满足你的任何需求，随时随地
- 获得白金会籍，保留白金会籍。在总计达到 500 个合格夜晚及 10 年的白金会籍级别时，您将获得 SPG 俱乐部终身白金会籍级别

重要更新

自 2016 年 12 月 15 日起，SPG 俱乐部和东方航空联合推出了"悦享东方计划™"，无论是 SPG 俱乐部会员还是"东方万里行"会员，均可免费参与注册，不仅能共享会员权利，加速积分累积速度，还能享受双重礼遇。

除了上述说的 SPG 金会籍和白金会籍会员权益外，在注册"悦享东方计划™"后，还能享受哪些额外礼遇？

1. SPG 俱乐部金会籍和白金会籍会员在乘坐东方航空时，每入账 4 点"东方万里行积分"还将额外获得 1 点 SPG 积分；
2. 另外，SPG 白金会籍会员还可尊享精英会员机场礼遇，包括：

- 优先值机
- 优先登机
- 优先行李托运
- 东航商务舱贵宾室候机
- 携带超重行李

三、SPG俱乐部积分累积技巧

SPG俱乐部积分，即starpointss是SPG俱乐部用于奖励忠诚顾客，维护顾客忠诚度的有效手段，对于普通消费者而言，不但可以兑换住房，还可以升级房型，兑换酒店服务，兑换免费机票，包括音乐会、球赛、展览会门票等一系列服务。所以有效地获得积分是每一个SPG会员首先关心的问题。

1. 尽量提高自己的会员级别

我们看到不同的会员级别可以获得不同的积分奖励，级别越高奖励越多，如金会籍和白金会籍可以获得50%的额外积分奖励，而住宿达到75晚/年的白金会员，甚至可以得到100%的积分奖励。故而尽可能提高自己的会员等级，是最简单快速获得积分的方式。

2. 尽可能选择付费入住

如果房价在自己可以承受的范围之内，尽可能使用付费入住的方式入住酒店以获取积分。俗话说"好钢要用在刀刃上"，尽量用自己的积分去兑换价值更大的房间或其他服务。

3. 付费入住尽可能以合格的房价入住

由于SPG酒店对于所有通过第三方订房或者旅行团的房间均不可累积积分，为了获得积分，在价格可以接受或者相差不大的情况下，应该尽量选择合格的房间以获得积分。

4. 在酒店的其他消费一定计入房账

入住酒店期间，餐饮洗衣等消费难免发生，所有这些消费尽量应该避免另行支付，而应该统一签入房账，待退房时一并支付，以便获取相应的积分。

5. 偶尔酒店消费的积分

即使不住酒店，偶尔需要在酒店用餐等消费，尽量选择SPG的酒店，消费后出示自己的SPG会员卡，记录卡号以获取积分。

6. 重视白金会员礼遇中的积分

白金会籍的会员在入住时，可以选择早餐、500积分（福朋酒店是250积分）、当地礼品等欢迎礼品，因为白金会员在一般设有行政酒廊的酒店都可以享用早餐，所以通常应该选择500积分，因为500积分的价值很高！

7. 利用团体或会议订房为自己获得积分

如果是同时在酒店需要多个住房，在不影响他人获取积分的前提下，尽可能将他人的房账转到自己的房间，可以有限度地获得 SPG 积分。另外，SPG 俱乐部还有一个被称为"SPG 商务俱乐部"的计划，特别针对组织会议的订房，可以获得在会议期间全部消费的积分。

8. 利用优惠购买积分

SPG 经常会推出积分的促销活动，通常可以以平时的 7 折左右的价格购买到积分，利用好这个时机，也可以获得自己需求的积分。

9. 其他获得积分的途径

除了在酒店住宿、消费等最直接获得 SPG 积分的方式之外，SPG 会员也可以通过在 SPG 合作伙伴消费获得 SPG 积分，比如在航空公司购买机票，使用与 SPG 有合作的联名信用卡消费，甚至租车公司等都有可能获得 SPG 积分。

10. 积分加付费入住获得积分

喜达屋酒店有一个相对比较人性化的规定，即以积分加付费方式入住酒店时，相应的付费部分仍然可以获得积分。此时可以与全部用积分兑换相比较，并采取最经济合算的方式入住。

四、SPG 俱乐部积分使用技巧

获得 SPG 积分，主要是为了使用这些积分，因为 SPG 的积分除了兑换免费的房间之外，还可以兑换机票、酒店服务、纪念品、各类演出活动等，因此如何有效且利益最大化地使用这些积分，是每一个 SPG 会员应该考虑并学习的问题。

1. 获取 SPG 积分的成本

（1）通过酒店住宿及消费获得

按照 SPG 俱乐部的规定，SPG 会员通过住宿等酒店消费，获得 SPG 积分，其成本为优先会员：

1 Star point=USD0.5（约合 RMB3.3）；"金/白金"会籍会员：1 Starpoints=USD0.33（约合 RMB2.18）；年住宿达到 75 晚的白金会籍会员：1 Starpoints=USD0.25（约合 RMB1.65）。

（2）通过合作航空公司消费获得

· SPG 俱乐部以及 Delta SkyMiles 联手打造的 Crossover Rewards™ 计划，为 SPG 俱乐部精英会员及达美勋章计划会员实现积分获得能力最大化的激动人心的方式。通过所有的合格达美航班获得 Starpointss 积分，并通过所有的合格 SPG 俱乐部住宿获得里程。

· SPG 俱乐部与阿联酋航空 Skywards 联合推出的 Your World Rewards™ 计划，可凭借合格阿联酋航空航班赚取 Starpointss 积分，并通过所有的合格 SPG 俱乐部住宿赚取 Skywards 里程。

· SPG 俱乐部与东方航空联合推出的"悦享东方计划™"，每入账 4 点"东方万里行积分"将可额外获得 1 点 Starpoints 奖励积分。

（3）通过其他合作伙伴获得

SPG 积分也可以通过联名信用卡、租车公司等 SPG 合作伙伴处获得。

（4）购买 Starpointss

如果直接在 SPG 官网购买 Starpoints：1 Starpoints = USD0.035（约合 RMB0.23），同时，SPG 会员还可以以不同的方式从与 SPG 联名的商家获得 SPG 积分。

2.SPG 积分的价值

SPG 积分可以用来兑换酒店免费住房、酒店服务、各种礼品，以及机票等服务。

（1）兑换酒店客房：如兑换北京朝阳威斯汀酒店需要 SPG 积分 10000，如果按照上述积分价值，需要消费人民币约 3300 元才能获得 10000 积分，而同期该酒店的房价为人民币 1520×（1+15%）= 1748 元；

（2）兑换机票；

（3）兑换酒店餐饮等服务；

（4）兑换 SPG 提供的各种礼品。

3.SPG 积分的使用技巧

（1）最重要的一条原则：刚需！

任何兑换都应该是按需而行，如果不是刚需，在某种意义上就是浪费，无论兑换住房、服务或是机票等，一定要按需而定。

（2）积分价值最大化

巧妙利用SPG集团酒店品牌多且等级多的特点，尽可能去兑换房价更贵的酒店客房。SPG集团的酒店按照品牌定位和价格分为七个等级，即CAT1－CAT7，不同等级的酒店兑换标准不同，利用地域、时间的差价可以有效利用积分兑换房间。

	平时	周末
CAT1	3000	2000
CAT2	4000	3000
CAT3	7000	7000
CAT4	10000	10000
CAT5	12000－16000	12000－16000
CAT6	20000－25000	20000－25000
CAT7	30000－35000	30000－35000

由上表我们可以看出，级别最低的CAT1酒店周末只需2000积分即可开始兑换，工作日也只需3000积分。

（3）积分价值有效化

兑换积分时一定要多比较多计算，特别是在房价频繁变动的地区或者特殊活动期间（比如展览会、大型活动等），酒店的房价会有很大的变动，这个时候巧妙使用积分，在满足真正需求的前提下，最大限度地利用好积分的价值。

（4）积极利用"第五晚免费"的政策

按照SPG兑换免费房间的规定，只要是兑换CAT 3以上（包含CAT 3级）酒店的免费房间，连续兑换四晚住房，则第五晚免费。这个规定对于在一个地方集中住宿的旅客非常有用，相当于全部兑换标准打了八折。

五、SPG俱乐部促销简析

1.常见促销

SPG俱乐部会推出各种各样的促销，通常这些促销会提前1-2个月在官方网站等平台宣传推出，会员也会收到相应的宣传邮件。值得注意的是，往往这类促销都要求会员提前登记注册，一定要留意！否则就无法享受到相应的收益。

这些促销一般包括：

（1）房价促销

房价促销比较简单，就是直接在公布的房价基础上给予一定的优惠，根据酒店地点、淡旺季的不同，一般可以获得 25-40% 的房价折扣。在预订这样的房价时，一定要留意房价的取消条件，因为通常促销的房价都要求提前订购，且不可退款。因此一定要慎重，以免因无法成行而造成不必要的损失。

根据促销的地区，可以预订相应的酒店，以便获得优惠房价。一般这样的促销常年都有，也不需要注册。

（2）积分促销

积分促销对 SPG 会员来说就比较实用了，以同样的房价入住，却可以获得更多的积分。

例如之前推出的一个活动"Make It a Double"，即是积分优惠，等注册登记后，在规定的期间每次入住都可以获得双倍的 SPG 积分。

（3）升级促销

这类促销一般是针对特殊或者高级别的房型而设立，比如在促销期间，可以通过较为低廉的价格入住相对高级的房间或者套房。

（4）周末促销

一般而言，大部分酒店在周末都会推出相应的促销活动，这对于周末出行提供了较好的帮助。

（5）其他促销

除了上述促销以外，SPG 俱乐部会针对会员提供各种不同的优惠与促销，例如早餐优惠、高尔夫套餐、水疗优惠，等等。如果经常关注 SPG 的促销信息，结合自己的行程与需求，就一定能够更好地利用这些促销优惠，给自己获得更超值的享受。

2. 巧妙利用促销

利用好这些促销能够有效地为自己的住宿降低成本，或者让自己手里的积分价值最大化。但是需要注意的是，所有这些促销都有这样或者那样的限制条件，因此一定要计划周全后再采取行动，以免为自己造成不必要的损失。还有就是参加此类促销活动，往往需要提前注册，这就要求时刻关注 SPG 经常发布的促销信息，积极注册登记，以免错过。

六、SPG俱乐部常见问题

1. 我在哪些地方可以使用SPG俱乐部会员卡？

可在超过1200家喜达屋酒店及度假村的参与酒店使用会员卡，这些参与酒店共包括九个品牌：喜来登酒店及度假村、喜来登福朋酒店、W酒店、豪华精选、艾美酒店、威斯汀酒店及度假村、瑞吉酒店及度假村、源宿酒店以及新开业的Tribute Portfolio和Designhotels。所有有效的住宿以及消费均可以获得积分。

2. 我最近加入了SPG俱乐部，什么时候才能收到我的会员卡？

在首次住宿后大约4-6周收到会员卡。需要注意的是，一定要在一次有效住宿后，才可以成为正式会员。

3. 我在喜达屋酒店或度假村住宿时能获得多少Starpointss积分？

每1美元合格消费，SPG俱乐部会员均可获得2点Starpointss积分，SPG俱乐部金会籍和白金籍会员可另外获得50%的Starpointss积分（相当于3点Starpointss积分），需要留意的是，合格房价是指通过SPG官网等官方渠道预订的房价或者协议价格。

4. 我如何通过住宿获得飞行里程数？

SPG俱乐部会员可通过访问spg.com/moremiles、或致电888-627-7143（美国及加拿大境内）或353-21-4539579（国际付费电话）来通过其飞行常旅客计划获得里程数并注册加入。

航空公司直接加入计划（Airline Direct Deposit Program）。一旦选择获得里程数而非积分，将以与赚取Starpointss积分同样的比率自动为你的住宿获得里程数。在将Starpointss积分转入到飞行常旅客账户时，两个账户名称必须相同，否则航空公司将拒绝转入。这样做的目的为了保护会员，以避免出现未经授权的转入。一旦将Starpointss积分转入航空公司，就不得再将其转回至SPG俱乐部会员账户。

5. 可以将我的Starpointss积分用于兑换除酒店住宿之外的其他奖赏吗？

通过SPG俱乐部的合作伙伴网络，您有机会使用Starpointss积分兑换机票、地面交通服务和礼券，甚至还可以将积分捐赠给慈善机构，也可以通过在线拍卖网站spgmoments.com，使用Starpointss积分参加竞拍，以获得金钱无法买到的非凡体验和精彩活动。

6. 如何跟踪我所获得的 Starpointss 积分？

跟踪你的 Starpointss 积分十分简单，登录到你在 SPG.com 上的账户，或在你的首选项中注明您愿意注册 eStatements，以将更新的账户信息及时发送到你的收件箱。

7. 我应如何获得遗漏住宿的积分？

一般酒店住宿的积分在离店后 2-48 小时内即可在自己的账户中查询累积的积分。如果超过两周仍然未能发现自己的积分，可以在线报告遗漏住宿、联系 SPG 俱乐部的客户联系中心或向其发送电子邮件查询。

8. 我刚刚加入了 SPG 俱乐部，而我在登记加入之前不久有一次住宿。我能获得那次住宿相应的积分吗？

只有在申请注册 SPG 会员前 30 天的合格住宿才可以被补登相应的积分。可以联系 SPG 俱乐部会员服务中心并提供相应的账单获得补登。

9. 什么是合格消费？

合格房价（请参阅不合格消费，以了解进一步的详细信息）、餐饮费用、洗衣/干洗、电话/客房内传真、客房内电影/客房内视频游戏等费用。

10. 什么是不合格消费？

不合格消费包括但不限于：税费、服务费、小费、停车费、娱乐费用（包括与高尔夫、水疗、水上运动租金等相关的费用）。超过 90 晚住宿的任何一次住宿中的任何一部分。此外，部分房价类别将无法赚取 Starpointss 积分。其中包括：通过主办方付费的团体或会议房价；航空公司工作人员房价、通过旅行社安排的旅行或预打包优惠房价、批发商房价，以及任何第三方预订房价（包括但不限于 priceline.com、expedia.com 等）。

11. 什么是套房住宿奖励？

套房住宿奖励是指一个有待确认的升级至一间套房或精选客房的房晚。

12. 套房住宿奖励可用于哪些类型的预订？

当你有资格赚取 SPG 俱乐部 Starpointss 积分的房价、免费住宿奖励入住以及/或现金和积分入住预订时，你即可申请升级。

13. 如何获得套房住宿奖励？

每年入住满 50 晚住宿的 SPG 俱乐部白金会籍会员可获得 10 晚套房住宿奖励。SPG 俱乐部也可能不定期在推广活动中以奖励的形式赠送套房住宿奖励。获得套房奖励后，一般需要提前一天向 SPG 俱乐部客服或者在 SPG 官网申请。如果申请未被通过或者入住时酒店未能提供所申请的房型，套房奖励均会返还申请会员的账户。

14. 取消套房住宿奖励的完整政策是什么？

只要套房住宿奖励尚未确认用于任何预订，你可于抵达日前一天下午 2:00（酒店当地时间）之前取消你的升级申请。一旦奖赏已被确认，您必须取消整个预订才能取回所有奖赏。但是，如果您在抵达日前一天下午 3:00（酒店当地时间）之后才取消预订，用于此次预订的套房住宿奖励将全部作废。此外，预订本身也会收取其他相关的取消罚金。

2.4　Hilton 会员等级权益及积分累积、使用技巧

作者：吕轶伦

飞客茶馆 ID：donata

一、希尔顿酒店管理集团简介

希尔顿酒店管理集团（以下简称希尔顿集团或希尔顿）作为历史最悠久、最早进入中国市场的酒店管理集团之一，在中国有着无与伦比的影响力。由康莱德·N·希尔顿（Konrad N.Hilton, 1887–1979）先生创办于 1925 年，迄今已有近百年的历史。希尔顿集团是全球最大、发展速度最快的酒店企业之一，截至 2016 年 9 月 30 日，它在 104 个国家和地区拥有超过 4800 家酒店和度假村，总计超过 788864 间客房，年入住 1.4 亿人次。

希尔顿集团拥有 13 个世界级的酒店品牌，根据定位不同，大致分为五大品牌组合，如下表：

品牌定位	国内参考星级	品牌名称	品牌 Logo
豪华酒店	超五星	华尔道夫酒店与度假村	WALDORF ASTORIA HOTELS & RESORTS
豪华酒店	超五星	康莱德酒店与度假村	CONRAD HOTELS & RESORTS
超高档酒店	五星	希尔顿酒店与度假村	Hilton HOTELS & RESORTS
超高档酒店	/	Canopy	canopy BY HILTON

续表

品牌定位	国内参考星级	品牌名称	品牌 Logo
超高档酒店	/	Curio	
高档酒店	四星或五星	希尔顿逸林酒店与度假村	
高档酒店	/	希尔顿尊盛酒店	
高档酒店	三星或四星	希尔顿花园酒店	
中档酒店	三星	希尔顿欢朋酒店	
中档酒店	/	希尔顿欣庭酒店	
中档酒店	/	希尔顿惠庭酒店	
中档酒店	/	Tru by Hilton	
分时度假	五星	希尔顿分时度假酒店与度假村	

二、希尔顿荣誉客会等级权益

希尔顿荣誉客会（Hilton HHonors™）是希尔顿集团推出的会员计划，目前拥有约5700万名会员。成为希尔顿荣誉客会会员（以下简称会员）十分简单，网上注册或在酒店填写相关资料后即可入会。

1. 会员等级获得

为了培养会员忠诚度，鼓励会员多入住，希尔顿集团设立了五个会员等级，不同会员等级的获得要求不同，权益也不同，下表列举了不同会员等级的获得要求：

会员等级	等级获得要求
蓝卡会员	只需注册即可
银卡会员	入住 4 次或 10 晚
金卡会员	入住 20 次、40 晚或积满 75000 点基本积分
钻卡会员	入住 30 次、60 晚或积满 120000 点基本积分
终身钻卡会员	10 年钻石会员（不需连续），且累积付费入住 1000 晚

会员期为日历年，即每年 1 月到 12 月。会员在会员年度内需要达到晋级标准或者保级标准达到等级，每年 4 月初会按照前一年的入住和积分情况进行等级调整，没有降级缓冲制度，如钻卡会员前一年仅达到银卡标准，则会在有效期后直接掉到银卡，而不像万豪白金会员那样未能保级则缓冲降至金卡会员。

值得注意的是，由于希尔顿每年 4 月才进行会员等级调整，根据条款，如会员达到晋级标准或者保级标准，该会员等级可保持到获得等级后第三年的 3 月底，如会员在 2017 年获得钻卡会籍，其等级有效期可保持到 2019 年 3 月底。

除了上面表格提及的标准会员等级获得方式外，还有一些快速获得会员等级的方式：

（1）其他酒店精英会员挑战或 Status Match（精英会员直接匹配）：如拥有其他酒店精英会员，则可访问 www.hhonors.com/StatusMatch，填写姓名、会员号、邮箱信息，并上传其他酒店会员状态和入住记录获得钻卡或金卡挑战，挑战期为 90 天，其间享受钻卡或金卡待遇。钻卡的挑战要求是 90 天内完成 8 次入住，而金卡的挑战要求是 90 天内完成 4 次入住，我强烈直接挑战钻卡。此外，也可以通过写邮件到 hrcc@hilton.com 申请挑战。

（2）信用卡直接匹配金卡会员：如果拥有 VISA 无限卡或者招行等银行的运通白金卡，可致电信用卡秘书获得金卡会员，金卡会员有效期与普通方式获得金卡会员一致，理论上只要一直持卡且 VISA 和美国运通一直和希尔顿有合作，就可以一直保有金卡会籍。

（3）不少海外联名信用卡客户自动直接获得金会籍，同时一年消费满一定金额还能升级为钻卡。

2. 会员基本权益（结合国内实际情况介绍）

（1）蓝卡会员权益：

· 延时退房（视酒店房态可以安排）

· 快捷退房（可以不去前台退房，过了12点自动结算费用）

· 免费上网

· 入住前一天可在官方网站或APP在线选择房间并在线办理入住

· 同住人免费住宿

（2）银卡会员权益

· 蓝卡会员的所有权益

· 每次住宿获得基本积分的15%额外奖励积分

· 第5晚免费住宿（积分兑换住四送一）：即银卡会员及以上等级会员使用积分预订5晚或以上的标准客房奖励住宿时，第5晚可享受免费住宿（即住5晚只需支付4晚的积分），同一次住宿中有20晚或以上连续住宿时最多可享受4晚免费

（3）金卡会员权益：

· 银卡会员的所有权益

· 每次住宿获得基本积分的25%额外奖励积分

· 视房态享受客房升级，如升级至行政楼层则可享受行政待遇

· MyWay礼遇（仅列举国内酒店品牌，其他品牌权益请查询官网）

· 华尔道夫酒店及度假村：每次住宿可获得1000点奖励积分，或免费享用每日早餐

· 康莱德酒店及度假村、希尔顿酒店及度假村以及希尔顿逸林酒店：每次住宿获得1000点奖励积分，或免费享用每日早餐

· 希尔顿花园酒店：每次住宿获得750点奖励积分，免费享用每日早餐

（4）钻卡会员权益：

· 金卡会员的所有权益

· 可同时获得早餐等My Way礼遇和My Way奖励积分

· 每次住宿获得基本积分的50%额外奖励积分

· 每次住宿享受行政待遇（无论是否升级至行政楼层）

· 房间预订保证：提前 48 小时及以上预订，保证可以预订到房间，但必须以现金方式支付，且房价通常比较高

三、希尔顿荣誉客会积分累积技巧

希尔顿荣誉客会积分（以下简称希尔顿积分）累积有如下途径：

· 购买积分

· 在希尔顿集团酒店或度假村住宿

· 荣誉客会积分网站商城购物或合作商家消费

· 航空里程兑换

· 积分转赠

· 信用卡（含联名信用卡）消费

虽然希尔顿荣誉会是唯一一个支持航空公司里程转成酒店积分的常旅客计划，但航空里程兑换成希尔顿积分不划算，而且积分转赠需支付高达每万分 25 美元的手续费。

1. 希尔顿荣誉客会积分购买

获得积分最直接的方式无疑是直接购买积分，有官网购买和第三方平台购买两种渠道。

（1）官方购买的价格是一次性购买 10000 积分以下，每 1000 分 12.5 美元，购买 10000 积分（含）以上，每 1000 分 10 美元。但每个自然年度仅限购买 40000 分。官网每年都会有买分促销，如 2015 年有半年时间均有多送 100% 积分的促销，相当于对折。官网购买积分的优点是速度快，支付后积分秒到，是急需使用积分时的不二之选，也是用积分兑换低等级酒店的重要渠道。根据会员条款，如果账户有一年内积分没有变化的话，累积的积分会过期，此时可以通过购买积分来达到延长账户积分有效期的目的。

（2）第三方平台也有优惠买分，如每年 3—4 月美国运通（American Express）的 Daily Getaways 的活动，10 万分积分仅售 500 美元，折合每 1000 分 5 美元，也是官网非折扣价的半价，缺点是无法实时到账，需等待数周时间。

值得注意的是，无论通过哪种渠道买分，都不计入金卡、钻卡的定级、保级积分。

2. 住宿获得积分

会员住宿获得积分的前提必须是有效入住，住宿获得的积分可为两部分：基本积分（Base point）和额外奖励积分（Bonus point）。

基本积分来自房价以及其他认可的客房费用（包括餐费、洗衣费等），每 1 美元可累积 10 点基本积分。值得注意的是，入住希尔顿酒店时如发生餐饮消费，费用挂房账可以获得相应积分，如仅有餐饮消费，没有入住并挂房账的话是无法获得积分的。在所有积分来源中，只有基本积分计入金卡、钻卡的定级、保级积分。

3. 额外奖励积分

（1）MyWay 赚取方式（MyWay Earning Style Preferences）中选择额外积分，这里要说一下希尔顿荣誉客会的特殊积分方式：双赢积分计划（Double Dip）。

· 积分方式一：积分加积分（Points & Points，以下简称 P+P）：可额外获得基本积分 50% 的奖励积分

· 积分方式二：积分加里程（Points & Miles，以下简称 P+M）：每 1 美元消费可额外获得 1 个飞行里数

上述累积两种方式二选一。

（2）促销奖励积分：如促销时的双倍、多倍奖励积分，即在注册活动后、在活动期间完成入住，即可获得额外积分，详见本书"3.5 希尔顿荣誉客会促销简析"；

（3）金卡、钻卡 MyWay 权益（MyWay Hotel Benefits）选项中如选择积分，则每次入住可获 500—1000 点积分；

（4）银卡、金卡、钻卡会员每次入住，分别可获得 15%、25% 和 50% 基本积分的额外奖励积分。

要想通过住宿快速、大量获得积分，技巧如下：

1. 一定要在官网渠道预订

这是获得积分的前提，通过携程、旅行社等渠道预订，是不会有任何积分累积的，同时，早饭和行政待遇也无法保障。

2. 尽可能选择付费入住

兑换积分在 20000 分以上的，尽可能选择付费入住，付费入住是激活里程 bug

等诸多活动的前提。如 2016 年 Q4 VISA 每次入住 5000 分的活动只有全现金付费才能触发，光 5000 分的奖励分就价值 25 美元，而叠加了航空里程 Bug 后，房费在 600 元以下的入住几乎是正收益。

3. 及时注册希尔顿促销活动

相关促销信息可以从飞客茶馆希尔顿版块获得，一定要在促销信息放出来之后第一时间注册，否则容易遗忘。每季度都会有多倍里程促销，选择倍数最高的活动注册即可。

4. 适当切换酒店入住

在入住多个房晚的前提下，建议切换希尔顿旗下不同的酒店入住，因为 MyWay 的 1000 分是按 stay 来的，很多奖励积分也是按 stay 给的，如果不是拖家带口行动不便，推荐切换酒店入住以获得更多积分。

荣誉客会积分网站商城购物或合作商家消费

几乎每个有常旅客计划的酒店集团都会有网上商城，通过指定链接购物后可获得相应积分，包括亚马逊等一些知名电商，但积分回馈力度有限，且网上商城消费或合作商家消费所获积分，不计入金卡、钻卡的定级、保级积分。

四、希尔顿荣誉客会积分使用技巧

希尔顿积分主要有以下使用方式：

- 兑换成酒店住宿
- 兑换成度假套餐、费用全包的度假村和高尔夫运动奖励等
- 兑换成航空／铁路里程、汽车租赁和游轮礼券
- 抵扣在线购物及餐饮消费
- 转让至其他会员

1. **最优兑换方式选择——纯积分还是积分 + 现金?**

希尔顿积分房晚兑换有两种方式：纯积分兑换（简称纯 P）和现金 + 积分兑换（简称 C+P）。

希尔顿酒店一共分为十个积分兑换等级（Hotel Category，CAT），纯积分兑换需 5000 至 95000 分不等，而现金 + 积分兑换也有相应等级，不同等级兑换所需的

积分也不同，如下表：

CAT	每晚最多所需积分	每晚所需积分及现金 *	C+P 折合成积分 **
1	5000 分	2000 分 +35 美元	9000 分
2	10000 分	4000 分 +40.8 美元	12160 分
3	20000 分	8000 分 +46.7 美元	17340 分
4	20000—30000 分	12000 分 +58.4 美元	23670 分
5	30000—40000 分	16000 分 +75.9 美元	31170 分
6	30000—50000 分	20000 分 +99.2 美元	39840 分
7	30000—60000 分	24000 分 +116.7 美元	47300 分
8	40000—70000 分	28000 分 +145.9 美元	57180 分
9	50000—80000 分	32000 分 +175.1 美元	67010 分
10	70000—95000 分	38000 分 +230 美元	84680 分

* 按国内税率 16.7% 计，四舍五入到小数点后一位

** 积分价值按每分 0.005 美元计，即每美元 200 分

在 CAT1~2 的酒店，纯 P 兑换比 C+P 划算，而在 CAT3 及以上等级酒店，在绝大多数情况下 C+P 比纯 P 兑换划算。明确了这一点，下一步我们再用最优的积分兑换方式和现金付费入住进行比较。

2. 用最优积分方式换房还是现金入住？

一直以来很多人对于积分换房的理解都存在不少误区，特别是促销时几乎可以满血复活甚至还多回了血的时候，很多人认为非得积分换房不可，花钱住肯定不合算。但实际上到底选择是纯 C 入住、纯 P 入住，还是 C+P 入住，都跟个人对积分价值的判断有关。我的积分价值参照目前按购买积分折扣力度最大的 5 折价格，即每 1 万分 50 美元。

当付费入住价格大于换房所需积分及各种促销所获积分的收益时，从经济学角度出发，用积分兑换便是合算的。

为了方便大家查询，现将常见兑换积分情况列成表格（按钻卡入住计算收益），如果发现价格高于表中折合的付费价格时请使用相应积分预订（前提是有足够的积分，由于考虑到汇率波动问题，现金单位均采用美元）。

积分兑换与付费入住现金价值

CAT 等级	积分 + 现金	积分 + 现金兑换折合付费价格（美元）	纯积分兑换	纯积分兑换折合付费价格（美元）	连住 5 晚纯积分兑换	连住 5 晚纯积分兑换折合付费价格（美元）
1	2000 分 +35 美元	45.3	5000	25.2	4000	20.1
2	4000 分 +40.8 美元	61.2	10000	50.3	8000	40.3
3	8000 分 +46.7 美元	86.6	20000	100.6	16000	80.5
4	12000 分 +58.4 美元	119.1	30000	151.0	24000	120.8
5	16000 分 +75.9 美元	156.8	40000	201.3	32000	161.0
6	20000 分 +99.2 美元	200.5	50000	251.6	40000	201.3
7	24000 分 +116.7 美元	238.0	60000	302.0	48000	241.6
8	28000 分 +145.9 美元	287.7	70000	352.3	56000	281.8
9	32000 分 +175.1 美元	337.2	80000	402.6	64000	322.1
10	38000 分 +230 美元	426.1	95000	478.1	76000	382.5

如果您没有时间看完以上的表格，那就记住以下原则：

- CAT1—2 酒店：如有纯 P 兑换，一定选纯 P
- CAT3—7 酒店：有多倍积分 / 里程就付费入住，没促销就 C+P
- 连住五晚 CAT7 及以下等级酒店，优先纯 P 兑换
- CAT8—10 酒店：优先 C+P，没有 C+P，看表格进行判断

请注意，某些酒店的某些时段不开放纯 P 或 C+P 预订。

当然，有两种情况建议选择积分兑换，因为积分兑换可提前一天取消而不用支付任何费用：

（1）有出行计划和粗略出行日期，但无法确定具体出行日期行程，选择积分兑换先预订好房间，以免到时候订不到房间或价格波动。

（2）有明确的出行日期（在下一个或再下一个促销周期），但本季度订房促销价格不够优惠，可取消价格远大于积分价值，选择积分兑换先预订好房间，等待更好的促销。

使用积分兑换住宿还有一个用处，就是保证积分不过期，希尔顿的条款规定，如果积分一年中没有变化就会过期，那么我们就可以在积分过期前预订一间积分房再取消，保证积分的有效性。

五、希尔顿荣誉客会促销简析

1. 季度促销

希尔顿荣誉客会的促销分为季度促销（核心促销）、房价促销、航空里程促销、品牌促销和其他促销。季度促销一年三到四次，形式相对比较固定，常见的包括每次入住固定额外积分、双倍积分或里程、多晚多倍积分等，季度促销需在活动页面注册后方可生效。

2. 房价或积分促销

一般来说，希尔顿的提前预付价都是在可取消价格基础上打8折。此外，希尔顿几乎一整年都会有各种各样的房价促销，以中国版本的促销为例，持续多年、覆盖冬春两季的"岁寒迎春　随心逍遥"（The Spring/Winter Getaway）折扣力度是最低6折，而夏季作为旺季，促销则是最低66折。欧洲则经常有最高折扣可达6折的促销，而日本韩国经常有低至3—7折的闪购（Flash Sale）。笔者曾在闪购时订到过260人民币含税的冲绳希尔顿逸林。当然，促销价的房间一般都不可取消、不可变更，预订前需仔细研读房价条款，深思熟虑后预订。

折扣力度比较大的促销还有每年年底的大促，从2013年起，希尔顿开始本土化营销，推出双十一促销和春节促销，折扣力度低至5折。

当然，促销折扣力度最大的莫过于希尔顿进入中国25周年时的庆典促销房价了。2013年6月28日当天所有希尔顿集团在中国的酒店统一房价25折促销（部分酒店的餐厅消费也打25折），许多酒店出现了不到200元含税的超低价。此外，希尔顿在中国还推出了"每次入住获得额外2500积分""征文奖励25万分"等大幅度促销，这样的促销实在是可遇而不可求。

3. 航空里程促销

如果入住时选择基本积分 + 里程（Points & Miles）的形式，所有符合条件的客房消费，每 1 美元可额外累积 1-2 个合作航空伙伴的飞行里数，积累的航空伙伴几乎涵盖了所有星空联盟、天合联盟和寰宇一家等主流航空联盟成员。

航空里程促销需至活动页面注册后方可生效。

几乎每个季度，希尔顿集团都会和合作航空公司推出航空多倍积分计划，如 2016 年第四季度，选择亚洲万里行作为里程累积选项，可获得四倍里程奖励。

对于大多数会员而言，多倍里程的意义在于利用希尔顿系统的多倍里程 bug 获得额外积分，这个在希尔顿荣誉客会积分累积技巧有详细说明。

4. 品牌促销

品牌促销是希尔顿针对鼓励入住特定品牌的促销，多针对华尔道夫、康莱德等高端品牌，促销内容多为额外的积分或住宿房晚奖励。华尔道夫和康莱德 2015 年的品牌促销是入住最多同时享受三项额外积分（积分可叠加获得）：第一到第三次入住分别得 2000、3000 和 5000 分；每晚入住可得 2000 分；连续入住两晚可得 5000 分。

六、希尔顿荣誉客会常见问题

1. 为什么在登录希尔顿英文网站时输入了正确的会员号和密码，却总是登录失败，提示"Please use the reCAPTCHA to verify that you're not a robot."

这是由于大中华防火墙导致英文版网站登录时所必需的验证码无法正常显示和输入，有两种方法解决：一种是直接使用 VPN 访问网站，验证框会自动弹出，另一种是利用中文官网无须验证的特点，先登录中文官网，再跳到英文官网，步骤如下：

（1）打开任意酒店的中文预订页面；

（2）点击上面网页里的"最低房价 立即预订"绿色按钮；

（3）在新网页的右上边，点击"登录"；

（4）输入用户名和密码，点击"登录"绿色按钮；

（5）登录后在网页右上边已经能显示会员名和积分等信息了。将网页浏览器中的网址改为 https://secure3.hilton.com/ 并进入；

（6）进入已登录状态的英文官网，该干嘛干嘛吧。

说实话，希尔顿系统做得不怎么好，中文网站功能十分有限（没有中文APP），只能进行订房、更改会员信息等部分功能操作，且不说设置 MyWay 酒店礼遇需要进入英文版设置，就连补登 stay、查看会员等级有效期都要进入英文版网站进行。

2. 为什么希尔顿网站经常无法显示账户状态、既往住宿记录，还时不时积分显示为零？

首先确认一下您是否在周日登录，希尔顿网站在每个周日会进行例行维护（Weekend Maintain），在维护期间可能出现无法登录、各项数据显示异常，当然，除了每周一次的例行维护以外，希尔顿还会有不定期的系统维护，在系统维护期间如需订房或进行相关信息查询，最好使用 APP、中文网站或致电订房热线。

附送提高希尔顿体验度的三个 TIPS：

（1）尽量不要上希尔顿集团任何的中文网站

（2）尽量不要打 800 或 400 或任何中文客户服务热线，不要给中文邮箱发邮件咨询，英文邮件地址为 HHonors@hrcc-hilton.com。

（3）尽量不要在星期天上希尔顿任何网站，连英文网站也别上。

只要做到以上三点，笔者不敢说你会百分之百对希尔顿满意，但至少一大半的问题会消失。

当然需要周日临时订房、大中华区的专属活动咨询等，遇到这种情况也只能忍一忍了。

3. 希尔顿有 BRG 吗？如何操作？

有 BRG，具体步骤如下：

（1）查房价，比较希尔顿的房价、其他网站的房价（一般要即时确认的那种，携程不算，因为携程大多不是即时的）。

（2）各个网站价格截图留下，记住对比下酒店名称、地址、入住时间、入住人数、入住房型、早饭有无、取消政策等，必须一致情况下截图留底（有些房间和自由一间，你官网订了，后面网站也没房了，你没截图没证据，啥都没怎么玩BRG，只有先截图留底）。

（3）在官网预订酒店，在原来查房价的基础上不要犹豫，上预订吧，神会保佑你的。

（4）在官网指定位置申请 BRG，链接在网站右上角。

（5）等他们邮件回复，有两种，第一种是网站房价一直有，他们直接给你修改价格，第二种是他们告诉你啥都没有了，你不能 BRG，这个时候发邮件把证据给他们看吧，一般都会认——大多数情况下客服是认截图的，这就是希尔顿 BRG 的优势。

（6）等他们邮件回复你 OK，会把更新的预订单发你邮箱，保存好哦，入住时候万一价格有问题可以拿出来。

4. 希尔顿预订是否有返利链接？

有，国外许多返利网站一般都支持希尔顿预订返利，但笔者推荐使用国内的飞客返利（cashback.flyertea.com），首先它是中文网站，设计比较人性化，且有专门中文客服，一旦链接追踪出现问题，比较容易沟通，其次返利力度最高可达 4.2%（税前价），也是不错的比例。

5. 一个账户一次订 N 晚 X 间，可以拿到几个 stay 几个 night？

无论订多少房，一次入住最多只能获得 1 个 stay 和 X 个 nights，但所有房间发生的费用可以要求前台归集到一间房中以积累积分。

6. 希尔顿可以提前在线 check-in，是否可以远程空刷？

在国内几乎不可能，国外的某些酒店可能会成功，即使别人成功了你也不一定能成功，常旅客的底线是合理利用规则，而不是走旁门左道，老老实实住吧。

2.5 Hyatt 会员等级权益及积分累积、使用技巧

作者：王驰野 & 金祖序

飞客茶馆 ID：iamroy & Simon0902

一、凯悦酒店集团简介

凯悦酒店集团是享誉世界的知名酒店集团，总部位于美国芝加哥，由普利兹克（Pritzker）家族于 1957 年正式创办。1957 年，普利兹克家族的 Jay Pritzker 无意间发现位于洛杉矶国际机场的一间名为 Hyatt House 的旅馆生意格外红火，善于投资的 Jay 发现商机后迅速购得酒店。经过短暂的改造，新酒店继续沿用 Hyatt House 的名字于 1957 年 9 月 27 日正式开业，成为了世界上首间 Hyatt 酒店。在酒店开业初期，Jay Pritzker 的弟弟 Donald Pritzker 建议哥哥为酒店改名，但被 Jay Pritzker 拒绝，并坚持沿用 Hyatt 名称，意为"新的希望"，从此开创了凯悦在酒店业辉煌的年代。

在成立后的十余年间，凯悦在美国西海岸逐渐拥有了多间酒店，但这并没有使得凯悦酒店集团真正受人瞩目。真正改变凯悦命运的，是 1967 年落成的亚特兰大凯悦酒店。这间 24 层楼高 103 米的全球首家 Regency 系列酒店为全球酒店业开启了全新的篇章。在亚特兰大凯悦酒店中，首次引入了超高挑高大堂和天井中庭的设计。而作为具有跨时代意义的代表作，这座凯悦酒店的特色也在日后成为了凯悦集团的重要标志。经由 1971 年和 1982 年的两次改建，现在的亚特兰大凯悦酒店已经是拥有三座相连的塔楼，共有 1260 间房间的超大型酒店。

二、凯悦酒店集团旗下品牌介绍

柏悦酒店（Park Hyatt）是凯悦集团的顶级奢华品牌。每一家酒店都由世界著名的建筑师和室内设计师精心打造，在设计上透露着低调精致与地域特色相互融合的巧思。酒店墙壁上装饰有原创艺术品，客房内饰线条明快，处处流露着柏悦简洁

奢华的理念。

君悦酒店（Grand Hyatt）是凯悦集团旗下高端商务酒店的典范。在全世界各大经济中心以及度假中心都能见到它的身影。每家君悦酒店都设有引人注目又活力十足的大堂、精致的用餐选择、先进的科技、水疗中心、健身中心，以及综合性商务与会议设备。无论是要举办梦幻婚礼，还是筹划年度会议，君悦品牌都能满足你的需求。

凯悦丽晶酒店（Hyatt Regency）和凯悦酒店（Hyatt Hotel）是凯悦集团旗下数量较多的高级综合性品牌。它们广泛分布于全世界各大城市以及热门度假胜地。各酒店都配有具有当地特色的餐厅，完善的商务会议场所，水疗及健身中心，以及为商务人士准备行政酒廊。酒店继承了凯悦集团豪华、稳重、大方的特点，是全世界的商旅人士提供出差旅行的不二之选。

安达仕酒店（Andaz）是凯悦集团旗下的设计师精品（Bontique）酒店品牌。每家酒店都具有大胆的创意、全球视野的设计，而在景观、印象与品位上也不忘融合邻近社区的特色。安达仕是艺术家的聚集地，酒店的墙壁上装饰有各种艺术品，浓厚的当地文化氛围因此渲染开来。这里有城市所爆发的创造力并融合了更宏观的世界观感，为喜欢艺术的你搭建好了挥洒创意的舞台。

Hyatt Centric是凯悦集团旗下的个性化精品酒店品牌，目前尚未进入中国市场。"独一无二的酒店为独一无二的旅行者"是其服务理念。每家酒店都有鲜明而又新潮的客房装修，房间内配上当地元素装饰物和艺术品，均彰显出其独特、个性化的特质。

The Unbound Collection by Hyatt在全世界范围内搜罗了一系列的小众精品酒店。这些酒店往往有着悠长的历史、丰富的文化和引人入胜的故事。

凯悦嘉轩（Hyatt Place）是凯悦集团旗下的快捷式服务酒店品牌。嘉轩是快节奏商务客的不二之选。你经常能在机场、CBD和一些交通枢纽附近发现它的身影。它没有大型豪华酒店的烦琐和拖沓，一切都简练清晰。酒店拥有高速的网络连接，7*24小时的自助服务吧台，为差旅人士提供24小时的能量补给。

凯悦嘉寓（Hyatt House）是凯悦集团旗下的常居式酒店式公寓品牌。它合并了之前的Hyatt Summerfield Suites和Hotel Sierra两个品牌。嘉寓配有单间客房、单卧室和双卧室套房，其中一些还配有厨房、洗衣机等。酒店内有自助烧烤区、24小时便利店、食品百货购买服务、24小时的室内和室外健身设备。

Hyatt Zilara 和 Hyatt Ziva 是凯悦集团旗下的两个一价全包式（All Inclusive）酒店品牌。全世界仅六家，坐落于加勒比海墨西哥和牙买加的美丽海滩之上。它们的区别在于，Hyatt Zilara 是一家成人专享的全包式度假村，专注于让客人真正活在当下。每家度假村均提供宽敞套房、世界级美食、丰富多样的高级设施、卓越服务以及令人叹为观止的海景。而 Hyatt Ziva 是适合于所有年龄层的客人全包式度假村。从精致餐饮选择和独特水疗护理到儿童计划和夜间娱乐等各种精彩活动，无论对于团体、家庭或旧雨新知，均可通过当地文化之美、正宗美味餐饮以及热情亲切的工作人员得到一份最美好的体验。

Hyatt ResIDence Club 是凯悦集团旗下的分时度假酒店品牌。凯悦的品牌定位无疑为这家分时度假酒店品牌加了分。而现在，你就可以成为这家凯悦酒店的业主。想象一下，在风景秀丽的海边，你拥有了一间套房或是一间别墅 1/52 的产权，既可以带家人来度假，也可以交给酒店打理为你创造价值，而其本身也不会因为岁月的流逝而贬值，一定是一项富有价值的投资。

三、凯悦金护照会员等级＆权益

凯悦集团推出了自己全新的忠实会员计划：World of Hyatt（凯悦天地），以下统称为凯悦天地计划。凯悦天地计划在积分累积、会员待遇以及积分使用等许多方面沿用了之前的凯悦金护照计划。

凯悦金护照是凯悦集团推出的常旅客奖励计划，客人可通过入住酒店获取积分以换取奖励。

凯悦金护照共有3个公开会籍和1个非公开会籍。公开会籍包括入门会籍"凯悦金护照"会籍（亦被称为金会籍）、白金会籍和钻石会籍。另外一个非公开会籍则是仅限邀请的 Courtesy 会籍，由于卡面为绿色，也被称为"凯悦绿卡"。

"凯悦护照"会籍可通过在线注册或在酒店注册获得，享受积分累积、兑换及飞行里程转换。注册会员可以通过完成入住房晚数和次数获得会籍升级。在凯悦的定义里"认可住宿"是指通过凯悦官方渠道（包含网站、手机网站、APP、预订中心等）预订并支付"认可房价"而产生的住宿。这里值得注意的是，在使用积分兑换酒店住宿时，只有通过"积分＋现金奖励"方式入住才被计为"认可住宿"。以机组人员价格、凯悦员工折扣、Club at the Hyatt、凯悦美食会折扣礼券等方式住宿酒店按照条款规定不计为"认可住宿"。另外条款也规定通过合约签订的长住房间价格不计为"认可住宿"。

在一个日历年内完成5次或15晚认可住宿可升级为白金会籍。白金会籍可享受合格消费的15%额外积分奖励、免费高速上网以及72小时预留客房保证。与其他酒店集团大致相同,作为第二级的凯悦白金会籍并没有太多额外权益。

在一个日历年内完成25次或50晚认可住宿可升级为钻石会籍。钻石会籍可享受30%额外积分奖励、免费高速上网、抵达时享受最佳客房(不含套房)、嘉宾轩贵宾厅使用权、认可的付费住宿每年四次套房升级、欢迎积分或礼品、每晚客房清洁、快捷登机、48小时客房保证、延时至下午4:00退房、钻石订房专线以及每年获赠2张美联航贵宾室单次通行证。

目前Courtesy仍是仅限邀请,这个会籍被公众蒙上了一层神秘的色彩。由于这个卡级并不常见,对于获得邀请的条件也各有说法。主要包括:连续3-5年作为钻石会员并在上一年度在钻石会员中累计消费(也有说房晚)达到1%;作为业主拥有多家凯悦集团管理的酒店;或者是Pritzker家族的好友。除了神秘的资质条件,Courtesy的会员权益也一直秘而不宣,但一般相信Courtesy会员可以享受基础套房升级,每年赠送一张钻石卡,丰富的欢迎水果及礼品,以及专属的团队完成几乎一切礼宾需求等。

四、凯悦金护照积分累积技巧

"在凯悦,积分是真金白银换来的",这句话可能是很多凯悦忠实的客户共同的心声。不同于其他的酒店,凯悦酒店集团并不着力于酒店的促销和宣传,因此在酒店获取大量积分的机会也很少。凯悦在北美和一些商家有合作,所以北美的信用卡可以有所作为。

凯悦金护照会员在酒店的合格消费,是按照每消费1美元可以获得5个金护照点数来算的。入住酒店时以下消费可以累积积分:通过前面所说的"认可住宿"方式入住的房价及杂费。非住宿客人的餐饮和SPA认可消费也可以积分。值得注意的是,入住Hyatt ResIDence Club时的杂费不能累积积分。

当一位会员同时预订多间房间时,最高3间由会员付费的房间可以累积积分。

在这里的定义是，例如同时预订 6 间房间，且自己入住其中一间，并为所有 6 间房间支付费用，则在退房时可以获得其中 3 间房间的积分，这 3 间房间默认为会员自己入住的房间和房费、杂费合计最高的另外两间。对"由会员付费"的定义不同，酒店的执行政策可能会有差异，出于保险起见建议使用"Bill to one room"的方式，将所有其他房间的费用计入会员本人的房间账单，且由会员本人为其他房间提供担保。

认可消费可以积分，适用于全球凯悦酒店。在未入住酒店而仅在酒店就餐或使用 SPA 水疗时，不同凯悦集团酒店的规定不同。一部分酒店可以累积金护照积分，具体情况需要单独咨询个别酒店及餐厅。对于可以非入住累积积分的凯悦集团酒店，累积积分比例与入住相同，但是否可以获得白金、钻石会籍的额外奖励积分则依照不同酒店的不同规定，凯悦酒店集团没有明确规定，且暂时不提供在线列表，需要自行咨询。在可以积分的酒店，累积积分的支付方式仅限现金、借记卡、信用卡和支票（不适用于中国）、公司账户支付、协议付款、转账、礼品卡或礼券支付等均不可累计积分。

通过会议来赚取积分。凯悦金护照会议奖励计划"Planner Rewards"为会议策划人提供积分奖励，对于符合要求的会议或活动，一般指每晚至少 10 间房间实际入住，或者合乎规定的宴会或活动，可以按照每 1 美元累积 1 积分的比例将积分累积至个人账户，每次会议最多可累积 50000 积分，且积分可以按照举办人的要求最多分成 3 份存入至不同账户。同时通过举办会议也可以累积凯悦金护照会籍，具体的升级方式是一个日历年内举办 3 次认可的会议或活动可获得白金会籍；10 次则可获得钻石会籍，但白金、钻石会籍的额外奖励积分不适用于获得会议奖励计划。

对于长期举办会议或活动的金护照会员，凯悦集团还准备了鲜有人知的"逍遥奖励"。根据会员在会议奖赏计划中的贡献指数（具体由凯悦集团判定），可获得两个不同级别的奖励，即"5 晚逍遥奖励"和"7 晚逍遥奖励"。其中前者包含 5 晚连续住宿、5 次双人早餐、3 次双人晚餐和精选欢迎礼物；后者包含 7 晚连续住宿、7 次双人早餐、5 次双人晚餐及精美礼物。

五、凯悦金护照积分使用

与大多数酒店常旅客计划一样，凯悦金护照积分可以兑换酒店住宿及其奖励。首先自然要提到的就是凯悦积分兑换住宿。凯悦免费住宿奖励共分为 7 个酒店级别

（即Cat1—Cat7），其中标准客房兑换所需分数从5000分至30000分不等。2016年8月1号凯悦集团全球调整酒店级别，大中华区受益匪浅，除成都君悦从Cat2—Cat3之外，其他全部降级，Cat1更是多达9家。

对于凯悦集团，最好的积分使用方式是"积分+现金"奖励。这种方式可以使用最少的积分加少量现金的方式兑换房间，除了房间现金部分可累积积分外，这部分积分也计入保级或升级房晚，并可以使用套房券进行套房升级。

六、凯悦金护照特色权益

对于凯悦来讲，特色权益无非是向钻石会籍提供的几项特别权益。不像其酒店集团的做法，凯悦集团为其顶级会员提供的最佳客房升级是明确规定不包含套房在内的，且将嘉宾轩或景观客房定义为最佳客房。但是在实际执行中，国内的个别凯悦酒店有时也会为其钻石会员提供套房升级。

凯悦的套房是不是真的得用真金白银才能住上呢？其实也不尽然。酒店每年向钻石会员赠送的四次套房升级（也就是俗称的套房券）就可以让客人在自己想要的顶级酒店里享受套房权益。使用套房券仅限付费房晚，但包含"积分+现金"奖励，且需要在预订后向预订中心或酒店提出，对于尚未正式开业但已经接受预订的酒店，则需要在开业后提出。值得注意的是，套房升级不适用于特色套房、顶级套房及以上套房级别，也就是说只有被称为"乞丐套"的基础套房可供升级。每次使用套房升级最多可以享受7天，且在类似京都等地的旅游旺季非常好用。但像悉尼柏悦酒店、东京安达仕酒店、普吉岛凯悦度假村等几家顶级酒店则不适用于套房升级礼遇。目前具体的不适用名单包含：比佛溪柏悦度假村、悉尼柏悦酒店、东京安达仕酒店、普吉岛凯悦度假村、塔尔萨凯悦酒店、威奇托商业中心凯悦酒店、基韦斯特凯悦度假村及水疗中心、马尼拉City of Dreams凯悦酒店、圣巴巴拉凯悦酒店、凯悦嘉轩酒店、凯悦嘉寓酒店、Hyatt ResIDence Club度假村或 M life度假村。

除了套房使用外，钻石会员入住设有嘉宾轩贵宾厅的酒店（一般为君悦、凯悦）可享受本人与同住人的嘉宾轩贵宾厅使用权。如果无法使用嘉宾轩会有两种不同的补偿情况：对于类似安达仕、柏悦等不设嘉宾轩的酒店，可享受最多四份早餐（仅限于登记入住客人）；而对于设有嘉宾轩的酒店如果因故无法使用，则可在享受最多四份早餐（仅限于登记入住客人）的同时，额外获得2500积分奖励。

另一项钻石特权是每次入住凯悦酒店获得迎宾积分或迎宾礼品。钻石卡会员每次入住柏悦、君悦、凯悦时均可获得 1000 积分或者餐饮礼遇（一般是红酒或餐券）；而入住安达仕则可在 1000 积分或当地特色礼品中选择；入住 Hyatt Zilara 及 Hyatt Ziva 则可获得 1000 积分；入住凯悦嘉轩可获得 500 积分或免费饮品；入住凯悦嘉寓可获得 500 积分或 5 美金便利店代金券，入住 Hyatt Residence Club 度假村可获得 500 积分奖励。考虑到凯悦积分价值较高，一般都会选择积分作为奖励。

2015 年，凯悦酒店与美联航的合作为凯悦钻石会籍带来了一项全新礼遇，即每年两张免费的美联航贵宾室（United Club）单次通行证。

七、凯悦新会员计划的介绍

凯悦天地计划分为：会员（Member）、探索者（Discoverist）、冒险家（Explorist）、环球客（Globalist）四个等级。除了普通会员以外的级别皆可认定为凯悦的精英会籍（Elite Status），比之前的凯悦金护照计划（Hyatt Gold Passport）多了一个级别。

1. 探索者（Discoverist）：在一个日历年中完成 10 个有效房晚或赚取 25000 点基本积分，或举办 3 次会议后即可升级为探索者。探索者可享受到的会员礼遇为：额外 10% 的奖励积分、快捷登记入住区、每天一瓶免费矿泉水、免费上网、下午 2 点延迟退房（视酒店入住情况而定）、兑换免费住宿时免除度假村费用、专属电话预订客房、自动匹配美高梅酒店集团忠诚旅客计划（M life）的珍珠会籍。

2. 冒险家（Explorist）：在一个日历年中完成 30 个有效房晚或赚取 50000 点基本积分，或举办 10 次会议后即可升级为探索者。冒险家可享受到包括所有探索者礼遇以外，享有额外 20% 的奖励积分、升级至最佳客房（不包括嘉宾轩贵宾厅使用权和套房）、4 次嘉宾轩贵宾厅使用权奖励（在支付认可房价或使用积分兑换免费住宿奖励时有效）、提前 72 小时预留客房保证（有限制日期）、自动匹配美高梅酒店集团忠诚旅客计划（M life）的金会籍。

3. 环球客（Globalist）：在一个日历年中完成 60 个有效房晚或赚取 100000 点基本积分或举办 20 次会议后即可升级为探索者。环球客可享受到包括所有冒险家礼遇以外，享有额外 30% 奖励积分、可升级至行政客房或标准套房（视入住情况而定）、行政酒廊使用权（在没有行政酒廊的酒店可以在自助餐厅使用早餐，最多

2大2小）、下午4点延迟退房（视酒店入住情况而定）、保级后获得4张套房升级礼券（自发放日起一年内有效）、次年保级环球客只需55个有效房晚、在提早到店时优先使用可用客房、为家人和朋友兑换免费住宿时也可享受环球客礼遇、提前48小时预留客房保证（有限制日期）、兑换免费住宿和付费入住时均可免除度假村费用、在可将停车费用计入客房账单的参与计划凯悦酒店及度假村，使用免费住宿奖励时享受免费停车、每年两张免费的单次使用的美联航贵宾室通行证。

凯悦天地计划将于2017年3月1日正式运行，2016年度完成保级的金护照钻石会籍会员将自动匹配到环球客会籍、2016年度未完成保级的金护照钻石卡会员将自动匹配到冒险家会籍、2016年完成保级的金护照白金卡会员将自动匹配到探索者会籍，并将额外获得5%的降级积分（即一共15%奖励）、其他有效金护照会员将自动匹配到凯悦天地计划会员。所有会员有效期仍将是次年2月底。另外2017年3月1日，所有匹配到环球客的会员都已发放了4张套房升级礼券以及一晚类别1-7凯悦酒店或度假村兑换的标准客房免费住宿奖励，有效期均为2018年2月28日。

凯悦天地计划与凯悦金护照计划的其他几项变化：

1. 对于最高级别会员不再给予欢迎礼物包括1000/500积分的选项。

2. 在2017年3月1日后入住并住满凯悦旗下任意5个品牌即可获得一晚类别1-4凯悦酒店或度假村兑换的标准客房免费住宿奖励（有效期为签发后1年）。

3. 在一个日历年内住满30个有效房晚或赚取50000点基本积分时即可获得一晚类别1-4凯悦酒店或度假村兑换的标准客房免费住宿奖励（有效期为签发后120天）。

4. 在一个日历年内住满60个有效房晚或赚取100000点基本积分时可获得一晚类别1-7凯悦酒店或度假村兑换的标准客房免费住宿奖励（有效期为签发后120天）。

5. 在一个日历年内住满70、80、90、100个有效房晚时均可获得10000积分或套房升级礼券（有效期不详，估计为签发后1年），一年4次封顶。

6. 套房升级礼券在完成环球客保级时即发放，不再至次年3月1日发放（有效期为签发后1年）。

7. 套房升级礼券使用有效期不再是次年任何时间，而是预订的退房时间必须不得晚于套房升级礼券的失效日期（例：2017 年 10 月 1 日退房，2017 年 10 月 2 日第 60 个有效房晚到账，发放有效期至 2018 年 10 月 2 日的套房升级礼券，那么这些套房升级礼券能升级的客房不得晚于 2018 年 10 月 1 日退房）。

8.套房升级礼可为全积分兑换的房间做升级，但是套房升级不再是像之前一样即时确认了，而是需要客服提交申请，酒店在 24 小时内给予回复是否能升级，换而言之，给不给套房最终由酒店定。

9.最高级别会员可以升级至标准套房，具体效果拭目以待。

由于国内不发行凯悦信用卡，故相关问题不做介绍。

2.6 Accor 会员等级权益及积分累积、使用技巧

作者：王玺
飞客茶馆 ID：jirenjzz

一、雅高（ACCOR）酒店管理集团简介

雅高是欧洲最大的酒店集团，截至 2015 年底，雅高旗下 20 个品牌（不包括其中国合作伙伴华住会下的品牌）共 4100 多家酒店已遍布全球 95 个国家。集团凭借着丰富的经验和专业的技能已经为客户和合作伙伴服务 46 年。

雅高集团酒店优势

雅高集团相对于洲际、喜达屋、希尔顿等几个竞争对手，有着独特的优势。这里稍加整理，让从未接触过雅高集团的读者有个初步印象：

1. 类型完整的酒店产品

雅高集团所提供的酒店包括四大类 20 个品牌，包括顶级／奢华型、高档／豪华型、中档商务型和平价经济型，而且涵盖了度假村、商务酒店和公寓酒店和短租等类型，为客户提供了丰富的选择。特别是雅高集团在 2015 年底完成了对 FRHI 旗下莱佛士（Raffles）、费尔蒙（Fairmont）和瑞士酒店（Swisstel）三个品牌的收购，极大程度上弥补了其高端酒店竞争力不足的弱势。

2. 遍布全年的价格促销活动

雅高的价格促销分为两类，一类是常态促销，主要是提前预订享折扣，某些品牌、某些地区提前 30 天预订可享 7 折。另一类是年度大促，上下半年各一次，涉及除索菲特外的所有品牌，最优价格接近 5 折。大量干净时髦的经济型酒店能够提供青年旅馆般的低价，不少高档酒店更是可以平价入住，特别适合自费旅游的个人和家庭，以及热爱旅游但预算有限的年轻人。索菲特酒店亦有每年两次大促，6 折的价格即可体验法式的奢华浪漫，比如著名的重庆索菲特，三四百元就能住到，中

国仅有的西安传奇索菲特也有千元左右的房间可以预订。从 2016 年开始，雅高旗下品牌又开启了地域性促销和网络促销，地域性可以看作之前 Red Hot 优惠活动的升级版，相对于单个酒店为对象的促销，以区域为对象的促销在选择酒店的时候会有更多方便。而网络促销则紧紧跟随现代人的购物习惯，在双十一、双十二等时段推出优惠幅度较大的闪购活动。

3. 频繁的多倍积分和里程赠送

这类活动是最近两年多来雅高集团的新动向。自升级至白金卡的渠道收紧之后，雅高加大了积分和里程促销的力度。如被人津津乐道的三次入住获 8000 积分活动，还有让人疯狂的一次入住享 5000 英航（BA）里程活动。直观来说，此类活动首先让白金卡保级变得基本没有压力，其次，这进一步压缩了每次住宿的成本，对于积分和里程都玩的两栖人士更有吸引力（通过某些特殊手段，职业玩家甚至能够实现正收益入住）。关于价格、积分和里程促销后面会详细介绍。

4. 在亚太、澳洲和欧洲的强势地位和更均衡的全球布局

澳洲和欧洲是雅高的两个大本营，酒店数量多，密度大，而且有很多酒店位置极佳。亚太区是近年来重点经营的区域，印尼、泰国等地都有丰富的选择。相比之下，大中华区虽然酒店数量不少，但布局仍有待进一步优化。针对这个问题，雅高在大陆与华住会进行了战略合作，可以通过雅高的预订网站预订华住集团的酒店，并且打通了华住会和乐雅会之间的积分互换（虽然兑换比例奇差）。这样在没有雅高酒店的地区，就可以选择华住酒店入住，而且华住酒店的价格也更亲民。美洲尤其是北美地区，原来一直是雅高的弱项，然后通过对费尔蒙的收购，使得雅高在美加及加勒比海地区的酒店数量大幅上升，特别是顶级酒店的数量翻了五倍，令其全球布局更加均衡。

5. 更具竞争力的奢华酒店

之前，雅高集团在顶级/奢华型酒店上一直存在短板，虽然有索菲特传奇和索菲特特色撑场面，但只有索菲特一个主品牌还是略显单薄，覆盖面也有限。2016 年，雅高完成了与 FRHI 集团的合并，引入了莱佛士、费尔蒙两个顶级品牌，现在雅高酒店预订网站上已经可以看到莱佛士、费尔蒙的酒店，这样，雅高在高端产品线上的竞争力就大大加强了。莱佛士和费尔蒙在很多地方都有相当奢华的酒店（尤其是费尔蒙，品质高，酒店数量也远多于莱佛士）。

6.亚太区的专属福利——A+卡

公允地说，这张卡绝对是酒店集团餐饮计划里数一数二的好卡。无论是免房兑换的便利性、房价折上折，还是较大的餐饮折扣力度，都使它物有所值。尽管电话营销的方式和不断缩小的免房范围屡遭吐槽，但瑕不掩瑜，对于想加入雅高计划又预算有限的自费人士来说，仍然非常值得考虑。要提醒的是，今年的A+卡已经涨价了，不过续卡还可以保持原价，另外也有消息说，还可以通过销售申请按2015年的价格购买。

2017年玩转雅高重要提示

2015年是雅高集团变化很大的一年，究其影响深远，可能还要在后面几年中慢慢显现，这里先把已经出现的且住客最关心的变化做个简要提示。

1.2017年乐雅会启用新的积分规则。

关于这个积分规则，后面的章节还将专题介绍，这里只强调一点，就是新积分规则将使保级的难度增加，这也许是最大的影响。

2.乐雅会尚未纳入FRHI集团下品牌。

虽然目前可以通过雅高集团的预订网站查询和预订FRHI集团下的酒店，但是目前雅乐会的会员计划还并未纳入莱佛士、费尔蒙和瑞士酒店这三个品牌，这也就是说，这三家酒店既不能给雅高的P卡提供额外待遇，也不能接受雅高的代金券，入住这三家酒店也不能通过乐雅会累积房晚和积分。目前，莱佛士、费尔蒙和瑞士酒店使用的是一个相对各自独立的会员计划，类似于洲际的大使和 IHG 会员，或者丽思卡尔顿会员和万豪会员。莱佛士、费尔蒙和瑞士酒店可以互相为对方的会员住宿累积房晚，但是莱福士只对自己的高级会员提供免费早餐，瑞士酒店只对自己的高级会员开放酒廊权限，费尔蒙只对自己的高级会员提供奖励免房等。未来，乐雅会到底是要整合这三家酒店的会员，还是作为第四个计划加入这个区别对待的松散联合，尚未可知。需要一提的是，虽然 2016 年中，雅高集团通过促销活动对雅高白金卡客户入住 FRHI 集团提供升房待遇，但是并未有征兆表明会采取类似万豪和 SPG 那种常旅客互认的活动。

3.A 佳卡尚不能在 FRHI 集团的酒店使用。

众所周知，雅高集团其实最有竞争力的产品就是厚道的 A 佳卡，尤其在东南亚使用，简直是吃大餐的神奇。但是目前 A 佳卡的适用范围还不包括莱佛士、费尔蒙和瑞士酒店内的餐厅，而且就目前看，2017 年乃至 2018 年，A 佳卡仍不能在 FRHI 旗下酒店使用，还是之前所说的，整合是个漫长的过程，会对用户产生什么影响，都要慢慢显现。2016 年末，为了配合乐雅会的积分规则调整，A 佳卡在 2017 年也进行了级别认定规则调整，但并未涉及扩大适用范围。

二、乐雅会 Le Club 等级 & 权益

雅高集团的会员计划叫作 Le Club，中文名称是乐雅会。关于乐雅会，要着重强调的一点是，它的会员计划会在 2016 年底进行调整，所以下面对它的介绍也会有新旧计划的区别。

在全世界绝大多数雅高酒店入住，都可以获得乐雅会的积分。就目前掌握的消息看，2017 年新规实施后参与计划的酒店范围应该不会调整。

不参加雅乐会的酒店见下表：

不参与计划酒店及品牌列表
以下酒店及品牌不参加 LE CLUB ACCORHOTELS 雅高乐雅会计划

酒店名称	城市	国家（地区）
Novotel Coffs Harbour Pacific Bay Resort	Coffs Harbour	澳大利亚
Kakadu Lodge Cooinda	Darwin	澳大利亚
Adagio Access Clermont-Ferrand Jaude	Clermont-Ferrand	法国
Adagio Access Paris Tilsitt Champs-Elysées	Paris	法国
Adagio Access Paris Philippe-Auguste	Paris	法国
Adagio Access La Défense Léonard de Vinci	Paris	法国
Hôtels ibis	—	中国
Hôtels ibis Styles	—	中国
Hôtels ibis budget	—	全世界
Hôtels Formule 1	—	全世界
hotel F1	—	全世界
hôtels Etap Hotel	—	全世界

大体上，玛玛谢尔特、宜必思快捷和 Hotel F1 三品牌不参加计划。FHRI 集团下三个品牌，目前不参加计划。此外，中国区宜必思和宜必思尚品不参加计划。法国和澳大利亚还有个别酒店不参加。另外，短租平台 Onefinestay 不参加计划。

新版会员等级及晋级（保级）要求

2017 年开始，雅高将使用新的会员积分规则，具体内容将通过后面的几个表格说明：

	2016 年	2017 年	
	会员等级积分	获得奖励积分	获得会员等级积分
在参加计划酒店中的有效住宿和消费	√	√	√
作为"会议策划者"获得优惠的会议	√	√	√
有关优惠的奖励积分	√	√	
会员等级相关的加速积分	√	√	
Places by Le Club AccorHotels 积分	√	√	
在合作伙伴处获得的积分	√	√	

从 2017 年起，乐雅会将自己会员计划的积分池由原来的一个变为两个：会员

等级积分和奖励积分,会员的晋级、保级只取决于会员等级积分的多少,而和奖励积分无关。此前,由于只有一个积分池,所以可以通过活动拿到大量的积分,使得雅高的晋级保级相对容易很多。其实,横向对比来看,很多酒店计划也都区分定级积分和非定级积分,比如典型的就是 IHG 集团,促销活动很慷慨,给的都是非定级积分。雅高现在也向自己的竞争对手学习了。

上表可以看到,会员等级积分只能通过住宿(店内消费挂账)和会议来获得,其他促销活动和雅高合作伙伴处获得的积分都是奖励积分。会员等级积分只用来确定会员的晋级和保级,而奖励积分只用来兑换奖励,包括代金券和其他会员活动资格。

积分标准已降低

从 2017 年开始,根据您的会员等级积分或在参加计划的酒店中住宿的天数,可登入更高的会员级别。

下面是新的资格积分阈值:

	银卡	金卡	钻石卡
2016	2500 积分	10000 积分	25000 积分
2017 年(在 2017 年 1 月 1 日至 12 月 31 日间)获得的会员等级积分	2000 会员等级积分	7000 会员等级积分	14000 会员等级积分
	10 晚	30 晚	60 晚

在区分了会员等级积分之后,新规则中会员等级的确定就要考察会员等级积分,而会员等级积分是以自然年为考核标准的,也就是说,从上个年度 1 月 1 日到 12 月 31 日获得的会员等级积分决定了当年的会员等级。银卡为 2000 分或 10 晚住宿,金卡为 7000 分或 30 晚住宿,白金卡为 14000 分或 60 晚住宿。

按照雅高自己的宣传来看,新的晋级标准比原来降低了,但是考虑到会员等级积分只有真金白银的花钱才能获得,实际上保级的成本是比原来提高了,尤其是白金保级,还比原来提高了不少。不过相对于旧计划,晋级后的会员资格有效期是延长了,尤其是如果上半年就晋级,实际上会比旧规则多出半年的有效期。

自 2017 年开始,如果我在一年中两次达到更高级别,比如 2017 年 1 月拥有银卡级别并在同年获得 7000 积分,可以获得金卡级别,且金卡级别将持续到 2018 年 12 月 31 日;如果在 2017 年 9 月获得 14000 会员等级积分并获得白金会员级别,则白金级别将持续到 2018 年 12 月 31 日。

关于会员等级积分的有效期，是从 1 月 1 号到 12 月 31 日，在此期间，达到了哪个等级就晋升哪个等级的会员，等到 12 月 31 日的时候，计算当年总共获得的会员等级积分，确定下一年的会员等级，确定等级后，积分清零，下一年的 1 月 1 号又开始重新累积积分。

奖励积分及会员等级积分比例

自 2017 年 1 月 1 日起，如果您有银卡、金卡或白金卡资格，可继续享受与会员等级相关的积分加速。

会员等级	在所有参加计划的雅高酒店品牌中		在宜必思和宜必思尚品		在 Adagio		在 Adagio Access	
	但 Adagio、Adagio Access、宜必思和宜必思尚品除外		宜必思快捷除外		Adagio Access 除外			
	奖励积分	会员等级积分	奖励积分	会员等级积分	奖励积分	会员等级积分	奖励积分	会员等级积分
经典	25	25	12.5	12.5	10	10	5	5
银卡	31		15.5		12.5		6.25	
金卡	37		18.5		15		7.5	
白金卡	44		22		17.5		8.75	

上表写明了不同会员等级入住不同酒店时获得的积分。可以看到，对于会员等级积分，不管什么级别的会员都是按照统一的比例进行积分的，只和入住的品牌有关。但是高级会员可以获得更多的奖励积分，获得奖励积分的比例与旧计划一致，并没有变化。

1. 通过预订住宿积分获取渠道

根据 2016 年的规则，通过以下渠道预订住宿才能获得积分：

- accorhotels.com
- 雅高子品牌自己的网站

- 预订服务中心
- 酒店的前台

2017年的规则目前看应该没有变化。

要注意的是，所有预先付费给第三方的住宿预订都不能获取积分，比如携程、去哪儿网这种，此外按照官网的说法，Booking、Expedia等也不能获得积分，但是仍然有人报告，通过Booking预订并在入住后在前台结账时获得了积分，这也许是由于前台业务不熟悉导致的偶发事件，不具有代表性，想要积分就不要冒险。关于如何才能更快累积到雅高的积分，我们会在后面的章节进行介绍。

2. 会员权益

前两年雅高集团不知道是经营策略还是管理问题，在会员权益保障上做得很一般，曾经被人调侃"P卡就是个P"。不过从2013年开始，雅高集团改善了这方面的问题，特别是2014年后，直接获取白金卡的渠道收紧，使得金卡和白金卡的权益得到了相对稳定的保障。

各级别会员的具体待遇如下：

	经典	银卡	金卡	白金卡
雅高乐雅会客户关怀	√	√	√	√
优先登记入住，在有房的前提下	√	√	√	√
优先享受雅高官网私人特惠活动	√	√	√	√
全球免费互联网服务		√	√	√
迎宾饮料		√	√	√
延迟退房须视客人要求及抵达时客房情况而定		√	√	√
VIP待遇			√	√
客房升级须视客房情况而定			√	√
行政酒廊使用权（在有房的前提下）				√
各酒店品牌给予的额外优惠	√	√	√	√

另外每一酒店品牌均有自己的优惠：

在索菲特（Aofitel）酒店，经典（Classic）及以上等级可获得免费互联网连接及VIP接待的礼遇，黄金及以上等级可免费得到一份报纸，铂金（Platinum）会员可享受Thalassa海洋和水疗中心护理10%的优惠。

在铂尔曼（Pullman）酒店，经典（Classic）及以上等级可获得免费互联网连接礼遇，铂金（Platinum）会员可享受熨烫服务、进入雅高酒店俱乐部楼层及享受 Thalassa 海洋和水疗中心护理 10% 的优惠。

在美憬阁（Mgallery）酒店，经典（Classic）及以上等级可获得互联网连接礼遇，铂金（Platinum）会员可享受任意饮用迷你酒吧内非酒精饮品、升级至更高等级最好房间及 Thalassa 海洋和水疗中心护理 10% 的优惠。

在豪华美居（Grand Mercure）和 The Sebel 酒店，铂金（Platinum）会员可享受升级至酒店最高房间的礼遇。

在诺富特（Novotel）酒店，经典（Classic）及以上等级可获得免费互联网连接礼遇，铂金（Platinum）会员可享受抵达时无须支付保证金及 Thalassa 海洋和水疗中心护理 10% 的优惠。

在诺富特套房（Suite Novotel）酒店，经典（Classic）及以上等级可获得免费互联网连接礼遇，并使用 4 小时 city car。

在 Adagio 酒店，普通卡以上级别可享受全球免费上网，银卡以上级别赠送一杯迎宾饮料，且可延迟退房，金卡以上级别可提前登记入住，享受客房升级，并额外享受 VIP 待遇。

在 Ibis 酒店，白金卡以上级别在 Thalassa sea & SPA Institutes 做水疗可享 9 折优惠。

在 Adagio access 酒店，普通卡以上级别可享受全球免费上网，银卡以上级别可延迟退房，金卡以上级别赠送一杯迎宾饮料，且可提前登记入住。

2017 年新规则实行后，这些待遇会不会做调整，目前还没有明确的说法，不过高级会员的待遇有可能会相应调整。

雅高 A 佳 Accor Plus

自费用户最应该拥有的卡登场了，雅高 A 佳（Accor Plus）此前的英文名为"Accor Advantage Plus"，是亚太地区最全面的旅行、美食和时尚生活计划。2014 年雅高 A 佳举行了成立 20 周年的庆典，然后在 2015 年改名为 Accor Plus，并且有了全新的专属网站，卡面的设计也相应进行了更新。

雅高 A 佳卡在亚洲各地的销售策略颇为不同，因为购买其他地区的卡需要其他地区的邮寄地址，这里只介绍国内的情况。国内的 A 佳卡 2016 年经历了一次涨价，目前新办卡 2688 元 / 年，续卡 2388 元 / 年，包含一张主卡（可以续卡）及一张副卡（不可续卡），两晚免房，若干优惠券（考虑到给销售留有操作空间，就不明确券的数量了）。需要说明一下，这张卡的权益除了自动升级到银卡，并享受银卡权益外，其他的权益都只能在亚太区才有效。

具体权益如下：

· 会员专享酒店房价优惠，在每年的 5 折和 6 折 SUPER SALE 中所有亚太区酒店享受折上 9 折，即索菲特最低可达 54 折，其他品牌最低可达 45 折；

· Red Hot 的特价房可以再享受折上 9 折；

· 一人就餐可获 75 折优惠，两人就餐享受 5 折优惠，三人用餐可享受 66 折优惠，四人一起用餐可享受 75 折，其实就是两人以上用餐就能保证人均免一人的费用；

· 所有酒廊消费 85 折优惠（仅限于亚洲）；

· 在 Thalassa sea & SPA 消费享 9 折。

另外还有酒店自由掌握的权益：

· 提前入住

· 延迟退房

· 房间升级

· 住店期间按摩、健身房、洗衣熨烫、蛋糕房及商务中心的消费折扣优惠

使用上述权益的时候需要出示和自己名字一致的 A 佳卡。由于 A 佳卡是购买后制卡，所以在制卡期间会有临时卡。此外，A 佳卡还有一些非餐饮住宿类的权益，比如 2015 年母亲节的活动——八折购买索菲特的枕头、毛巾、床垫。

三、乐雅会积分累积技巧

1. 必须明确的是雅高集团目前为止还没有提供购买积分的服务。中国大陆也没有信用卡可以累积雅高积分，所以雅高积分只能靠真正的住宿来累积积分，当然配合近年来出现的多倍积分活动，收益还算不错。另外，因为雅高积分兑换的欧元券可以买卖，所以也等于变相卖积分了，只是存在风险。

2.2014年之前雅高玩法都可以号称是简单粗暴，因为保级只有积分和晚（night）的要求，而从2014年起，雅高现在有些多倍积分活动已经开始按照入住的次数来发放了。

3.在酒店期间的消费都可以累积积分，但是必须挂房账。比如在餐厅吃饭或者做SPA，都可以算积分，但是餐后现场结账是不行的，必须要挂账才可以。还有需要注意的是，有些酒店的某家餐厅或者SPA是外包的，虽然可以挂账，但是不能积分，这点消费前要问清楚。另外，税费部分是没有积分的。

4.除了促销活动之外，雅高额外的积分获取方式目前比较好的是Facebook上的活动，Places by Le Club AccorHotels，在iOS上有专门的APP，但是仍然需要关联Fackbook的账户，并且每次签到都要访问账户，考虑到目前中国大陆的网络情况，参加这个活动需要科学上网，其实还是有一定的难度。

5.除了入住本身，还可以通过雅高的合作商户来获得积分，比如雅高在租车服务商的伙伴供应商Europecar，以及航公公司芬兰航空。值得一提的是，地中海俱乐部（ClubMed）也是雅高的合作伙伴，入住和消费都可以累积雅高积分。但是想要通过入住ClubMed获得积分比较麻烦，中国大陆的用户需要拨打美国或者法国的客服电话，通过电话预订才能获得积分。

6.填写问券获得积分，通过https://www.clubopinions.cn/zh-cn这个网站注册一个账号，然后就可以接受调查邮件了，每完成一个调查都可以获得相应的积分。只是我个人觉得花时间太多，给的分太少了。

四、乐雅会积分使用技巧

雅高的积分用起来实在是麻烦，既不能直接兑换免房，也不能用积分加现金的方式兑换免房。那么雅高的积分到底能拿来干什么呢？

1.兑换代金券，2000分兑换40欧元，其优点在于：

（1）有效期长，一年之内账户里有一次积分变动就可以继续有效，基本不会作废；

（2）券是不记名的，可以送给朋友，当然，雅高公司是禁止倒卖欧元券的，以至于有些酒店会以此为借口拒收不是自己账户的欧元券。一般来讲还是提倡自用。关于欧元券的使用，基本上涵盖了除外包项目外的一切消费。

2.除了兑换欧元券，积分还能用来兑换里程，兑换率如下：

（此处引用了论坛中 ID 为"atelier"制作的表格）

Air France KLM Flying Blue	2 积分 = 兑换 1 航空里程
Delta Air Lines Sky Miles	2 积分 = 兑换 1 航空里程
Alitalia MileMiglia	2 积分 = 兑换 1 航空里程
Aeromexico Club Premier	2 积分 = 兑换 1 Club premier 公里
Iberia Iberia Plus	1 积分 = 兑换 1 航空里程
British Airways Executive club	2 积分 = 兑换 1 航空里程
Qantas Airways Executive club	1 积分 = 兑换 1 航空里程
Cathay Pacific Asia miles	2 积分 = 兑换 1 航空里程
Air berlin Topbonus	2 积分 = 兑换 1 航空里程
Lufthansa Miles & More	2 积分 = 兑换 1 航空里程
Tam Airlines Multiple FIDelIDade	2 积分 = 兑换 1 航空里程
TAP Portugal Victoria	2 积分 = 兑换 1 航空里程
THAI Airways Royal OrchID Plus	2 积分 = 兑换 1 航空里程
Singapore Airlines Kris Flyer	2 积分 = 兑换 1 航空里程
Air Canada Aero plan	2 积分 = 兑换 1 航空里程
Air China Phoenix Miles	2 积分 = 兑换 1.6 航空里程
Avianca Taca LIfeMiles	2 积分 = 兑换 1 Life Miles 英里
Avios	2 积分 = 兑换 1 航空里程
Emirates Airlines Skywards	2 积分 = 兑换 1 航空里程
Jet Airways JetPrivilege	2 积分 = 兑换 1 航空里程

Etihad Etihad Guest	2积分＝兑换1航空里程

基本上都是2积分兑换1里程，国内的航空公司只能兑换国航，大家喜闻乐见的南航则无法兑换。还有一点要说的就是积分兑换的起始线是4000分，所以如果只是偶尔入住一下，是没法立刻兑换成里程的。这点上还是IHG的政策更好。

除了上面的常规使用方式外，雅高集团还会不定期推出积分的特殊使用方式，也就是用积分直接兑换免房及入住期间的餐饮，雅高将其称作Dream Stay。

五、乐雅会促销简析

雅高以往的促销主要是价格优惠，但是从2014年开始发生了巨大的变化，现在可以说是积分、里程、价格优惠都有，让促销变得连续不断且丰富多彩。而2015年到2016年，因为收购FHRI集团的关系，促销力度正在减小，2017年还有很多合并工作，促销策略恐怕还要调整。这里先介绍一下之前几个主要的促销。

1.分区房价5折或6折，亚太6折。这个是雅高集团最常见的也是非常给力的促销活动，大约一年能有四次，每个季度一次，之前的经验一般是1月、4月、8月、10月。这个促销的好处是价格真，是真的5折或6折，不是那种加价再打折的。还有就是房间多，基本能订到，当然热门日期还是要抓紧定。另外A佳卡还能折上折，也就是在促销价的基础上再打9折，需要预付。

2.索菲特的专门促销。索菲特的促销基本上是不跟随雅高集团其他促销节奏的。索菲特自己的促销一年大概有四次，基本上全球的索菲特酒店都参加，两次6折或7折。春秋是7折，冬夏是6折。同样用A佳卡还能再打折，当然也需要预付。

3.住三付二。这个活动一般是上半年一次，下半年一次。涵盖绝大多数雅高酒店，只是优惠力度不如前两个。不过前两个活动都需要预付，这个活动不需要预付。

4.三次两晚入住送10000分，2015年才有的活动，不如三次8000分的活动好。因为要连住两晚才能符合条件，就没有靠积分能抵回房费的可能了。对刚需仍然是不错的活动，需要注册。从2016年开始这个活动再次被弱化，有些地区三住只有3000分了。后续是否还有这样有力的促销有待观察。

5.分区3倍积分活动。基本上就是穿插在送固定数量的分和房价优惠活动之间的活动，需要注册。所谓3倍是指基础分的3倍，也就是以经典卡计算，再额外送两倍，就是3倍了。没活动的时候也还算不错，人民币的汇率如果给力，再配合白金卡，基本上能实现了1人民币1分。2016年在这个活动的基础上出现了白金卡4倍积分活动。关于分区是这样的，每次多倍积分都有好几个区在同时进行，但是简体中文版的雅高网上只能看到亚太区的，或者英国、澳洲等部分区域，想看全还是要看英文版或者法文版。

6.白金卡多倍积分活动。针对白金卡会员的多倍积分，之前两倍、三倍的活动都搞过，和一般用户关系不大，算是个"有P就捡着"的活动。

7.度假酒店多倍积分活动。主要是一些指定的度假酒店会有多倍积分，其实这个多倍积分还是挺合算的，房费、SPA都挂账，再给个两倍、三倍积分，一次下来回血不少，可惜中国地区的度假酒店还是不够多。

8.探索新酒店4倍积分活动。新酒店开业的一段时间内入住会获得4倍积分，一般来说一段时间指3个月到半年，不过4倍积分力度虽然不小，但是一家店只能拿一次，考虑路费成本，也很少能专程去刷，所以聊胜于无。

9.每次入住获得固定航空里程。可遇不可求的神活动往往隐藏其中，比如2015年每次入住获得5000英航里程，3000汉莎里程等活动，简直是保级的利器，收益也绝对可观。当然，也有那种入住送1000里程的，或者只能获得一次的，就属于很一般的活动。目前来看，这种活动的数量在减少，很可能不是常态促销，所以如果想获得第一手信息，请各位经常关注飞客茶馆的雅高版。此类活动需注册。

10. 每次入住获得多倍航空里程。可以说这是比较坑的活动，甚至可以说没有之一，因为雅高不能直接累积里程，都需要用相应的积分去兑换，所以实际上就是给你多倍积分，但是又指定了航空公司，有时候还只是获得两倍里程，只能说聊胜于无了。此类活动需注册。

11. 此外还有一些不太常见的活动，都是区域性和不固定的，比如在预订的房型上升一级，或者送双早、给提前入住、延迟退房等待遇。具体情况如何各位自行判断吧。

六、雅高集团未来展望

2017 年将注定是个变化的一年，乐雅会已经公布的新积分规则将会从 2017 年实行，而 A 佳卡在调价后也很有可能进行一些调整，新酒店的加入将增加雅高在北美的竞争力，为了适应这些变化，雅高的促销活动也势必要进行转变。目前可以重点关注的有以下几点：

1. P 卡的保级难度是否增加？

玩酒店的诸位其实都明白，折腾来折腾去无非就是为了高级会员。雅高最早的 P 卡因为有邀请注册制度，所以获得成本相对低廉，虽然 2014 年后注册收紧，但是同期开始了近乎疯狂的积分促销活动，2015 年 P 卡获得成本仍然很低。新规实施后，原有的积分定级改为了靠会员等级积分定级，难度有不少提升。因为会员等级积分只和真实消费（不含用券、促销）有关，酒店如果按照每晚 80 欧计算，每次入住就是 200 定级积分，P 卡需要 70 晚，比靠房晚保级（60 晚）还多。考虑到人民币将要贬值和目前国内的酒店价格，80 欧每晚其实还是挺高的价格，很多索菲特、铂尔曼也用不了 80 欧一晚，更不要说美居、诺富特这样的酒店了。如果靠房晚保级，按照每晚 350 元人民币计算，60 晚大概是 21000 元，和此前规则的 10 个 stay 左右的保级比，显然成本是大大地提高了。

2. P 卡的待遇是否会提升？

之所以提出这个问题，是因为雅高 P 卡的待遇实在是没有太多保证，房型升级要看入住率，酒廊待遇取决于酒店是否有酒廊，欢迎礼由酒店的厚道程度决定，也不承诺送早餐，基本上运气好的时候什么都有，但是运气不好的时候只有一杯欢迎饮料。如果这张 P 卡的成本较低，那么也无所谓，如果是上面说的，要 60 晚才能获得，那么就会让人觉得这个计划的高级会员就是鸡肋，横向对比一下喜达屋、凯悦、香格里拉的高级会员就明白了。所以，笔者认为，在提升了保级的难度后，P 卡乃至 G 卡的待遇应该会有相应的提高，比如提供一定数量的套房券，或者承诺 P 卡给早餐等。否则，同样的成本下，大家必然选择待遇更好的酒店计划来玩。另外要指出的是，雅高现在有些促销，经常是赠送双早，这在某种程度上进一步降低了 P 卡的价值。目前，还没得到 2017 年要调整 P 卡待遇的任何消息，如果这样，雅高将会沦为一个缺乏吸引力的计划。

3. FRHI 集团的酒店是否整合进现有会员计划？

在开头的时候提到 FRHI 目前还没有纳入现有会员计划，然而一家酒店集团如果自己的高级品牌不纳入会员计划，也是说不过去的。所以入住 FRHI 能够获得积分和房晚，应该只是迟早的问题，笔者认为关键是 FRHI 的酒店是否接受雅高券和给予 P 卡同等待遇。因为之前 FRHI 下三个品牌间的会员是相对独立的，比如瑞士酒店的酒廊只对自己的高级会员开放。那么现有的乐雅会将来是整合 FRHI 的酒店，还是作为第四个计划与原有的三个计划进行合作还未可知。就笔者而言，当然是整合成一个计划最好，但从酒店运营考虑，也许采用合作的方式可能性更大。第三种可能就是把雅高集团的高端品牌索菲特拿出来和莱佛士、费尔蒙另组一个新的计划，类似 IHG 优悦会和洲际大使那种。从此前万豪和喜达屋的合并来看，两家的积分可以互相兑换，会员等级互认，个人认为是很满意的。但是对雅高来说，因为 FRHI 的原有常旅客计划不适用积分，雅高可能很难向万豪学习，也许如同其 2016 年底的促销那样，给雅高 P 卡发放 FRHI 的套房券会是个折中的选择？总之，FRHI 的整合绝对是未来观察雅高常旅客计划的一个重要看点。

4. A 佳卡计划是否要进行调整？

在今年已经调整中国地区售价的情况下，2017 年 A 佳卡是否还要调整？之前已经介绍过了，A 佳卡最划算的就是吃饭，尤其是两人 5 折，那么 2017 年的 A 佳卡是否适用于新加入的那些酒店的餐厅？另外赠送的两晚免房是否能够适用于新加入的酒店？笔者认为，至少有部分酒店会采取例外名单的方式不接受兑换免房，部分餐厅亦不提供五折餐饮，有可能会给 A 佳卡一个折扣，比如 85 折这种，但是 5 折不太可能，特别是一些风评和上座率都不错的餐厅。这里要说，如果 A 佳卡届时能够覆盖一些不错的新餐厅，那么 A 佳卡仍然是值得推荐的。不过截止到 2016 年 12 月份，除了 A 佳卡的等级认定进行了调整，以便跟会员等级认定保持一致外，其他方面没有任何调整迹象，我觉得 A 佳卡扩大适用范围在 2017 年已经可能性不大了。

5. 促销活动是萧规曹随还是推陈出新？

首先，针对 2017 年启用的新积分规则，原有的促销活动给的都不是定级积分，那么 2017 年的促销中是否会出现定级促销活动，比如类似香格里拉集团的双倍房晚活动，或者给双倍定级积分活动，如果有这种活动，将会大大降低保级的难度。其次，从 2014 年开始，雅高推出了一些回报很丰厚的积分促销，比如经典的 3 次入住给 10000 分，这些促销是否能延续还要观察。再次，之前为刚需用户称道的打折活动，做到真五折真实惠，以后是否还有？是否能涵盖莱佛士、费尔蒙这些新酒店，也是要关注的。

关于 2017 年的雅高，应该说让人满怀憧憬，但是如果雅高不能及时针对变化展开调整，那么它的常旅客计划很可能就变成鸡肋，空有良好的酒店和布局，却让人觉得缺乏吸引力。雅高是否值得继续追随，我们希望在 2017 年能看到明确的答案。

2.7　Marriott 会员等级权益及积分累积、使用技巧

作者：郭聪
飞客茶馆 ID：pglgc

万豪酒店管理集团简介

万豪国际集团是全球最著名的跨国酒店管理公司之一，其起源于 J. Willard Marriott 及其妻子于 1927 年在美国华盛顿市创立的一间小规模啤酒店，三十年后首家万豪酒店于 1957 年在美国弗吉尼亚州的阿灵顿市开业。目前，万豪国际的总部位于马里兰州的贝塞斯达市，现由其子 Bill Marriott 担任执行主席，Arne Sorenson 担任总裁兼首席执行官。截至 2016 年，万豪国际在全球 78 个国家和地区管理逾 4000 家酒店的约 70 万间客房，包括丽思卡尔顿（Ritz-Carlton）、宝格丽（BULGARI）、JW 万豪（JW Marriott）、艾迪逊（EDITION）、傲途格精选（Autograph Collection）、万豪（Marriott）、万丽（Renaissance）、万怡（Courtyard）、万豪行政公寓（Marriott Executive Apartments）、盖洛德酒店（Gaylord Hotels）、万豪度假俱乐部（Marriott Vacation Club）等 19 个品牌。

万豪收购喜达屋

2016 年 3 月 21 日，喜达屋全球酒店和度假村集团宣布接受万豪国际集团总价为 136 亿美元的修正报价。4 月 8 日，在两家公司分别举行的特别股东大会上，股东们投票通过了万豪收购喜达屋的提案，批准两家公司合并。该交易的达成将形成全球最大酒店集团，该集团将在全球超过 100 个国家拥有 29 个品牌、5500 个酒店、110 万个房间。目前，两家公司已经完成合并，你可以联合自己名下的礼赏账户和 SPG 俱乐部账户。双方现有常旅客计划会继续作为独立实体运作一段时间，预计直至 2018 年前，计划都不会合并。双方的会员计划拥有独立登录方式、等级确定、积分结存及相关参与计划的酒店。

会员账户关联

目前，万豪礼赏、丽思卡尔顿礼赏与SPG俱乐部的会员账户已经可以相互关联，积分可以互相转换（3点礼赏积分可以换1点Starpointss积分）。会员依旧可以继续享有现在的会籍福利、累积入住房晚、积分等，还能享受另外两个计划中同等级别的待遇。

等级关联常见问题

1. 账户会自动联合吗？

不会。会员需要登录Marriott.com.cn、RitzCarlton.com、SPG.com启动账户联合。否则，您的账户运作方式将照旧。如果你不是其中一个计划的会员，需要先注册会员，再登录联合。

2. 什么是会籍匹配？

万豪礼赏、丽思卡尔顿礼赏或SPG俱乐部计划之间的最高会籍等级，在匹配后将会成为您的礼赏和SPG俱乐部账户会籍等级。例如，如果您是SPG俱乐部的白金会员以及万豪礼赏的银卡尊贵级别会员，那么匹配后两个计划账户都会拥有白金会籍。会籍匹配后，如果您在一个计划中升级到新的等级，您两个账户的会籍均会自动匹配至您账户中现有的最高会籍等级。

会员等级关联表

丽思卡尔顿礼赏	万豪礼赏	SPG俱乐部
会员	会员	优先顾客
尊贵级别银卡会员	尊贵级别银卡会员	优先顾客Plus
尊贵级别金卡会员	尊贵级别金卡会员	金会籍
尊贵级别白金卡会员	尊贵级别白金卡会员	白金会籍

3. 账户联合后，我会同时在两个计划赚取积分吗？

不会。两个计划依旧保持独立运行。例如，您打算入住SPG俱乐部参与品牌，必须通过SPG俱乐部相关渠道预订，赚取的Starpointss积分和房晚只能计入您的SPG俱乐部账户中，不过您可以在两个账户之间转移积分。

4.账户联合后，我应该如何保级？

账户保级依然相互独立，按照万豪礼赏和SPG俱乐部现有的各等级保级所需晚数或者次数执行。如果在其中一个计划中降级下降，系统也将自动匹配至你的两个账户中现有的最高会籍等级。

5.我应该如何利用此次账户联合政策快速获取尊贵会员等级？

首先，你需要成为SPG俱乐部的金会籍。该会籍需要每年10次或25晚住宿。如果你有一张万事达世界卡（招行全币通或建卡全球热购卡），只需在亚太区参与酒店入住一次，即可获得SPG俱乐部金会籍。SPG金会籍关联万豪礼赏账户获得万豪礼赏尊贵级别金卡会员，便可在万豪礼赏计划参与酒店获得行政酒廊权限、房间升级等待遇。之后再申请万豪礼赏白金挑战，只需最少9次入住，便可获得万豪礼赏白金卡会员，同时也将自动成为SPG俱乐部白金会籍。

6.账户联合还有哪些好处？

在账户联合前，每个日历年万豪礼赏俱乐部会员只能最多购买5万分礼赏积分，SPG俱乐部会员只能最多购买3万点Starpointss积分。通过账户联合后的积分转移，相当于你可以额外购买多达9万点万豪礼赏积分换取房间、航空里程或者旅行套餐。此外，由于SPG俱乐部每年都有打折购买积分的活动，最近的活动已经低至五折。如果你获得五折购买积分的资格，只需要175美元便可以购买1万点Starpoints积分（相当于3万点万豪礼赏积分）。而万豪礼赏一般没有积分购买活动，购买3万点万豪礼赏积分需要375美元。

其他会员等级关联常见问题，请浏览 http://members.marriott.com/zh-CN/faq/ 或者飞客茶馆万豪礼赏版块。

未来的合并猜想

如果参照美国航空和全美航空的常旅客计划的合并方案，SPG俱乐部有可能将整体并入万豪礼赏并退出历史舞台。当然，作为很多人眼中最优秀的常旅客计划，未来的万豪礼赏计划也可能会吸收SPG俱乐部会员计划的精华部分，可能包括但不限于累积多间房间的房晚、灵活转换多家航空公司的里程、优惠购买积分、SPG MOMENTS积分竞拍、尊贵会员较高的套房升级频率、套房券、24小时灵活入住、尊贵客户服务专员等。

本文仍然沿用了万豪酒店集团原本的常旅客计划。

万豪礼赏计划优点：

1. 酒店数量众多，在世界范围内分布比较广，在完成与喜达屋 SPG 俱乐部合并之后，将会有更多的选择；

2. 积分换房容易，并且可以使用积分兑换万豪独有的"里程＋酒店"的旅行套餐；

3. 等级的确定只依据入住晚数，而不依据入住次数或者是获得的积分数；

4. 实行"软降级"，即如果第一年保级不成功，下一年度只会降到会员等级的下一个级别，而不是根据一年的实际晚数来降级；

5. 尊贵会员的挑战相对容易，并且可以在完成上次挑战的一年后重复挑战；

6. 可以使用积分保级（Buy Back）；

7. 第三方的折扣餐饮计划"万誉会"涵盖绝大部分亚太地区酒店；

8. 尊贵会员通过积分、房券、第三方网站等其他渠道入住，同样也有相应的会员待遇；

9. BRG（最优惠房价保证）相对容易。

缺点：

1. 国内的酒店比较少，且分布不均。酒店基本集中在北、上、广、深等一线城市以及南方的省会城市，与喜达屋 SPG 俱乐部合并之后该问题将迎刃而解；

2. 缺少有代表性的度假酒店，在著名海岛国家的分布基本空白，与喜达屋 SPG 俱乐部合并之后该问题也将解决；

3. 在北美以外的地区，中低端的酒店较少，而酒店的价格较高；

4. 如果开多间房的话，也只能累积 1 次 stay、1 次 night 和最多三间房间的积分；

5. 只在酒店用餐或者 SPA 等其他消费而不入住的，没有积分；

6. 促销活动相对较少，且种类相对单一。

什么样的人适合选择万豪礼赏？

公费商旅人士	自费人士
出行目的地在国内集中于国内的一线城市、南方省会城市，北美国家，以及世界其他地区的大城市	
喜欢选择三亚以及东南亚国家作为自己的旅行目的地	

续表

公费商旅人士	自费人士
善于使用国外航空公司里程	
每次出差的时间较长，不频繁切换出差城市或者入住酒店	每年入住达不到尊贵级别会员所需晚数，但又希望享受尊贵会员待遇（通过 Buy Back 买回级别）
公司差补较高或者有好的协议价	住宿标准较高
需要代表公司组织会议或者宴会	有在酒店内用餐的需求
出差以单独出差为主，不需要累积多间房晚	
持有万豪或者丽思联名信用卡	

万豪礼赏会员等级及权益

万豪礼赏（Marriott Rewards）是万豪国际集团的常旅客会员计划，其分为会员、银卡会员、金卡会员及白金卡会员等 4 个等级。

如需获取或延续尊贵级别会员资格，必须于任何特定年份的 1 月 1 日至 12 月 31 日期间，通过万豪礼赏活动获享，或在参与计划的酒店内住满以下规定的个人住宿晚数：

会员等级	所需入住晚数
银卡	每年 10 至 49 晚有效住宿
金卡	每年 50 至 74 晚有效住宿
白金卡	每年 75 晚或更多有效住宿

特殊会员等级：

	条件	权益
超白金卡	每年 120 晚以上，同时当年消费进入全世界 TOP 3% 才有机会获得邀请资格	参照白金卡，但更有可能或升级至套房，以及每次可能获得酒店管理人员的欢迎
终身银卡	总入住晚数达到 250 晚并且积分达到 1200000 分	参照银卡
终身金卡	总入住晚数达到 500 晚并且积分达到 1600000 分	参照金卡
终身白金卡	总入住晚数达到 750 晚并且积分达到 2000000 分	参照白金卡

注意事项：

1. 只有通过任何万豪官方预订渠道（Marriott.com.cn、万豪酒店电话预订或直接联系酒店）预订客房，才能算作有效住宿。通过其他渠道预订的住宿均不可累积 STAY/NIGHT，也不可参加万豪的促销活动。

2. 如果会员在每个日历年入住的晚数达到现有级别的保级要求，任何多出来的晚数会被滚动到下一年（即下一年获得的晚数）。如果会员达到比现在更高的级别（银到金，金到白金），超过新级别的晚数会被滚动。例如，银卡会员在本年度完成了 55 晚的住宿，那么超过金卡级别（50 晚）的 5 晚便会被滚动到下一年。在下一年，该会员只要完成 45 晚住宿，便可以保级金卡会员。

另外，从 2015 年 11 月 1 日开始，万豪礼赏及丽思卡尔顿礼赏会员用积分、现金加积分或者电子礼券（包括旅行套餐的电子礼券）兑换免费住宿时，该次住宿将被纳入计算尊贵级别的有效房晚。

万豪礼赏会员权益

	会员	银卡会员	金卡会员	白金会员
	●	●	●	●
逾 250 种兑换积分的方式	●	●	●	●
无不适用日期	●	●	●	●
PointSavers™	●	●	●	●
推广活动中心	●	●	●	●
我们谨记您的偏好	●	●	●	●
客户服务专线	●	●	●	●
会员独享优惠	●	●	●	●
赚取积分或里程	●	●	●	●
赚取额外积分和基础积分	●	●	●	●
免费获得第 5 晚积分兑换住宿	●	●	●	●
酒店房价折扣及合作伙伴优惠	●	●	●	●
即时奖赏兑换	●	●	●	●
RewardsPlus：用积分兑换里程时获享八折优惠及其更多礼赏	●	●	●	●
我的账户	●	●	●	●
eFolio	●	●	●	●
入住参与计划的酒店，每花费 1 美元可赚取高达 10 点"万豪礼赏"积分	●	●	●	●

续表

	会员	银卡会员	金卡会员	白金会员
尊贵级别会员预订专线		●	●	●
尊贵会员服务热线		●	●	●
预订房间保证		●	●	●
银卡尊贵会员独享优惠		●	●	●
优先延迟退房		●	●	●
延迟退房保证		●	●	●
周末住宿优惠		●	●	●
礼品店优惠		●	●	●
尊贵会员独享礼赏		●	●	●
20%的额外住宿奖励积分		●	●	●
金卡尊贵会员独享优惠			●	●
保证享用行政楼层酒廊/早餐			●	●
免费客房升级			●	●
免费高速上网服务			●	●
保障客房类型			●	●
赫兹租车公司1年期金卡会员			●	●
免费当地电话和当地传真服务			●	●
长途电话优惠			●	●
25%的额外住宿奖励积分			●	●
48小时预订客房供应保证				●
白金卡迎宾礼品				●
RewardsPlus：免费获享前程万里（MileagePlus）贵宾银卡会籍				●
白金卡尊贵会员独享礼遇				●
白金卡尊贵会员预订专线				●
50%的额外住宿奖励积分				●

（各项礼遇的具体条款请参阅万豪礼赏网站）

美国联合航空前程万里行银卡礼遇

办理登机手续时，可协同一名同伴免费获取舒适经济舱（Economy Plus）座位
于起飞日获得免费贵宾升舱以及购买Y或B类全票价经济舱机票即时升舱
500英里贵宾合格里程（Premier qualifying miles）最低累积

续表

优先办理登机手续、优先安全检测（需要时）、优先登机特权、优先行李处理
贵宾优先服务台电话服务、获得即将售罄航班的机票
优先奖励候补机位、国际奖励候补、在经济舱内获得美联航节省奖励（Saver Awards）的可能性更大
搭乘美联航或者联航快运（United Express）运营的航班，可无限制地获得美联航标准奖励
临近奖励机票预订费用、奖励机票续存费用、奖励机票改签费用降低

详情请参考：

https://www.united.com/web/zh-CN/content/mileageplus/premier/default.aspx

此外，万豪礼赏白金卡联结的 SPG 俱乐部白金卡可以获得中国东方航空公司的银卡待遇（天合联盟 elite），包括优先值机、优先登机、行李优先、超额免费行李、指定机场公务舱休息室等待遇。

详情请参考：

http://www.ceair.com/a/starwood.html

注意事项

与其他连锁酒店显著区别的是，通过非万豪官方渠道的预订（包括但不限于 Booking、Agoda、Priceline、携程、去哪儿等第三方渠道），万豪礼赏的尊贵会员仍然可以享受和万豪官方渠道的预订相同的会员权益。

重要权益更新：

1. 万游体验

众多精心策划的特别活动和探索机会，例如在百老汇看一场热门表演，和你最喜爱的运动队见面，单独跟世界名厨上一堂烹饪课——兑换万豪礼赏积分，尽情释放您内心的精彩期待。万游体验计划已于 2016 年 5 月面向全世界所有地区的会员开放。

2. 尊贵级别会员礼宾服务

为每一名受邀会员专门指定了一名一对一尊贵礼宾服务专员，礼宾专员会提前征询会员的独特需求，以了解会员的偏好，确保会员的各项需求得到满足。会员在入住前、入住期间甚至包括退房以后，都可以享受到礼宾专员的特别服务。此计划已于 2016 年 5 月底面向美国地区的"万豪礼赏"会员推出，会员无论行至全球何处都可尊享此服务。

3. 延迟退房保证

自 2016 年 5 月 16 日起，尊贵级别金卡和白金卡会员的最晚退房时间已延迟至下午 4 点。除度假酒店和会议酒店外，此项礼遇在所有参与万豪礼赏计划的酒店均有提供（视酒店供应情况而定）。不含万豪度假会。

尊贵级别会员级别匹配及挑战

1. 美国联合航空"前程万里行"金卡级别或以上的会员可以免费获得"万豪礼赏"的金卡会员；

2. 会员可以致电或者电邮"万豪礼赏"客服申请参加会员级别挑战。挑战期间（当月至后三个月的最后一天），使用任何万豪预订渠道（Marriott.com.cn、万豪酒店电话预订或直接联系酒店）预订客房并完成指定次数的合格住宿，即可快速升级成为尊贵级别会员。

联系万豪

免费订房热线：400-830-0251（中国）1-800-627-7468（美国）

会员服务热线：400-830-0250（北京时间周一至周五 09:00—18:00）1-801-468-4600（美国纽约时间周一至周五 08:15—21:00）；会员服务电子邮箱：marriottrewardschina@marriott.com（中国）；marriottrewards@marriott.com（美国），贵宾服务专线：1-800-321-7396（美国）；尊贵会员服务电子邮箱：elite.member@Marriott.com（美国）

注意事项：

1. 银卡挑战的需求是挑战期间完成 3 次（或 6 晚）合格住宿，金卡挑战的需求是挑战期间 6 次（或 12 晚）合格住宿，白金卡挑战的需求是挑战期间 9 次（或 18 晚）合格住宿。一般而言，美国客服给的是入住次数挑战，中国客服给的是入住晚数挑战；

2. 万豪国内客服暂时不支持越级挑战，普通会员只能申请银卡挑战，银卡只能申请金卡挑战。美国客服接受越级挑战，一般而言，直接致电美国客服比发送邮件更容易获得挑战；

3. 挑战期间的会员权益参照挑战前的会员级别。新的会员级别一般在挑战的最后一次住宿完成后自动更新。如果没有自动更新，请致电万豪礼赏客服更新；

4. 挑战成功后，当年无须保级。如果第二年没有保级成功，尊贵级别的有效期是后年的1月31日（例如于2016年3月完成金卡会员挑战，2017年未住满50晚，金卡会员将在2018年1月31日到期。如果2017年住满50晚，则金卡会员将在2019年1月31日到期）；

5. 最佳的挑战时间是每年的11月1日申请挑战，于次年的2月1日到2月28日之间完成最后一次入住；

6. 万豪礼赏最大的特点是可以使用积分进行保级（Buy Back）。在活动期（每年1月底至3月底）内，银卡会员仅需7500分，金卡会员仅需25000分，白金卡会员仅需40000分，即可买回上一年度的会籍级别。如果分数不够，你还可以以每一万分125美元的价格在官网上购买，每名会员每年最多可以购买50000积分。SPG俱乐部优先顾客plus、金卡、白金卡联结成的万豪礼赏银卡、金卡、白金卡，不能参加积分保级活动。

丽思卡尔顿礼赏

丽思卡尔顿礼赏是丽思卡尔顿酒店集团推出的常旅客计划，其与万豪礼赏计划几乎相同，并且两者可以随时互相转换。例如丽思卡尔顿礼赏金卡等同于万豪礼赏金卡，丽思卡尔顿礼赏积分等同于万豪礼赏积分等。

唯一的区别是丽思卡尔顿会员可以参加几乎所有万豪礼赏会员参加的活动，而万豪礼赏会员无法参加丽思卡尔顿礼赏会员的独有活动。因此，如果平时有入住丽丝卡尔顿酒店的需求，你可以致电万豪礼赏客服将你的万豪礼赏会籍转换成丽思卡尔顿礼赏会籍。丽思的活动一般是在夏季，建议在每年的四月份之前转换会籍。

万豪礼赏积分使用技巧

1. 使用积分兑换免费住宿

兑换一晚非丽思卡尔顿酒店的住宿：

酒店类别	所需礼赏积分	PointSavers
类别 1	7500 分	6000 分
类别 2	10000 分	7500 分
类别 3	15000 分	10000 分
类别 4	20000 分	15000 分
类别 5	25000 分	20000 分
类别 6	30000 分	25000 分
类别 7	35000 分	30000 分
类别 8	40000 分	35000 分
类别 9	45000 分	40000 分

兑换一晚丽丝卡尔顿酒店的住宿：

酒店等级	所需礼赏积分	PointSavers
级别 1	30000 分	20000 分
级别 2	40000 分	30000 分
级别 3	50000 分	40000 分
级别 4	60000 分	50000 分
级别 5	70000 分	60000 分

注意事项：

（1）使用积分兑换免费住宿，丽丝卡尔顿酒店的等级一般称为"级别"（CAT），其他酒店的等级称为"类别"（TIER）；

（2）如果连续兑换四晚房间，则第五晚房间免费。例如使用 40000 点万豪礼赏积分便可兑换 5 晚 CAT 2 级别酒店的住宿；

（3）PointSavers 是万豪礼赏推出的一项不定期的折扣积分兑换酒店房间的活动。

2. 使用积分兑换旅行套餐

使用积分兑换旅行套餐（俗称"大礼包"）是万豪礼赏推出的独一无二的兑换活动，也是公认的最优化使用万豪礼赏积分的方式。旅行套餐指的是连续 7 晚不同等级万豪酒店的免费住宿以及一定数量的航空公司里程。

使用积分兑换包含以下航空公司里程的旅行套餐

美国联合航空、墨西哥航空、加拿大航空、阿拉斯加航空、美国航空、英国航空、巴西 GOL/Varig 航空、夏威夷航空、伊比利亚航空、维珍航空。

旅行套餐	7 晚住宿 +50000 里程	7 晚住宿 +70000 里程	7 晚住宿 +100000 里程	7 晚住宿 +120000 里程
第 1-5 类别	200000	220000	250000	270000
第 6 类别	230000	250000	280000	300000
第 7 类别	260000	280000	310000	330000
第 8 类别	290000	310000	340000	360000
第 9 类别	320000	340000	370000	390000
第 1-3 级别	350000	370000	400000	420000
第 4-5 级别	470000	490000	520000	540000

注意事项：

（1）兑换旅行套餐请致电万豪礼赏客服热线 400-830-0250；

（2）除以上航空公司外，另可兑换多家航空公司的里程，但比例并不划算，故不作推荐；

（3）七晚住宿 +120000 航空里程为最划算的旅行套餐；

（4）如果先用 27 万点积分兑换 7 晚 CAT5 的酒店 +120000 里程的套餐，之后有入住更高等级酒店的需求，只需联系客服补充相应的积分差额即可；

（5）等航空公司有转里程优惠的活动时，兑换旅行套餐更加划算。例如万豪礼赏与美国联合航空前程万里行携手推出的长期有效的 Rewards Plus 活动，使用积分兑换含有该航空公司里程的旅行套餐，将可额外获得 10% 的 前程万里里程；美国联合航空在 2016 年 10 月推出的限时酒店转航空积分再额外获得 20% 的活动；英国航空在 2017 年 2 月推出的限时酒店转航空积分再额外获得 35% 积分的活动；

（6）七晚免费住宿可以在兑换旅行套餐的一年内预订酒店住宿（住宿的日期不限）。只要该酒店的房间在所需时间可以使用积分进行预订，即可预订 7 晚住宿；

（7）该旅行套餐的里程部分仅能兑换会员本人在航空公司的同名账户使用，7 晚免费住宿可以兑换给亲戚朋友使用（联系客服修改入住人姓名即可）；

（8）随着各大航空公司的里程兑换的日益贬值以及频繁的积分购买促销（2016

年美国联合航空已经推出了两次积分买一送一的活动），有时兑换旅行套餐并不一定比使用该积分直接兑换房间划算，特别是在有房价较高,CAT 级别较低的地区的入住需求时。例如 27 万点万豪礼赏积分最多可以兑换 33 晚上海地区每日房价在 800 人民币以上的 CAT2 级别酒店；

（9）如果积分不够，可以通过家人或者朋友的账户之前的转分来获取积分。

3. 使用积分兑换航空里程

目前万豪礼赏积分可以兑换多家航空公司的航空里程。其中，兑换美国联合航空里程可以享受八折优惠（2.4 万点万豪礼赏积分兑换 1 万点美国联合航空里程）。

具体兑换表可以参考 https://www.marriott.com.cn/rewards/usepoints/morerew.mi。

如果您需要的航空公司不在列表上，您也可以将积分转换成 SPG 俱乐部 Starpointss 积分再兑换航空里程。Starpointss 积分转换为大多数航空公司的航空里程比率为 1：1。并且一次性转换 20000 点 Starpointss 积分时，每次转换可额外获得 5000 点 Starpointss 奖励积分。详情请参考链接

https://www.starwoodhotels.com/preferredguest/account/starpointss/redeem/travel.html

重要更新：

1. 现金＋积分

从 2016 年年初开始，全新的"现金＋积分" 让礼赏会员将积分和现金更灵活地结合使用，适用于兑换一晚或多晚住宿。使用"现金＋积分"不适用连续兑换四晚房间，则第五晚房间免费。

万豪礼赏纯积分以及现金加积分兑换表格对比

7CAT 级别	只使用积分兑换免房	使用现金加积分兑换免房		比直接用现金购买全部积分节省，单位：美元（以 12.5 美元 =1000 分积分）
		现金（美元）	加积分	
1	7500	45	3000	（7500–3000）/1000*12.5-45=11.25
2	10000	50	5000	（10000–5000）/1000*12.5-50=12.5
3	15000	55	8000	（15000–8000）/1000*12.5-55=32.5
4	20000	60	11000	（20000–11000）/1000*12.5-60=52.5

续表

7CAT 级别	只使用积分兑换免房	使用现金加积分兑换免房		比直接用现金购买全部积分节省，单位：美元（以 12.5 美元 =1000 分积分）
		现金（美元）	加积分	
5	25000	65	14000	（25000–14000）/1000*12.5–65=72.5
6	30000	75	17500	（30000–17500）/1000*12.5–75=81.25
7	35000	90	21000	（35000–21000）/1000*12.5–90=85
8	40000	145	24500	（40000–24500）/1000*12.5–145=48.75
9	45000	220	28000	（45000–28000）/1000*12.5–220=–7.5

丽思卡尔顿礼赏纯积分以及现金加积分兑换表格

TIER 级别	只使用积分兑换免房	使用现金加积分兑换免房		比直接用现金购买全部积分节省，单位：美元（以 12.5 美元 =1000 分积分）
		现金（美元）	加积分	
1	30000	115	15000	（30000–15000）/1000*12.5–115=72.5
2	40000	145	20500	（40000–20500）/1000*12.5–145=98.75
3	50000	170	26000	（50000–26000）/1000*12.5–170=130
4	60000	260	32000	（60000–32000）/1000*12.5–260=90
5	70000	335	38000	（70000–38000）/1000*12.5–335=65

2. 提前享用积分

万豪礼赏及丽思卡尔顿礼赏会员可于赚取足够积分前预订住宿奖赏（需入住前14天通过住宿或者购买的方式获得足够的积分）。

3. 积分当礼物

从 2015 年 10 月 12 日开始，万豪礼赏及丽思卡尔顿礼赏会员将可与亲朋好友共享积分。会员每年最多可从账户转让 5 万点积分（每笔转分需收取 10 美元的手续费，金卡、白金卡免费）。夫妻双方账户积分互转不受 5 万点积分的限制，将双方的身份证或者护照的扫描件和身份证扫描件发到万豪礼赏的邮箱即可。此外，SPG 使用同一地址的账户可以免费转分，没有数量限制。

万豪礼赏积分累积技巧

1. 赚取住宿奖励积分

在 JW 万豪、傲途格精选、万豪、万丽、万豪分时度假俱乐部酒店和 DELTA

HOTELS 每 1 美元合资格的消费可赚取 10 点"万豪礼赏"积分或多达 2 英里飞行里程（只用餐或者享受水疗等其他消费无法获得积分）。

在丽思卡尔顿、万怡、万豪 AC、EDITION Hotels、MOXY Hotels、SPRINGHILL SUITES by MARRIOTT、FAIRFIELD INN&SUITE by MARRIOTT、PROTEA HOTELS by MARRIOTT、GAYLORD HOTELS，每 1 美元房费可赚取 10 点"万豪礼赏"积分或多达 2 英里飞行里程。

在 ResIDence Inn by Marriott 和 TOENWPLACE SUITES by MARRIOTT，每 1 美元房费可赚取 5 点"万豪礼赏"积分或 1 英里飞行里程。

在万豪行政公寓，每 1 美元房费可赚取 2.5 点积分或 1 英里飞行里程。每 3 晚住宿可赚取 1 晚尊贵级别住宿消费额。

在 EXECUSTAY 公寓，每 1 美元合资格的房费均可赚取 2.5 点积分。每 3 晚住宿可赚取 1 晚尊贵级别住宿消费额。

注意事项：

如果一次预订 M 个房间 N 晚，只能获得 1 个 STAY，N 个 NIGHT。但是最多可以累积 3 间房间的积分。如果筹办会议、婚礼或其他特别活动，获取多少晚的晚数，请参加本章节后面的"万豪活动礼赏"。

2. 通过合作伙伴赚取积分

通过赫兹租车公司、大来信用卡、TRAVELLING CONNECT、IDENTITY POINTS 等万豪礼赏合作伙伴，也可赚取积分。

3. 赚取飞行里程或"携程"积分

万豪礼赏除已与全球多家知名航空公司达成合作协议，除了入住即可赚取首选航空公司飞行常旅客奖赏计划的相应里程以外，更和"携程旅行网"联手，让你可以选择凭酒店住宿赚取"携程"积分。

万豪礼赏促销简析

1. 只针对万豪礼赏新会员的促销

（1）新会员住二送一活动

客人通过指定链接、参加活动的酒店前台或者致电"万豪礼赏"加入"万豪礼赏"，在推广期内入住参与计划的酒店两次，即获赏一晚类别 1-5 酒店的免费住宿（最多只赠送一晚，推广期由加入当天起计算，至该月最后一天起的 120 天后结束）。

（2）推荐新会员加入"万豪礼赏"的活动

通过现有会员发送的链接加入"万豪礼赏"，新会员在 365 天内，每完成一次合格住宿，新会员和推荐人均可获得 2000 积分奖励，直至第 5 次住宿为止（现有会员每个日历年可推荐最多 5 位新会员）。

注意事项：

上两个针对新会员的活动必须先通过指定链接注册。这两个活动互斥，如果已注册其中一项活动，则无法注册其他新会员活动

2. 万豪礼赏会员的常规促销

（1）"住二送一"活动

登记参加此推广活动后，在活动期间，每完成两次付费住宿，即获赏一晚免费住宿，于第 1-5 类别酒店享用。每位会员最多可享一至晚免费住宿（在 2014 年 5 月前，该活动是万豪礼赏的常规促销活动，之后被积分促销活动所取代，2016 年 2 月开始的促销又将其重新加入）。

（2）积分促销活动

登记参加此推广活动后，在活动期间，每完成指定次数的住宿即可赚取一定数量的积分，该活动在不同时期有以下不同种类，会员可根据自身情况联系万豪礼赏查询或者变更。

登记参加此推广活动后，在活动期间：

A. 前三次入住享受双倍积分（2017 年 1 月 16 日至 4 月 15 日促销）；

B. 每入住 10 晚获赠 10000 点积分，最多 50000 积分；

C. 入住两次获赠 5000 点，最多 5000 积分；

D. 第二次住宿起，每次付费住宿可赚取 2000 点奖励积分，最高可赚取 10000 点奖励积分；

E. 第三次付费住宿起，每次入住可赚取双倍积分，最多可赚取额外 25000 点积分；

F. 第二次入住开始，每次入住 2500 积分奖励，最多可赚取额外 25000 点积分；

G. 至少入住 15 晚，可以获赠 25000 分奖励，之后每晚入住奖励 2000 分，最高

入住 25 晚后奖励 45000 分；

　　H. 至少入住 20 晚，可以获赠 35000 分奖励，之后每晚入住奖励 2000 分，最高入住 30 晚后奖励 55000 分。

　　（3）里程促销活动

　　登记参加此推广活动后，在活动期间，从第二次住宿开始，每两次住宿可以获得合作航空公司 2500 英里里程奖励，最多可赚取 50000 英里里程。

　　3. 万豪礼赏联合阿里旅行的活动（飞猪金）

　　2016 年 11 月 17 日起，阿里旅行飞猪 F1.F2.F3 会员可注册成为万豪礼赏会员，并有机会获得万豪礼赏金卡权益。其中 F3 会员可以直接获得万豪礼赏金卡，前 55 万注册的 F2 会员有机会可直接升级成万豪礼赏金卡会员，第 55 万后的注册的 F2 会员在注册成功后的首 3 个月内完成 2 次入住订单，可以升级为金卡会员。F2/F3 的金卡会员需在成功升级为金卡后的首 6 个月内完成 6 笔入住订单便可保留金卡会籍至 2018 年 2 月。此外，还有首住客房特价、餐饮特价、升级套房等优惠活动。

　　注意事项：

　　（1）以上活动必须是通过任何万豪官方预订渠道（Marriott.com.cn、万豪酒店电话预订或直接联系酒店）全额付费入住才能参加，使用积分、现金加积分或者电子礼券（包括旅行套餐的电子礼券）均无法参加促销活动。

　　（2）万豪礼赏会员的常规促销活动期一般为每年的 2 月 1 日—4 月 30 日，5 月 15 日—8 月 30 日，9 月 15 日—翌年 1 月 15 日。注册时间一般为活动开始前的一个月至活动结束前的一个月。

　　（3）注册活动可登录你的万豪礼赏账户—"我的账户"—"您参与的推广活动"进行注册，如自己无法注册请联系礼赏客服。

丽思卡尔顿礼赏会员的促销

　　1. "双倍住房晚数"活动

　　"丽思卡尔顿礼赏"的会员，于每年 1 月 1 日到 12 月 31 日期间入住参与计划的丽思卡尔顿酒店，每完成一晚有效住宿，可获赏双倍住房晚数用于定级或者保级（此活动现已成为"丽思卡尔顿礼赏"的常态促销活动，无须注册）。

2. 特别促销活动

过去两年夏秋季节（每年 7 月 1 日到 10 月 31 日左右），"丽思卡尔顿礼赏"会有特别促销活动，一般分为如下几类：

登记参加此推广活动后，在活动期间：

A."丽思卡尔顿礼赏"会员入住两晚丽思卡尔顿酒店，即可免费赠送一晚"丽思卡尔顿礼赏"Tier 1-3 级别酒店（最多赠送一晚）；

B."丽思卡尔顿礼赏"会员每两次入住丽思卡尔顿酒店，即可免费赠送一晚"丽思卡尔顿礼赏"Tier 1-3 级别酒店（最多赠送两晚）；

C."丽思卡尔顿礼赏"会员至少入住 5 晚可以获赠 50000 积分奖励，如果再入住至少 5 晚，则可额外获得 100000 积分奖励（最高 100000 积分）；

D."丽思卡尔顿礼赏"会员至少入住 10 晚，可以获赠 100000 积分奖励。

万豪礼赏特色权益

1. 会员订房优惠

一些酒店可能会给予万豪礼赏会员特殊的优惠或者套餐。

2. 会员享更多

"会员享更多"是万豪集团新推出的一项活动，旨在为万豪礼赏会员带来更多缤纷礼遇。

"会员享更多"主要包括下面六项活动：

（1）使用手机 APP 入住和退房以及与酒店人员聊天

在到达前，会员可以通过手机 APP 办理登记入住手续；当抵达酒店时，只需到手机登记入住服务台领取已备好的房卡；最后，用手机 APP 办理退房手续，账单将会电邮给你。通过手机 APP 还可以和酒店人员聊天，告知入住的特殊需求或者咨询酒店周边的交通餐饮。

（2）免费尊享无限高速上网

万豪礼赏会员凡通过万豪国际酒店直接预订渠道预订全球任何一家参与计划的酒店，均可免费尊享标准/"基本"客房内 WiFi 网络。尊贵级别白金卡和金卡会员还将继续专享尊尚礼遇，于万豪国际集团旗下酒店免费享用加强版无线网络（如有供应）。

（3）套房升级

万豪礼赏白金卡会员入住指定亚太区万豪国际酒店，若套房供应充足，你的住宿可能会享受到免费套房升级优惠。

（4）会员餐饮折扣

万豪礼赏会员入住部分参与计划的亚太区万豪国际酒店期间，在旗下所经营之餐厅及酒吧用餐，会员可享受8折餐饮优惠，银卡和金卡会员可享受75折餐饮优惠，白金卡会员可享受7折优惠。

（5）48小时会员礼赏

48小时会员礼赏是万豪礼赏在2014年夏秋季节推出的一项极受欢迎、力度空前的限时优惠促销活动，其中包括了"房费由您定""半价享受总统套房""套房34折""第一晚房费餐饮回馈"等活动。该年度的活动已经结束，最新的活动消息请密切留意万豪礼赏官网或者飞客茶馆论坛。

（6）48小时6折闪购

香港、澳门、曼谷的部分酒店有时会有48小时六折闪购互动，该活动一般要求至少入住两晚而且必须预付房费。

3.RewardsPlus

RewardsPlus是万豪国际集团"万豪礼赏"与美国联合航空"前程万里行"携手推出的活动，其内容主要包括：

（1）"前程万里行"金卡级别或以上的会员可以免费获得"万豪礼赏"的金卡会员；

（2）"万豪礼赏"的白金卡会员可以免费获得"前程万里行"银卡级别会员；

（3）使用万豪礼赏积分兑换包含"前程万里行"里程的旅行套餐时，可以额外获得10%的优惠；

（4）使用万豪礼赏积分的按照4∶1的比例转换成"前程万里行"的积分；

（5）"前程万里行"的积分按照1∶1的比例转换成万豪礼赏的积分。

4.最优惠房价保证

使用任何万豪预订渠道（Marriott.com.cn、万豪酒店电话预订或直接联系酒店）预订客房，如果你在预订后24小时内发现相同的酒店、客房类型和预订日期在其他可自由获取价格并立即确认的渠道上发现更优惠的房价，请提交有效的申请表格，万豪将提供相同价格，并就相关客房给予额外七五折优惠。其他可自由获取价格并立即确认的渠道包括但不限于Booking、Agoda、Priceline等，携程和去哪儿不属于这些渠道。用户可通过biyi.com、wego.com等比价平台进行比价。

万誉会、万豪分时度假俱乐部以及万豪活动礼赏

1. 万誉会

万誉会（Club Marriott）是万豪与第三方机构在亚太地区推出的一项餐饮会籍计划。通过购买万誉会会籍，可获得免费住宿、免费餐券、低至五折的用餐折扣（两人用餐）、八折订房优惠、房间升级券、用餐抵用券等。各地酒店万誉会会籍因优惠内容不同，价格在人民币1988—2488元之间。

2. 万豪活动礼赏

在参与计划的万豪国际酒店中寻找合适场所，筹办会议、婚礼或其他特别活动，即可获得以下优惠：

（1）即时晋升为万豪礼赏银卡会员；

（2）每次合格活动可赚取高达50000点礼赏积分（每消费1美元可获得3点积分）；

（3）无论费用由你还是你的宾客支付，每晚住宿均可赚取积分；

（4）预订至少一晚10间客房的住宿，可获得10晚住宿晚数；

5）如果你和你的同事都是"万豪礼赏"会员，你可以与你的同事拆分所赚取的积分（最高达50000点）。

3. 万豪分时度假俱乐部

万豪分时度假俱乐部（Marriott Vacation Club）是万豪旗下的分时度假品牌，该品牌中一般每个房间都是两室一厅或者更大的房间，可供6-8人入住，各项设施非常齐全，可以做饭，非常适合一大家子的海外旅行。国内比较出名的是位于普吉岛的万豪分时度假俱乐部，可以通过官网直接预订、联系销售参加听课房（399美金3晚）或者业主推荐参加听课房（免费）的方式入住。分时度假的业主的购买价格和相应的好处所涉及的内容比较复杂，详情请搜索飞客茶馆相关版块。

2.8 SHANGRI-LA 会员等级权益及积分累积、使用技巧

作者：王毅明
飞客茶馆 ID：益寿延年

香格里拉酒店管理集团简介

香格里拉的名字源于英国作家詹姆斯·希尔顿于 1933 年出版的传奇名著《消失的地平线》中所描写的一处梦幻世外桃源。香格里拉酒店集团的第一家豪华酒店 1971 年在新加坡开业，时至今日，总部位于香港的香格里拉酒店集团已成为亚太地区最大的豪华酒店集团，同时是世界上公认的最佳酒店产权和管理公司之一。香格里拉酒店集团拥有并管理超过 90 家酒店及度假酒店，遍及亚太地区、北美、中东和欧洲，客房总数已超过 38000 间。此外，香格里拉酒店集团还在中国、柬埔寨、印度、缅甸、菲律宾、卡塔尔及斯里兰卡兴建了新的酒店。

香格里拉酒店集团起源于马来西亚的郭氏集团，是由郭鹤年先生创建的一家大型综合企业集团，拥有香格里拉亚洲有限公司的大部分股权。郭氏集团的经营涉及多个领域并延及亚洲许多国家。除酒店外，集团还经营商贸、地产、饮料、物流、报业及种植业。

香格里拉酒店管理集团目前拥有四个品牌：香格里拉酒店 SHANGRI-LA Hotels（含香格里拉度假酒店 SHANGRI-LA Resorts）、嘉里大酒店 Kerry Hotels、盛贸饭店 Traders Hotels、今旅饭店 Hotel Jen。香格里拉品牌主要为五星级豪华城市酒店和度假酒店。多数城市酒店的客房量都超过 500 间，而度假酒店的规模则相对略小。

贵宾金环会会员等级 & 权益

贵宾金环会是香格里拉酒店集团的常旅客奖励计划。贵宾金环会的理念十分简单：坚持不懈，孜孜不倦，为尊贵的客人创造难以忘怀的美好经历。

（1）黄金会籍：

- 入住，或在酒店享用美食佳酿、体验香格里拉CHI水疗均可赚取贵宾金环会奖励积分
- 客房预订优先候补
- 预先登记方便办理入住手续
- 根据个人喜好精心安排，包括床铺和睡枕类型
- 抵店时送上新鲜水果
- 免收当地电话费
- 每次入住期间可预支现金250美金
- 每次合资格入住均可选择赚取贵宾金环会奖励积分或航空飞行里程数

如果在一个日历年内在香格里拉集团旗下酒店达到10次或20晚合格住宿的记录，即可升级成为翡翠级会员。

（2）翡翠会籍：

- 入住，或在酒店享用美食佳酿、体验CHI水疗均可赚取贵宾金环会奖励积分，并可获赠25%

- 贵宾金环会额外奖励积分
- 专门区域优先办理入住及退房手续
- 抵达酒店前72小时预订，可享受客房保证权益，并享受客房预订优先候补
- 优先办理入住登记手续
- 若入住时如会员预订之房型已满，可优先客房升级至更高一级别的客房
- 上午11时提前入住/下午4时延迟退房
- 根据个人喜好精心安排，包括床铺和睡枕类型
- 三项迎宾礼遇项目
- 于咖啡厅免费享用早餐
- 一位同伴同住免费，并可享用会员等级早餐
- 免收当地电话费
- 每次入住期间可预支现金250美金
- 每次合资格入住均可选择赚取贵宾金环会奖励积分或航空飞行里程数

如果在一个日历年内在香格里拉集团旗下酒店达到25次或50晚合格住宿的记录，即可升级成为钻石级会员。

（3）钻石会籍：

- 入住，或在酒店享用美食佳酿、体验CHI水疗均可赚取贵宾金环会奖励积分，并可获赠50%
- 贵宾金环会额外奖励积分
- 专门区域优先办理入住及退房手续
- 于豪华阁/盛贸阁贵宾廊优先办理入住及退房手续，或在客房内办理入住手续

- 抵达酒店前 48 小时预订，可享受客房保证权益，并享受客房预订优先候补
- 优先办理入住登记手续
- 客房床型预订保证
- 若入住时如会员预订之房型已满，可优先客房升级至更高一级别的客房
- 上午 8 时提前入住 / 下午 6 时延迟退房
- 免费熨烫西服一套
- 免费使用度假酒店内指定康乐设施
- 根据个人喜好精心安排，包括床铺和睡枕类型
- 三项迎宾礼遇项目，其中包括一瓶免费的红或白葡萄酒
- 与一位同伴免费使用豪华阁 / 盛贸阁贵宾廊的设施与服务
- 于咖啡厅或豪华阁 / 盛贸阁贵宾廊免费享用早餐
- 一位同伴同住免费并可享用会员等级早餐
- 为非入住宾客而设的 24 小时礼宾服务
- 免收当地电话费
- 长途电话及传真仅收取成本费用
- 每次入住期间可预支现金 300 美金
- 每次合格入住均可选择赚取贵宾金环会奖励积分或航空飞行里程数

贵宾金环会积分累积技巧

无论是下榻酒店，还是在酒店享用餐饮、体验 CHI 水疗等，都可累积贵宾金环会奖励积分。

（1）以合资格房价入住香格里拉集团旗下酒店或在酒店进行餐饮、洗衣及香格里拉 CHI 水疗服务的消费，均可赚取贵宾金环会积分。每 1 美元或同等价值当地货币的合资格消费，均可赚取 1 个贵宾金环会积分；

（2）翡翠级会员及钻石级会员还可凭合资格消费每次分别获赠 25% 及 50% 的额外奖励积分；

（3）持有民生银行香格里拉联名信用卡及工商银行香格里拉联名信用卡，只需持卡日常消费，即可凭所有合资格消费赚取相应的贵宾金环会积分；如果持有民生银行香格里拉联名信用卡及工商银行香格里拉联名信用卡在香格里拉集团旗下的

酒店消费，还可获赠额外积分；

（4）入住酒店赚取飞行里数，每次入住香格里拉酒店，只需以合资格房价入住香格里拉旗下酒店即可赚取航空公司飞行里数，在入住登记时出示你的航空公司合作伙伴奖励计划会员卡，每次入住后即可获取飞行里数奖励，每次入住的奖励飞行里数可以查阅金环会官网；

（5）贵宾金环会不定期会推出贵宾金环会会员专享的额外奖励活动（比如下面介绍的"纵享悠然"活动），可获赠额外奖励积分；

（6）可以向金环会购买所需的贵宾金环会积分，每 13 美元可购买 100 个金环会积分。

贵宾金环会积分使用技巧

凭积分可在香格里拉集团旗下酒店兑换各类缤纷奖励，包括免费酒店住宿、餐饮服务、CHI 水疗体验等。也可选择将贵宾金环会奖励积分转换为适合的航空公司常旅客飞行里程数。

（1）兑换免费客房住宿（按酒店级别有 A-G 级共 7 种级别）；

（2）兑换客房免费升级（按酒店级别有 A-G 级共 7 种级别，其中 G 级酒店的豪华阁以上房型不予兑换）；

（3）兑换餐饮礼券，两种规格，价值 50 美元的餐饮贵宾金环会兑换奖励礼券（500 贵宾金环会积分），价值 100 美元的餐饮贵宾金环会兑换奖励礼券（1000 贵宾金环会积分）；

（4）即时餐饮奖励（贵宾金环会尚桌计划）：可在酒店自营餐厅内即时兑换餐饮奖励，每 10 个金环会积分可抵免 1 美元的账单金额（翡翠、钻石会员为每 10 个金环会积分可抵免 1.25 美元的账单金额）。即时餐饮奖励无最低积分使用额度；

（5）兑换 CHI 水疗礼券，一种规格，价值 100 美元的香格里拉 CHI 水疗贵宾金环会兑换奖励礼券（1000 贵宾金环会积分）。

贵宾金环会促销简析

（1）即时餐饮兑换奖励（贵宾金环会尚桌计划）

贵宾金环会奖励积分可在酒店餐厅内即时兑换餐饮奖励，每 10 个金环会积分可抵免 1 美元账单金额（翡翠、钻石会员为每 10 个金环会积分可抵免 1.25 美元的账单金额）。即时餐饮奖励无最低积分使用额度。此奖励在不同酒店有各自的不适用日期。

（2）礼行千里（与新加坡航空公司合作）

快速升级为新加坡航空精英金卡会员（翡翠级会员：搭乘三次合资格航班，钻石级会员：搭乘一次合资格航班）；入住香格里拉集团旗下酒店，同时赚取贵宾金环会奖励积分和 KrisFlyer 里程奖励。

（3）"盛情备至"（Warmer Welcomes）计划

2017 年 3 月，香格里拉酒店集团、印度 Taj 泰姬酒店集团将联合推出"盛情备至"（Warmer Welcomes）计划，以整合 Taj InnerCircle 和香格里拉贵宾金环会两大会员计划：

会籍认可：入住任何一家香格里拉酒店或 Taj 酒店，享受两个会员计划对等礼遇；

积分互积：27 个国家、131 个目的地 200 个酒店，可选择任一常旅客奖励系统进行积分；

积分互兑：可以随时兑换 2 家酒店；

积分算法：每 100 点贵宾金环会积分兑 67 点 Taj InnerCircle 积分，每 100 点 Taj InnerCircle 积分兑 38 点贵宾金环会积分。起兑额均为 100 点，每日历年至多可兑 25 万点。

（4）免费迷你吧待遇

2016 年 11 月 1 日至 2017 年 4 月 30 日期间入住豪华阁可享受：

（1）每个房间一部随身 WIFI 设备；

（2）迷你吧中食物和非酒精饮料免费使用（限一次）。

参与计划的酒店：北京香格里拉饭店，成都香格里拉大酒店，广州香格里拉大酒店，上海浦东香格里拉大酒店，沈阳香格里拉大酒店，深圳福田香格里拉大酒店，西安香格里拉大酒店，港岛香格里拉大酒店，九龙香格里拉大酒店，雅加达香格里拉大酒店，马尼拉麦卡蒂香格里拉酒店，曼谷香格里拉大酒店。

贵宾金环会常见问题

1. 如何赚取贵宾金环会奖励积分？

住店会员的合资格房价及合资格杂费消费（包括餐饮、洗衣及香格里拉CHI水疗消费），或非住店会员的餐饮及香格里拉CHI水疗合资格消费，均可赚取贵宾金环会奖励积分。

2. 贵宾金环会奖励积分如何计算？

会员于任一家参与贵宾金环会计划的酒店进行的合资格消费，每一美元的消费（不含政府税及服务费）可赚取1分奖励积分。如以当地货币消费，需换算成美元以计算奖励积分。翡翠及钻石级会员凭合资格消费可分别获赠25%及50%的贵宾金环会额外奖励积分。

3. 贵宾金环会奖励积分什么时候失效？

贵宾金环会奖励积分采取年度到期的原则，有效期至会籍年度结束后的3年（1月1日至12月31日的日历年）。

4. 如果我预订多间客房，或者支付多间客房的全部费用，我可以就所有客房赚取贵宾金环会奖励积分吗？

可以。须是会员本人有入住且于退房时由本人支付所有费用，方可凭合资格房价以及合资格杂费累积最多3间房的金环会积分。

5. 积分兑换奖励是否可以转让他人？

免费住宿、餐饮奖励礼券及香格里拉CHI水疗奖励礼券可以转让他人。但是客房升级奖励不可以转让他人。

6. 第三方预订会累积晚数和积分吗？

第三方预订不累积金环会积分，但计算合资格房晚数。

贵宾金环会特色权益

1. 经济及财务优惠：免费现金预支（预支金额不可作为房费累积金环会积分）

黄金会籍、翡翠会籍：每次入住可凭信用卡于酒店现金预支等值250美元的当地货币（免收酒店佣金或手续费）。

钻石会籍：每次入住可凭信用卡于酒店现金预支等值300美元的当地货币（免收酒店佣金或手续费）。

2. 迎宾项目

迎宾项目	黄金	翡翠	钻石
新鲜水果	*	*	*
巧克力		*	*
曲奇和牛奶		*	*
杯装面		*	*
啤酒		*	*
可口可乐		*	*
健怡可乐		*	*
气泡矿泉水		*	*
无气泡矿泉水		*	*
当地/时令食品		*	*
一瓶红葡萄酒或白葡萄酒			*

黄金会籍：每次入住免费赠送新鲜水果。

翡翠会籍：在10种迎宾礼遇项目选择3项赠送。

钻石会籍：在11种迎宾礼遇项目选择3项赠送，其中包括一瓶红葡萄酒或白葡萄酒。

2.9 尚在探索中的国内酒店常旅客计划

作者：王向文
飞客茶馆 ID：四月的麦田

我们都知道，"常旅客计划"一词起源于国外，而酒店行业的常旅客计划同样早已伴随国外各知名酒店集团共同成长，在常旅客计划相关"游戏规则"等方面进行了多年相当完善的进化。正基于此，当这些国际酒店集团逐步进入中国并且"遍地开花"之后，国内才会有越来越多的商旅人士有更充分的机会接触并逐步深入玩转酒店常旅客计划。

目前这个领域已成为一个庞大的市场体系，它的背后也支撑着巨大的有形及无形商机资源库。对于酒店常旅客会员而言，他可以通过酒店常旅客计划中长期"养成计划"及短期"优惠回哺"获得令人心动的特别权益与待遇；对于各大国际酒店集团而言，借助酒店常旅客计划产生了不容忽视的稳定获客来源，同时它也是酒店集团及时把握住客户信息大数据及其"忠诚度黏性培养"的最重要通道。

很显然，对于日益崛起甚至走出国门的国内各酒店集团来说，自然也不会忽视酒店常旅客计划这片"沃土"。诸如金陵、海航、开元、锦江、绿地等诸多国内酒店集团纷纷推出了自己的常旅客计划，它们的出现使得出行有了更为多元化的选择，同时也为国内酒店集团与国际水准接轨起到了一定的规范作用。

与国外相对已经成熟的酒店常旅客计划体系相比，综观目前国内酒店集团推出的各类常旅客计划，可以用"任重而道远"来概括形容。主要存在以下两类问题：

1. 借鉴痕迹过重

对比不难发现，不少国内酒店集团常旅客计划一味仿照与照搬国外经验的痕迹明显。例如，会员等级分层、会员待遇分层、积分奖励分层等常旅客计划规则制定方面。

其实，在规则制定方面，并非一定要追求"大而全"，那些能够充分体现出自身特色与优势的"小而美"轻量计划反而不会造成水土不服，也更引人入胜。

如果这家酒店集团优势是家庭休闲度假，那么不妨在常旅客计划中将家庭及亲子关联账户考虑进去，将传统意义上较为复杂的会员等级分层改为简单的家庭共享激励分层，在每一次下榻该集团旗下度假酒店时，鼓励家庭成员一同前行，并给予相应的入住礼遇或折扣，同时亲子账户也将陪伴家庭中的孩童一起见证成长。

假若这家酒店集团特色是餐饮，在常旅客计划里就可以将这个亮点充分利用：越高等级的会员在酒店用餐时享受折扣越高；非住店的餐饮消费可以进入会员积分奖励，而积分亦可抵扣餐饮消费。

以上例子旨在说明酒店常旅客计划其实并不需要厚厚的一本介绍手册，复杂的模式往往会将人拒之门外，并不是每个人都有时间与精力去仔细琢磨其中道理。删繁就简的同时发挥本身优势，这样易懂的常旅客计划方可做到令消费者"常而访之"。

2. 落地执行缺失

在常旅客圈子，我们经常会听到一些朋友抱怨国内酒店推出的常旅客计划非常"鸡肋"，相应会员等级在旗下一些酒店并未给到相应的待遇，甚至酒店对集团所推出的常旅客计划备感陌生，反而需要会员去给酒店前台做计划条款的解释工作等。

可想而知，如此参差不齐的落地执行力往往会令相应的常旅客计划成为一纸空谈，自然不会聚集会员人气，也不会有长远的发展预期。

由于国内酒店行业目前正处于圈地扩张阶段，计划开业和新开业酒店及度假村在大江南北如"雨后春笋"般涌现，其中不乏仓促上线开张的案例。酒店集团对于旗下酒店的各类培训就显得尤为重要，而常旅客计划培训就是其中关键的"一堂课"，为了提高这方面的落实效果，集团不妨不定期进行暗访抽查体验评测，对于指标不合格或有待改善的酒店进行相应的再培训再教育工作，对于表现优异的酒店进行适当奖励或政策倾斜等。

其实，一份酒店常旅客计划就是代表该酒店集团的一张名片与一份客户满意度调查表，国外几大酒店集团常旅客计划之所以可以风靡全球并有无数人为之着迷，核心就在于从集团上游到旗下每一家酒店都深谙自己的常旅客计划规则及当下促销活动，至上而下的执行力管控体系流畅而到位，会员体验及口碑自然不会差。某种意义上来说，无论对于常旅客会员还是酒店集团而言，好的常旅客计划体系与优秀的 RPG 角色扮演电子游戏产品如出一辙。

不过，我也欣喜地观察到国内多数酒店集团常旅客计划已着手进行不断的完善与改进，越来越多的酒店集团也会通过诸如飞客茶馆这类常旅客聚合社区平台积极倾听会员心声并及时给予反馈。

毕竟相对于发展已数十载的国外酒店常旅客计划而言，这方面国内还只能算一轮冉冉升起的朝阳，希望未来有朝一日，也可以看到具有中国特色的酒店常旅客计划为世界所瞩目。

2.10 酒店联名信用卡

作者：杨锦晨 & 吕轶伦 & 郭聪 & 王毅明
飞客茶馆 ID：karev217 & donata & pglgc & 益寿延年

一、IHG 优悦会联名卡信用卡

洲际 IHG 的联名信用卡是各大国际酒店集团中最早开展也是最容易获得的酒店联名卡，现有发行 IHG 优悦会联名卡的国内银行有两家：中信银行和浦发银行。

关于中信银行 IHG 优悦会联名卡，我们先看一下卡片权益表：

卡片等级	金卡	白金卡	世界卡
会员身份	IHG 优悦会金卡会员身份	IHG 优悦会白金卡会员身份	IHG 优悦会白金会员及洲际大使会员身份
洲际免费房晚	无	首年 1 晚	每年 2 晚
大中华区酒店住宿折扣	85 折	85 折	85 折
基本积分	18 人民币 = 1 优悦会积分 2 美元 = 1 优悦会积分	15 人民币 = 1 优悦会积分 1 美元 = 1 优悦会积分	10 人民币 = 1 优悦会积分 1 美元 = 2 优悦会积分
双倍积分	18 人民币 = 2 优悦会积分 2 美元 = 2 优悦会积分	15 人民币 = 2 优悦会积分 1 美元 = 2 优悦会积分	10 人民币 = 2 优悦会积分 1 美元 = 4 优悦会积分
首刷卡奖励积分	1000 优悦会积分	10000 优悦会积分	50000 优悦会积分
年消费奖励积分	无	年消费满 100000 元人民币可获 10000 优悦会积分	年消费满 250000 元人民币可获得 50000 优悦会积分
年费	免首年，刷 5 次免次年	RMB 3600 元 / 年	RMB 20000 元 / 年

续表

卡片等级	金卡	白金卡	世界卡
其他权益		2小时立赔千元航延险 全国贵宾登机服务 全球汽车道路救援服务 资深名家问诊	2小时最高五千元航延险 全国贵宾登机服务 全球汽车道路救援服务 全球知名医院医疗服务 全国顶级网球场畅打"双人行" 北京"橙"Cinemas私人影院观

这是一张传奇的卡片，如果您习惯逛飞客茶馆的信用卡版块，您会发现大概每20个帖子就有1个帖子是与这张卡片相关的，为什么呢？因为这张卡片直接把卡片等级和会员等级挂钩，一张可以申请永久免年费的金卡就可以直接获得优悦会金卡会员身份。而且中信银行和洲际集团活动较多，这张卡片当然成了各位的不二之选。可以说，想要获得优悦会金卡、白金卡的最快最便宜的方式就是申请这张卡片。

优悦会·浦发银行联名信用卡

这张卡片本身并没有相关权益，也不和优悦会会员等级直接挂钩，唯一的作用就是刷卡消费来兑换优悦会积分。该卡分金卡、普卡两个等级，具体积分架构如下：

	金卡	普卡
有积分消费	每8人民币消费=1分 每1美元消费=1分	每16人民币消费=1分 每2美元消费=1分
洲际旗下酒店内消费	每8人民币消费=2分 每1美元消费=2分	每16人民币消费=2分 每2美元消费=2分

请注意浦发优悦会联名卡是否能继续办理（包括但不限邮寄申请表、网点进件等方式），请以浦发银行信用卡中心的最终解释为准。目前该卡已于2017年6月1日起停止发行。

二、希尔顿荣誉客会联名卡信用卡

希尔顿荣誉客会联名信用卡目前只有部分国家有，包括美国、澳大利亚、德国、日本等，在这些卡中，仅推荐美国的联名卡，因为美国花旗与运通的联名卡，审卡批卡并没有想象中那么严苛。换句话说，也许你不是美国居民，甚至常驻地区也没有在美国，你仍然能够通过某些方式来申请到美国的信用卡。更多的相关讨论可至飞客茶馆外卡版块搜索讨论。

先介绍运通联名卡，一共两款：

卡片版本	Hilton HHonors™ 普通版	Hilton HHonors™ Surpass® 版
开卡奖励（截至2016.11.30）	75000 积分	100000 积分
年费	无	75 美元
消费累积积分	希尔顿酒店 1 美元 7 分 美国餐厅、超市、加油站 1 美元 5 分 其他消费 1 美元 3 分	希尔顿酒店 1 美元 12 分 美国餐厅、超市、加油站 1 美元 6 分 其他消费 1 美元 3 分
会员匹配	银卡	金卡
刷卡达标升级	一年消费 20000 美元升级金卡	一年消费 40000 美元升级钻卡

再介绍花旗联名卡，也是两款：

卡片版本	Hilton HHonors™ VISA Signature® 版	Hilton HHonors™ Surpass® Reserve 版
开卡奖励	40000 积分	两晚周末免房
年费	无	95 美元
消费累积积分	希尔顿酒店 1 美元 6 分 超市、药店、加油站 1 美元 3 分 其他消费 1 美元 2 分	希尔顿酒店 1 美元 10 分 机票、租车 1 美元 5 分 其他消费 1 美元 3 分
会员匹配	银卡	金卡
刷卡达标升级	消费 20000 美元或开卡 90 天内 4 次入住升级金卡	消费 40000 美元升级钻卡
年度奖励	希尔顿酒店消费 1000 美元获 10000 积分	消费 10000 美元 获一晚周末免房

Hilton HHonors™ Surpass Reserve 版是汇报最丰厚的卡，开卡后四个月内消费 2500 美金，即送两晚任何级别酒店周末入住，可谓超值。

可兑换希尔顿荣誉客会积分的信用卡

虽然国内没有希尔顿的联名卡，但是还有可兑换荣誉客会积分的信用卡的，可兑换希尔顿积分的信用卡如下：

卡片名称	累积比例	会籍给予	年费
花旗礼程卡	8 元 /1 积分		1400 元
招行运通白金卡	10 元 /1 积分	金卡	3600 元
招行运通黑金卡	8 元 /1 积分	钻卡	18000 元
工行运通黑金卡	5 元 /1 积分	钻卡	18000 元

由于普通常旅客基本无缘运通黑金卡，故如果要通过信用卡累积希尔顿积分的话，建议使用花旗礼程卡累积积分，其基础兑换比例已经超过招行运通白金卡，和招行运通黑金卡打平，且有时会有优惠促销兑换，促销时会有 6 元 / 积分的兑换比例。但需注意的是，花旗礼程卡每次兑换需支付 50 元手续费。

总体而言，希尔顿在联名信用卡方面在美国权益、收益都很高，但国内由于没有联名卡略有欠缺，如能有渠道申请到美国卡，一定不要错过申请的机会。

三、万豪礼赏联名信用卡

万豪礼赏的信用卡申请仅限于北美地区。

卡名	Premier Credit Card	Premier BUSINESS Credit Card
卡样		
开卡获赠万豪礼赏积分	80000 分 前三个月消费满 3000 美元	80000 分 前三个月消费满 3000 美元
开卡获赠免费住宿	CAT 1-5 免费一晚	CAT 1-5 免费一晚
消费获取礼赏积分	1 美元万豪消费得 5 分	1 美元万豪消费得 5 分
	1 美元机票、租车、消费得 2 分	1 美元机票、餐饮、租车、电信等消费得 2 分
	1 美元任意消费得 1 分	1 美元任意消费得 1 分
其他权益	每年免费累积 15 晚有效住宿	每年免费累积 15 晚有效住宿
	每消费 3000 美元可额外累积 1 晚有效住宿	每年消费 50000 美元可以免费获得万豪礼赏金卡会籍
	每年免费 1 晚 CAT 1-5	每年免费 1 晚 CAT 1-5
年费	85 美元	99 美元

丽思卡尔顿礼赏联名信用卡

同样,丽思卡尔顿礼赏的信用卡申请仅限于北美地区。

卡名	The Ritz-Carlton Rewards Credit Card
卡样	
开卡获赠免费住宿	丽思卡尔顿礼赏 Tier 1-4 免费三晚 前三个月消费满 5000 美元
消费获取礼赏积分	1 美元万豪消费得 5 分
	1 美元机票、餐饮、租车等消费得 2 分
	1 美元任意消费得 1 分
行政楼层升级	每年免费升级三次至丽思卡尔顿行政楼层房间（每次入住最多连续 7 晚）
机场贵宾休息室	免费使用全球范围内逾百家机场贵宾休息室（Priority Pass）
旅行消费额度	每年 300 美元旅行消费额度可用于行李费、座位升级、使用贵宾休息室等
酒店消费额度套餐	当预订不少于两晚此套餐，可享 100 美元的消费额度用于酒店的餐饮、水疗或者娱乐活动
丽思卡尔顿金卡会籍	首年免费获得金卡会籍（每年消费 10000 美元可获得延续下年会籍）
丽思卡尔顿白金卡会籍	每年消费达到 75000 美元，可获得白金卡会籍
年费	450 美元

四、香格里拉贵宾金环会联名信用卡

1. 民生香格里拉联名信用卡

（1）分为豪华白金卡、标准白金卡两种，金环会员级别与卡片级别无关；

（2）一般有效刷卡消费：标准白金卡每消费人民币 120 元或等值外币 =1 分贵宾金环会奖励积分，豪华白金卡每消费人民币 60 元或等值外币 =1 分贵宾金环会奖励积分；

（3）在全球香格里拉酒店集团旗下的酒店刷卡消费，标准白金卡每消费人民币 60 元或等值外币 =1 分贵宾金环会奖励积分，豪华白金卡每消费人民币 30 元或等值外币 =1 分贵宾金环会奖励积分；

（4）于香格里拉集团旗下酒店餐厅内用餐，并使用此联名卡支付，标准白金卡享 8.5 折优惠，豪华白金卡享 8 折优惠；

（5）酒店住宿最优包价（代码"CMBCVAD"）：以"最优房价"预订并入住澳大利亚、中国、马来西亚、缅甸、新加坡和泰国地区的香格里拉集团旗下酒店，并使用此联名卡支付，即可尊享：免费双人早餐、延迟退房至下午 4 时、客房升级至高一级房型；

"最优房价" 9 折优惠（代码"CMBC2"）：以"最优房价"预订并入住任一家香格里拉集团旗下酒店，并使用此联名卡支付，即可专享房价 9 折优惠；

（6）快速升级至翡翠级会籍优惠（金环会黄金级会员 入住 10 晚并使用该联名信用卡支付）；

（7）标准白金卡每年有效积分消费达 18 次可免次年年费；豪华白金卡首年年费视条件有 8 折优惠，次年年费无法减免。

2. 工银香格里拉联名卡

（1）分为银联+VISA、银联+万事达两种套卡，金环会员级别与卡片级别无关；

（2）一般有效刷卡消费：每消费人民币120元或等值外币=1分贵宾金环会奖励积分；

（3）在全球香格里拉酒店集团旗下的酒店刷卡消费，即享额外2倍积分累积，即每消费人民币120元或等值外币=3分贵宾金环会奖励积分（至2017年7月31日）；

（4）于香格里拉集团旗下酒店餐厅内用餐，并使用此联名卡支付，享8.5折优惠；

（5）快速升级至翡翠级会籍优惠（金环会黄金级会员，入住10晚并使用该联名信用卡支付）；

（6）以此卡支付集团旗下中国国内酒店的健体中心会员年费，可专享最高8折优惠；

（7）"最优房价"9九折优惠（代码"ICBC1"）：以"最优房价"预订并入住任一家香格里拉集团旗下酒店，并使用此联名卡支付，即可专享房价9折优惠；

（8）2017年7月31日前成功申办并启用的持卡人将减免首年年费，现有贵宾金环会钻石级、翡翠级会员成功申办并启用将减免3年年费。

Part 2
常旅客计划指南

第 3 章 航空常旅客计划
航空常旅客计划综述
世界三大航空联盟
中国国际航空及凤凰知音会员等级权益
中国东方航空及东方万里行会员等级权益
中国南方航空及明珠俱乐部会员等级权益
海南航空及金鹏俱乐部会员等级权益
国泰及港龙航空马可孛罗会员等级权益
如何更好地使用航空里程
航空联名信用卡

第3章
航空常旅客计划

3.1 航空常旅客计划综述

作者：楼翔

飞客茶馆 ID：katmai

什么是航空常旅客计划

航空常旅客计划是航空公司向乘客推出的会员航空里程累积奖励计划。世界上最早的常旅客计划雏形是在1979年由美国得克萨斯国际航空公司推出的，它们提出了里程的概念并按照飞行距离来给予旅客奖励，之后达美航空、联合航空、英国航空等纷纷成立了常旅客计划。

航空里程就是你乘坐飞机就能获得一定的里程（一些航空公司也称为积分），坐多了以后就能用里程兑换免费机票（简称免票），听起来是不是很美妙？里程是奖励给坐飞机的人，而不管机票是自己掏腰包买还是公司或者他人支付购买，也无论是什么购买渠道（看起来比酒店积分厚道多了），通常只要不是那种很便宜的特价票的舱位都可以累积里程。

而根据航空公司会员俱乐部和用户的协议，里程只能累积在乘客本人的账户上。公司或者组织通常不能注册成为航空公司的俱乐部会员。所以要想累积里程，必须先用自己的身份注册一个航空公司的会员俱乐部账户。注册可以通过航空公司官网，也可以在飞机上填申请表，或者申办联名信用卡等多个渠道。

加入航空常旅客计划有什么好处？

第一，每次搭乘飞机只要是乘坐可累积里程的舱位，都能累积消费里程。消费里程可以用来兑换机票、舱位升级、兑换礼品，等等。除了乘坐飞机可以获得里程奖励，入住合作酒店和信用卡消费往往也是获得消费里程的重要途径。

很多酒店集团在会员账户中设置选择累积酒店积分还是航空里程，虽然酒店积分也可以兑换成航空里程，但兑换比例明显没有直接累积航空里程高。此外有些酒店如香格里拉是按入住次数而非入住晚数累积里程的，所以一次住一晚对于累积里程来说更为划算。

信用卡累积里程分两种情况，第一种是航空联名卡，刷卡积分自动转换为对应航空公司的里程，无法选择兑换其他航空公司；第二种是普通信用卡，刷卡积分可以选择兑换礼品或者几个指定航空公司的里程，注意并非所有银行的信用卡都能兑换里程，具体请参考后文。另外有些航空公司还可通过租车、就餐、购物等来获得里程，甚至直接开放现金购买里程。

第二，搭乘飞机除了获得消费里程外，还能获得升级里程和升级航段（有时也称为定级里程/航段或者保级里程/航段）。航段可以理解为飞行的次数。通常升级里程或者升级航段达到一定标准后就能晋升为高级会员，如银卡、金卡、白金卡和钻石卡等级别会员。注意这个升级里程和升级航段标准通常只要两项里达到一项即可升级。

升级里程（航段）通常会在一个会员级别周期后清零，但不会影响消费里程，这一点和酒店会员计划一样。另外升级里程是靠实打实飞出来的，航空公司搞活动额外赠送里程可能不算升级里程，信用卡消费以及酒店等其他渠道获得的里程同样是不能算作升级里程的。

各家航空公司为了提高用户忠诚度，会给予高级会员各种特殊优待，比如可以优先值机登机，可以携带额外的行李，乘坐航班赠送额外的里程，还提供专门的贵宾休息室供会员用餐休息。一般这样的休息室只有买头等舱或公务舱的客人才能进入，并且往往和银行贵宾卡的休息室不是同一间，餐食服务比银行贵宾室更好，环境也更舒适。高级会员也比一般会员有更多的升舱机会，兑换免票手续更方便快捷甚至还可以透支里程。在遇到超售这种情况时，航空公司肯定会让它们的高级会员优先飞。

航空公司的里程是怎么计算的呢？

首先中国国内航空公司的里程基本都以公里为单位，而国外航空公司以及中国港台航空公司大部分是以英里为单位，所以里程的英文就叫 Mileage。如果你累积了1000公里里程，这意味着你乘坐了全价的飞行距离为1000公里的航班，而不是说你能兑换1000公里的免费机票。

要坐多少次飞机才能换回一张免费机票呢？

通常如果买的都是全价经济舱票的话，大约乘坐10次单程航班能兑换一张相等距离的经济舱免费机票，如果是打折票的话可能得20次，如果是太便宜的特价票可能还不能累积里程，那样的话不管坐多少次也换不到。

另外值得一提的是，美国几家航空公司开始将消费里程完全按票价乘以系数来计算，而升级里程和升级航段虽然还暂时保留，但对于美国居民还增加了每年机票消费额的要求。总之就是航空公司向钱看，花钱越多里程越多，升级也越快。

里程要怎么累积呢？

在办理登机手续时出示会员卡即可，如果是网上值机那就自己填写。并且目前国内航空公司普遍有身份自动识别功能，用身份证值机时通常不需要出示会员卡即能自动识别该身份证注册的本公司会员号。如果某次航班的里程不幸没有被累积，还可以联系航空公司的会员俱乐部进行补登，所以请不要乱丢登机牌。

如果乘坐飞机时还没注册成为航空公司的会员，部分航空公司也允许在注册会员后补登一个月前或更长时间内的乘机记录。

只要坐飞机就能累积里程吗？

前面说了，便宜的票不一定能累积。那么只要有里程就一定能换到想要的免费机票吗？也不一定。要解释这个问题，就要先普及一下舱位的知识。

大家都知道飞机的舱位通常分头等、公务和经济舱，有时可能还有高级经济舱，但其实每个舱又按价格细分成不同的子舱位（也叫座位等级，英文CLASS）。你拿到的行程单上都会有舱位代码的显示。通常我们碰到的同一个航班退改签条件不一样的票价就是因为舱位不同。

每个航班会由航空公司的销售部门分配不同舱位的数量，如果热门航班就会减少低价的舱位，只放高价舱位，同时也会减少或根本不放免费舱位，甚至只接受高级会员兑换机票的申请。

每个航空公司都会有一张累积表格，可以在官网上查到。我们后面也会详细介绍各个航空公司的累积标准。也就是不同舱位累积的里程和航段不一样，头等舱多，打折经济舱少，而免票、包机或特别便宜的航班甚至不能累积里程和航段。总之就是机票越贵累积的里程越多。累积里程包括消费里程和升级里程，累积航段只有升级航段，不存在消费航段这个概念。

里程怎么使用兑换呢？

对国内航空公司来说，一般起步价 6000 里程能换一张飞行距离在 600—800 公里以内的机票。其中国航要求有四次飞行记录才能有兑换资格。兑换机票就像正常购买机票一样，直接上航空公司官网兑换或者打航空公司售票电话就可以了。

国内航空公司兑换的免票基本都是点对点的兑换，不支持联程兑换，兑换多程机票也得分段兑换并且分段计价。兑换往返时可能比单程略有优惠。国外有些航空公司支持联程兑换，甚至一个兑换区域内不管怎么飞都是一口价，乘客可以兑换一张从 A 到 B 到 C 到 D 的多个航段的票，和兑换 A 直接到 D 的票需要相同的里程。而且只要在航空公司允许的航段数量内，间隔 24 小时内的两个航班都算作同一个航程，有的还允许在中间有一次或多次超过 24 小时的停留或者开口。这样就有可能兑换出一张包含多个航段，旅行一次玩遍多地的超值里程票。

免票是否真的一分钱也不用出，由航空公司全部埋单呢？

也不完全是。机场建设费（现在改名叫民航发展基金了，国外类似费用一般称为机场税安检费等）以及燃油附加费还是要乘客自己掏钱的。不过国外的一些航空公司可能只收机场税而不收燃油税。

另外免票有个好处，一般改签比低价经济舱机票容易得多，有些航空公司如东航甚至不限免费改签次数，南航则是 50 元一次，国航也不贵才收 100 元。当然退票就比较苛刻了，如果万一退票，有的收一半里程的甚至一个里程也不退还的，不过税费可以退。

也有人还说，很多时候机票都是打折的，用里程换未必划算，是这样吗？其实航空里程和酒店积分一样,是在常规的价格体系以外的另一套价格体系,也就是不区分淡旺季的一口价(当然现在有些航空公司也开始区分淡季旺季兑换了)。如果你能换到旺季的机票比如春节十一的就很超值了,如果兑换公务舱或者头等舱则会更超值。

累积的里程只能给自己用吗?

当然不是,你也可以给你的家人或朋友兑换机票。不过因为众所周知的原因,目前国内航空公司普遍推出了受益人制度,一般给非本人兑换机票需要提前30-60天在机票预订系统中登记受益人信息,受益人信息登记30-60天后生效,之后才能享受兑换机票的赠与,所以如果你有为他人兑换机票的需求,请提早准备。

里程除了换机票还能干什么?

还可以兑换升舱、兑换超重行李费等。升舱看起来很美,但不会比你直接兑换头等舱省太多里程,航空公司精着呢。升舱的最大用处就是单位只能买经济舱机票,自己可以掏里程升舱提升旅行的舒适度。除此之外如果实在不想出门坐飞机,航空公司通常还会提供各种各样的礼品供你选择,但是毫无疑问同样数量的里程兑换机票肯定是最划算的。

里程有有效期吗?

有的。国内及亚洲的航空公司里程的有效期一般都在2-3年,所以务必关注有效期,千万别让辛辛苦苦攒下的里程过期作废。如果实在没时间换机票,前面也说了,一般航空公司也提供一些锅碗瓢盆之类的礼品供兑换,虽然不如机票值钱,但总比过期了好。

附国内三大航的有效期规定:

航空公司俱乐部名称	过期日期	举例
国航知音	获得后次月起的第36个自然月月底	比如2017年5月10日入账,那么2020年5月30日过期
南航明珠	获得后次月起的第36个自然月月底	比如2017年5月10日入账,那么2020年5月30日过期
东方万里行	获得后次年起的第三个自然年年底	比如2017年5月10日入账,那么2020年12月31日过期

欧美航空公司的里程虽然也设有有效期，但它们的规则往往更灵活一些，比如规定的有效期是两年，但是两年内里程账户余额一旦有任何变动，即可自动延长所有里程的有效期到下一个两年。对会员来说，随便找个合作商家消费一点就能延长自己账户里程的有效期，甚至想办法捐里程出去也能延长，基本上等于变相取消了有效期。海南航空金鹏俱乐部的里程有效期也采用这种方式。

最后提醒一句，各大航空公司的里程对于企业而言都是负资产，对于用户存在贬值的风险，近年来各大航空公司的里程兑换表格不断修改，兑换同样的航程所需里程数量不断上涨。而且里程放在航空公司也不会有利息，所以里程要尽早用掉才能发挥其价值。

3.2 世界三大航空联盟

作者：楼翔

飞客茶馆 ID：katmai

航空联盟，顾名思义就是几个航空公司形成一个合作联盟。航空业中有一个专业名词：代码共享（Code-sharing），简单来说，就是航空公司之间的"买位"制度。比如甲公司飞的航班同时也挂上乙公司的航班代码，让乙公司以自己公司的名义销售机票。最著名的例子就是当年马航的 MH370 同时挂了个南航 CZ748 的代码，而飞机上那几个可疑人员买的就是南航代码的机票。

大家最为熟悉的航空业三大联盟：星空联盟、寰宇一家和天合联盟，就是由一些原本就有代码共享合作关系的航空公司组成，后期逐渐吸收一些新伙伴而扩大成今天的三大门派。

下面简单介绍一下世界航空界的三大联盟。

星空联盟（Star Alliance）

成立于 1997 年，其标志上星形图案的五个小三角代表着五大创始航空公司：汉莎航空（国际航协代码 LH，下同）、北欧航空（由挪威、丹麦及瑞典三国共同拥有，SK）、泰国国际航空（TG）、加拿大航空（AC）和美国联合航空（UA）。星空联盟是目前世界上最大的航空联盟，总部位于德国法兰克福，拥有 27 家成员航空公司，目的地包括 194 个国家地区的 1321 个机场，每年运送旅客超过 6 亿人次。联盟标语是"星空联盟,地球连接的方式"。

中国国际航空(CA)及子公司深圳航空(ZH),以及台湾地区的长荣航空(BR)都是星空联盟成员。除上述成员外,其他成员还包括:汉莎旗下的瑞士国际航空(LX)、奥地利航空(OS),以及全日空(NH)、韩亚航空(OZ)、新加坡航空(SQ)、土耳其航空(TK)、新西兰航空(NZ)、印度航空(AI)、埃及航空(MS)、波兰航空(LO)、南非航空(SA)、葡萄牙航空(TP)、希腊爱琴海航空(A3)、克罗地亚航空(OU)、亚德里亚航空(JP)、布鲁塞尔航空(SN)、哥伦比亚航空(AV)、埃塞俄比亚航空(ET)和巴拿马航空(CM)等。

星空联盟的高级会员等级包括:银卡(Sliver)、金卡(Gold)。另外请注意航空公司自己对高级会员的称呼和联盟给的称呼不一样,比如国航分银卡、金卡、白金卡三级,而白金卡在联盟中同样被识别为金卡。又如韩亚航空的金卡在联盟中只是银卡,只有钻石卡和白金卡在联盟中才是金卡。

星空联盟的成立是航空史上的一个里程碑,它的出现促使与其竞争的航空公司也下定决心抱团结伙,于是另外两家航空联盟也接着成立了。

天合联盟(Sky Team)

成立于2000年,创始成员包括法国航空(AF)、达美航空(DL)、墨西哥国际航空(AM)和大韩航空(KE),总部位于荷兰阿姆斯特丹。天合联盟是世界上第二大航空联盟,拥有20家成员航空公司,目的地包括178个国家地区的1064个机场,年客运量近6亿人次。联盟口号是"我们更关注您"。

中国东方航空(MU)及子公司上海航空(FM),和中国南方航空(CZ)、厦门航空(MF),还有台湾地区的中华航空(CI)都是天合联盟成员,以上四家公司还紧密合作开展"大中华携手飞"。除上述成员外,其他成员航空公司还有:俄罗斯航空(SU)、荷兰皇家航空(KL)、意大利航空(AZ)、西班牙欧罗巴航空

（UX）、捷克航空（OK）、肯尼亚航空（KQ）、沙特阿拉伯航空（SV）、黎巴嫩中东航空（ME）、阿根廷航空（AR）、越南航空（VN）、罗马尼亚航空（RO）、印尼鹰航（GA）等。

天合联盟的高级会员等级包括：天合精英会员（SkyTeam Elite）和天合超级精英会员（SkyTeam Elite Plus）。如东航和南航的银卡即为精英会员，金卡即为超级精英会员。

寰宇一家（One World）

成立于1999年，创始成员包括美国航空（AA）、英国航空（BA）、加拿大国际航空（当时名为Canadian Airlines，现已被星空联盟成员加拿大航空收购）、国泰航空（CX）及澳洲航空（QF）。寰宇一家现在是世界第三大航空联盟，总部位于美国纽约，旗下拥有15家成员航空公司，目的地包括152个国家和地区的994个机场，年客运量超过5亿人次。联盟口号是"全球领先航空公司联盟成一家"。

中国香港的国泰航空及子公司港龙航空（KA）是寰宇一家旗下成员。除上述成员外，寰宇一家成员还包括：日本航空（JL）、马来西亚航空（MH）、芬兰航空（AY）、西班牙国家航空（IB）、智利国家航空（LA）、卡塔尔航空（QR）、皇家约旦航空（RJ）、俄罗斯西伯利亚航空（S7）、斯里兰卡航空（UL）、巴西天马航空（JJ）、柏林航空（AB）。

在2005年，寰宇一家率先成为首个全面互通电子客票的航空联盟。

寰宇一家的高级会员等级从低到高依次为：红宝石（Ruby）、蓝宝石（SAPPhire）、绿宝石（Emerald）。国泰航空的银卡、金卡、白金卡分别对应这三个等级。

随着国际三大联盟的成立，国际航空市场进入了联盟时代。作为国际化的需要，国内的中国国际航空、中国东方航空、中国南方航空三大航以及上海航空、厦门航空、深圳航空近年来也都加入了航空联盟。

航空公司加入航空联盟有什么好处？

对于旅客而言，联盟航班的共享能够通过联程航班一票到达更多的目的地。另外航空联盟下所有航空公司的常旅客计划均可共享。乘客只需加入航空联盟成员中的任一家常旅客计划，搭乘联盟内各个航空公司能够累积的舱位都可以得到里程，累积的消费里程可以兑换联盟内各个航空公司的免费机票，这样无论是里程累积还是使用的范围都大大扩展。而且乘坐联盟航空公司得到的里程同时也是升级里程，符合条件的舱位也能得到升级航段，可以用来晋升高级会员。而高级会员也可以共享联盟内航空公司对高级会员的各种优厚待遇，如贵宾休息室、优先值机、额外行李、升舱等。

对于航空公司而言，加入航空联盟首先意味着公司形象的提升，能够带来更多的客源。再则同联盟航空公司普遍实施"同一屋檐下"计划，即同联盟航空公司在许多机场都进驻同一航站楼运营，如星空联盟在北京首都国际机场统一使用T3航站楼。这样极大方便了转机乘客，也方便行李直挂。

除了航空联盟外，一些航空公司也会和非本联盟旗下的其他航空公司有紧密的合作关系，两家航空公司之间也可以实行常旅客计划共享和代码共享。此外东方航空和日本航空也有这种跨联盟的合作。但是这种非同一联盟的里程累积往往只能累积消费里程，而不能累积升级（定级）里程，高级会员待遇往往也不能共享。

同一航空联盟内跨公司的里程累积

首先排除一种情况，即几个有从属关系的航空公司使用同一常旅客计划，这种情况不算跨公司累积。比如中国国际航空和深圳航空、山东航空、西藏航空、澳门航空等都使用凤凰知音，汉莎航空和瑞士国际航空、奥地利航空、波兰航空等都使用 Miles & More。

不管乘客自助还是柜台值机，只需将会员卡号输入系统即可，但每次只能选择一家常旅客计划。如果你是甲公司的金卡会员，想利用甲公司的会员身份优先值机和进入休息室，但是想累积里程到乙公司，原则上是允许的。如果碰到不行的情况，可以先输入甲公司会员卡号，等到了休息室或者登机口后再尝试重新打印登机牌改成乙公司的。

跨公司的累积里程容易出现遗漏，所以在里程到账前务必保管好登机牌等凭证，因为有的补登需要提供登机牌。

需要注意的是，同一联盟下的里程可以跨公司累积和使用，但是无法跨公司合并。里程一旦登记进入对应的常旅客计划后，就不能互相合并或者转换，如果要在其他航空公司的常旅客计划使用，只能通过兑换伙伴航空公司航班的方式，这种方式的机票兑换通常比兑换本公司航班要贵不少。如果是经常乘坐不同航空公司的航班，尽量把飞行里程集中累积在一至两家常旅客计划下，否则东积一点西积一点过于零散，最后可能连兑换一张机票的起步价都攒不到。

另外，同一张机票在同一航空联盟下不同公司累积的标准未必相同。比如甲公司航班的某个舱位机票，里程累积在甲公司能累积100%，如果累积到乙公司可能只能累积50%，而到了丙公司则可能完全不能累积。所以在累积里程时可以货比三家，选择累积比例高并且对自己最实用的常旅客计划。而且如果已经是某航空公司的高级会员，一般在该公司的常旅客计划下累积里程会有额外奖励加成，这也是选择时要考虑的。

至于会员待遇，不同航空联盟的规则也不尽相同。比如天合联盟的超级精英会员只有乘坐国际航班和国际航班的国内联程段时才可以使用联盟成员的休息室。所以东航、南航、厦航和华航之间达成了额外协议"大中华一起飞"作为补充，金卡会员飞国内航班也能互相使用休息室。如果是星空联盟金卡会员，那么乘坐所有星空联盟成员航空公司的航班时都可以使用联盟成员的休息室。

跨航空公司的机票兑换

大部分常旅客计划都会给会员两张兑换表格，一张是用来兑换本公司航班的，另一张是用于兑换联盟航空公司和其他合作伙伴的。显然航空公司之间互相兑换机票有个结算成本，航空公司为了肥水不流外人田，总是会鼓励会员优先兑换自己公司的机票。所以兑换其他航空公司的机票兑换标准相对来说会比本公司高一些。

按照航空联盟的协议规定，同一联盟下各家航空公司都应当提供免票给其他航空公司的会员兑换。但在实际操作上，某些航空公司出于成本和利益的考虑，会把航班上的高级舱位只留给自己公司的会员，或者屏蔽某些比较"值钱"的航空公司的航线。典型的例子如瑞士国际航空的头等舱只开放给自家会员，还有美联航会员基本兑换不到新加坡航空的两舱航线。不过大部分航线，特别是兑换经济舱机票是完全不用担心的。

在申请机票兑换时，需要向你常旅客里程所属的公司申请兑换。兑换时通常只能兑换实际承运航班而不支持兑换代码共享航班。

假如你有一些凤凰知音里程，想兑换同为星空联盟的长荣航空机票，需要打电话给国航或者到国航营业部申请，税费也是交给国航，票号也是国航999开头的票号，如果涉及改签退票也是找国航。总之国航就相当于长荣的一个票代，而实际值机乘机当然是找长荣。

2016年开始，一些低成本航空也开始组建航空联盟，由于低成本航空大都不设常旅客计划或只有很简陋的常旅客计划，也不设会员等级，所以这种联盟对于乘客的体验将主要体现在航线的拓展上。

3.3 中国国际航空及凤凰知音会员等级权益

作者：秦齐
飞客茶馆 ID：CA1301

中国国际航空公司介绍

中国国际航空股份有限公司简称"国航"，英文名称为"Air China Limited"，简称"Air China"。国航是中国唯一载国旗飞行的民用航空公司，以及世界最大的航空联盟——星空联盟成员之一，在航空客运、货运及相关服务诸方面，均处于国内领先地位。近年来，国航逐渐打造成就了一支"国航系"队伍；其主要成员包括深圳航空、山东航空、西藏航空、大连航空、国航内蒙古公司以及澳门航空。其对于旅客而言最主要的优势莫过于乘坐上述航空公司承运航班时，可以累积凤凰知音的定级里程以及享受相应的贵宾待遇。

国航凤凰知音会员等级介绍

凤凰知音会员有五种级别，分别是普通卡、银卡、金卡、白金卡以及终身白金卡。除了"普通卡"外，其余的卡片均属于"贵宾卡"范畴。

1. "首次升级标准"：在连续12个月内（以整月为单位），定级里程达到以下标准即可成为"凤凰知音"贵宾会员（首次升级，贵宾卡有效期至第三年的3月底）。

- 定级里程达到4万公里或定级航段达到25个，升级为银卡会员
- 定级里程达到8万公里或定级航段达到40个，升级为金卡会员
- 定级里程达到16万公里或定级航段达到90个，升级为白金卡会员

2. 保级标准：在贵宾卡有效期之内的连续12个月内（以整月为单位），定级里程达到以下标准即可继续成为"凤凰知音"贵宾会员；有效期至第三年的3月底。

- 银卡会员定级里程累积达到3.5万公里或航段累积达到23个
- 金卡会员定级里程累积达到7万公里或航段累积达到36个
- 白金卡会员定级里程累积达到14.5万公里或航段累积达到80个

3.最高等级终身白金卡的标准：自入会之日起，乘坐国航实际承运且挂CA代号航班达到100万公里。此为官方的终身白金卡唯一标准，暂不存在任何其他的标准。

乘坐国航系成员航空公司实际承运且挂各自航空公司代号航班级别。

级别 权益	终身白金卡/白金卡	金卡	银卡
获得额外里程奖励①	50%	30%	25%
优先保留付费客票订座②	至航班起飞前48小时		——
优先保证付费客票座位③	起飞前48小时之内	起飞前72小时之内	
优先保证奖励客票/奖励升舱座位④	●	●	▲⑤
优先购票和机场候补⑥	●	●	●
优先办理乘机登记手续⑦	头等舱柜台或贵宾会员专设柜台	公务舱柜台或贵宾会员专设柜台	公务舱柜台或贵宾会员专设柜台
贵宾会员额外免费行李额⑧	30公斤/1件	20公斤/1件	20公斤/1件
优先提取行李	▲	▲	
享用休息室⑨	可邀请1名旅客与会员本人一同进入头等舱休息室⑩	可邀请1名旅客与会员本人一同进入公务舱休息室⑩—⑪	▲⑫—⑬
优先登机	▲	▲	
航班不正常时⑭	头等舱旅客待遇	公务舱旅客待遇⑮	公务舱旅客的住宿待遇

注：● 可提供该服务　▲ 在条件允许的情况下可提供该服务

① 除累积飞行里程外，还可以按实际购票舱位获得额外里程奖励。该里程作为非定级里程，与飞行里程同时进入账户。客票上填写的承运人与实际承运人相同才能获得贵宾额外里程奖励。

②如果预订了头等舱、公务舱、经济舱的普通票价客票且并未出票时，座位将

被保留至航班起飞前 48 小时（本服务不适用于西藏航和澳门航）。

③如果在航班起飞前 48 小时或 72 小时内购买头等舱、公务舱、经济舱的普通票价客票，只需拨打 95583，就能保证优先购买到并如期成行（本服务不适用于西藏航和澳门航）。

④终身白金卡、白金卡和金卡会员本人申请 O/I/X 舱兑换奖励机票或升舱不受禁兑期限制。如遇特殊日期旅行，由于座位资源有限，请提早向会员服务中心提出奖励客票或奖励升舱的座位申请，将优先保证兑换（本服务不适用于西藏航）。

⑤在航班条件允许的情况下，银卡会员本人可为实际承运人向国航或山航的会员服务中心提出奖励客票和奖励升舱的座位申请。大中华区、日韩、东南亚、中东和南亚航线，可在航班起飞前 48 小时内申请。欧洲、北美、澳大利亚和非洲航线，可在航班起飞前 72 小时内申请（本服务不适用于其他国航系航空公司）。

⑥遇到补同等舱位的旅客，将有优先于其他级别会员的候补服务（级别候补顺序为终白、白金、金、银；同级别会员候补相同舱位，按提出需求时间顺序候补），澳门航只提供优先机场候补服务。

⑦机场未设置头等舱柜台时，终身白金卡和白金卡可在公务舱柜台办理乘机登记手续；机场未设置公务舱柜台时，金卡会员可在头等舱柜台办理乘机登记手续，银卡会员在经济舱柜台办理乘机登记手续。

⑧在国航系各航空公司自营航班普通行李免费托运标准规定之外，贵宾会员可额外免费托运一件普通行李。行李标准为：

计重制行李运输航线：每件普通行李长、宽、高分别不超过 100 厘米（40 英寸）、60 厘米（24 英寸）、40 厘米（16 英寸）。

计件制行李运输航线：每件普通三边之和不得超过 158 厘米（62 英寸包括滑轮和把手），乘坐头等/公务舱行李重量不超过 32 公斤（70 磅），乘坐经济舱行李重量不超过 23 公斤（50 磅）。

⑨会员本人持卡可进入所乘航班实际承运航空公司的休息室。乘坐国航、深航实际承运航班，可进入星空联盟金卡休息室。

⑩受邀人乘坐航班要求：

会员本人乘国航实际承运且挂 CA 代号航班时，受邀人限乘当日星空联盟成员实际承运航班。

会员本人乘深航实际承运且挂 ZH 代号航班时，受邀人限乘当日星空联盟成员实际承运航班。

会员本人乘山航实际承运且挂 SC 代号航班时，受邀人限乘当日同一航班。

会员本人乘西藏航实际承运且挂 TV、CA 代号航班时，受邀人限乘当日同一航班。

会员本人乘澳门航实际承运且挂 NX 代号航班时，受邀人限乘当日同一澳门航实际承运且挂 NX 代号航班。

⑪机场未设置公务舱休息室时，可在头等舱休息室候机。

⑫乘坐以下机场始发的国航实际承运且挂 CA 代号国际航班或深航实际承运且挂 ZH 代号国际航班时，可在北京首都国际机场 T3 航站楼、成都双流国际机场、天津滨海国际机场、大连周水子国际机场、深圳宝安国际机场尊鹏阁、无锡硕放机场尊鹏阁、沈阳桃仙国际机场尊鹏阁、南京路口机场尊鹏阁、西安咸阳机场尊鹏阁，免费进入国航或深航自营国际公务舱休息室候机。

⑬乘坐以下机场始发的国航实际承运且挂 CA 代号国内航班或深航实际承运且挂 ZH 代号国内航班时，可消费 1500 公里进入如下休息室候机：北京首都国际机场 T3 航站楼、成都双流国际机场、天津滨海国际机场、呼和浩特白塔国际机场、上海虹桥国际机场、上海浦东国际机场 2 号航站楼、杭州萧山国际机场和重庆江北国际机场的国航自营国内公务舱休息室；深圳宝安国际机场、广州白云国际机场、无锡硕放国际机场、沈阳桃仙国际机场、南京禄口国际机场和西安咸阳国际机场的深航尊鹏阁。

⑭乘澳门航承运航班，航班不正常时无会员服务。

⑮乘西藏航承运航班，且无公务舱服务标准时，金卡会员在航班不正常时，同头等舱旅客待遇。

凤凰知音会员累积标准

2016 年 3 月凤凰知音执行全新舱位累积率，子舱位定义被重新规划。通过表格我们看出国航全面缩水对经济舱的累积率以及部分公务舱累积标准，而远程洲际航班机票价格也有部分下降。从某种程度来说国航也是紧跟欧美航空公司的潮流，也在慢慢向"累积率与购票金额"看齐。

以下表格为自 2016 年 3 月 27 日生效的对国航实际承运航班累积标准。

舱位	订座舱位	可获得实际里程的比率（国内/国际）	最小里程额（单位：公里）（国内/国际）	可获得定级航段数（国内/国际）
头等舱	P	300%	1000	3
头等舱	F	250%/300%	1000	2.5/3
头等舱	A	200%/250%	1000	2/2.5
公务舱	J	200%	800	2
公务舱	C D	150%	800	1.5
公务舱	Z R	125%	800	1.25
超级经济舱	G	110%	500	1.1
超级经济舱	E	90%	500	1
经济舱	Y	110%	500	1.1
经济舱	B	100%	500	1
经济舱	M U	100%/75%	500	1
经济舱	H Q V	75%	500	1
经济舱	W S T	50%	500	1
经济舱	L K	25%	500	1
其他舱位	O I X N	0%	—	—

凤凰知音同时也在对星空联盟合作伙伴越来越"友好"。譬如在 2016 年 3 月 27 日同时修改了对美联航的累积标准，如下表所示。

舱位	订座舱位	可获得实际里程的比率	最小里程额（单位：公里）	可获得定级航段数
头等舱	F	250%	1000	1
头等舱	A	200%	1000	1
公务舱	J C D	200%	800	1
公务舱	Z P	150%	800	1
经济舱	Y	110%	500	1
经济舱	B M E U	100%	500	1
经济舱	H Q V W	75%	500	0
经济舱	S T	50%	500	0
经济舱	K L G	25%	500	0
其他舱位	O I X R N	0%	0	0

我们注意到凤凰知音会员累积美联航实际承运的公务舱至少为150%累积率。笔者在查询了国航与美联航有竞争的航线中（北京—旧金山/纽瓦克/华盛顿）美联航的公务舱价格均比国航同类舱位最低价格便宜近千元。不过美联航的航班不累积里程。

凤凰知音里程兑换

自2016年3月27日以来，可以使用里程进行任何经济舱付费子舱位的升舱，这是全新的兑换规则，之前仅适用于部分高价位经济舱升级公务舱，如今更好地方便广大凤凰知音会员进行里程的使用。当然升舱所使用的里程与舱位进行挂钩，子舱位越低所使用的里程就越高。

具体的兑换机票规则和升舱规则，广大会员可登录凤凰知音网站进行查看。

3.4 中国东方航空及东方万里行会员等级权益

作者：沈航

飞客茶馆 ID：hangscar

中国东方航空简介

中国东方航空股份有限公司是一家总部设在上海的大型国有航空企业，简称东航，为中国三大航空公司之一，设有飞行常旅客计划"东方万里行"。其母公司中国东方航空集团是以原先的中国东方航空公司为基础，兼并中国西北航空公司，联合云南航空公司所组成的新集团，与中国航空集团公司和中国南方航空集团公司合称中国三大航空集团，并在 2010 年完成了与上海航空公司的联合重组。2014 年 9 月 9 日，中国东方航空正式发布新标志的设计方案和飞机涂装方案。

东方万里行会员等级介绍

中国东方航空公司的常旅客计划称为"东方万里行"，凡年满 12 周岁的自然人均可加入，法人或其他非法人团体不能参与此计划，另外年满 2 周岁不满 12 周岁的自然人可以在东航官网在线申请成为"东方小飞人"常旅客会员。申请会员资格获准后，每个会员将拥有且仅可拥有唯一的账户，会员只能在其唯一指定的账户中累积积分或兑换奖励。东航不接受重复申请并保留对重复账户进行清理或删除的权利。每个"东方万里行"会员账户只可登记在一人名下。会员资料将以参加者的全名登录，与账户的姓名一致，且会员资格不可转让。

会员升级规则

"东方万里行"会员分为普卡会员、银卡会员、金卡会员、白金卡会员,而贵宾会员至银卡会员、金卡会员、白金卡会员,注册后即为普卡会员,在连续第12个自然月之内,累积所需的升级积分或升级次数(简称"航段"),便可晋升至相应级别的金卡会员、银卡会员、白金卡会员,具体标准详见下表。

贵宾卡级	升级/续级	
	升级积分	升级次数
白金卡	160000点	90次
金卡	80000点	40次
银卡	40000点	25次

① 升级积分:乘坐有效的东航航班以及天合联盟航班累积的积分,该积分是衡量会员等级变化的标准。

② 升级次数:乘坐有效的东航航班以及天合联盟航班累积的次数,该次数是衡量会员等级变化的标准。

由于东航的会员级别判定以自然月为标准,所以在月初完成升级更为划算,可以多享受近1个月的会籍时间。比如,小A在4月底已经有39航段,且5月无过期航段,如果在5月1日乘坐有效航班累积1次升级次数,升级后有效期到次年5月31日,可享受将近13个月的贵宾待遇。

东方万里行贵宾会员权益(东航、上航、中联航)

"东方万里行"贵宾会员,乘坐航班代号方和实际承运方为东航(MU)、上航(FM)的航班,除了享有普通会员的权益外,还可享有以下贵宾专享服务。乘坐航班代号方和实际承运方为中联航(KN)的航班时,仅享受积分透支和消费积分奖励服务。

可参考下面表格:

"东方万里行"贵宾会员权益(东航、上航实际承运航班)

服务项目	白金卡	金卡	银卡
保证订座	经济舱全价（提前24小时）	经济舱全价（提前48小时，6小时以上国际航班只需提前24小时）	经济舱全价（提前72小时）
优先订座候补	√	√	√
机上选位	√	√	√
优先机场候补	√	√	√
优先机场票台①	√（在有条件的机场提供）	√（在有条件的机场提供）	无
优先值机	头等舱值机柜台（携带一名同行者）	头等舱值机柜台（携带一名同行者）	公务舱值机柜台
超额免费行李②	计重制：国内40公斤/国际（地区）20公斤 计件制：1件（32公斤以内）	计重制：国内40公斤/国际（地区）20公斤 计件制：1件（32公斤以内）	计重制：国内20公斤/国际（地区）10公斤 计件制：1件（与其所乘航班舱位的单件行李限额一致）
优先安检和优先边防通道③	√（在有条件的机场提供）	√（在有条件的机场提供）	无
休息室候机④	指定机场头等舱休息室（携带一名同行者）	指定机场头等舱休息室（携带一名同行者）	指定机场公务舱休息室
优先登机	√	√	√
优先中转柜台⑤	√（在有条件的机场提供）	√（在有条件的机场提供）	无
行李优先	√	√	√
专车摆渡	√（在有条件的机场提供）	无	无
优选座位	免费	6折	8折
	仅限为本人优选座位时使用，且金卡、银卡会员需用现金购买时享受价格优惠		
积分透支	12000点	6000点	3000点
	透支的积分仅能用于兑换航空奖励，不支持非航空类产品兑换 白金卡、金卡、银卡会员乘坐实际承运为"KN"的航班时，仍可享有该权益		
消费积分奖励	标准里程的50%	标准里程的30%	标准里程的15%
	乘坐不累积升级积分的舱位时，不可享受积分奖励		

续表

服务项目	白金卡	金卡	银卡
奖励机票/奖励升舱座位保证⑥	白金卡、金卡、银卡会员乘坐实际承运方为"KN"的航班时，仍可享有该权益	无	无
奖励机票/奖励升舱退票积分免费回退⑦	√	无	无
免费升舱⑧	√	无	无
增值服务	在等级有效期内，可致电白金卡服务专线或登录东航官网选择和预订增值服务	无	无

①、③、⑤可提供优先机场票台、优先安检和优先边防通道、优先中转柜台的机场明细，请登录东航官网查询。

②"东方万里行"银卡会员乘坐东航航班时：

计件制：头等/公务舱：1件（32公斤以内）；经济舱：1件（23公斤以内）。

④"东方万里行"白金卡、金卡、银卡会员凭卡即可使用指定机场头等舱休息室或指定机场公务舱休息室。"东方万里行"白金卡和金卡会员使用头等舱休息室候机时，可以携带1名同行者（同行者需乘坐当天东航航班）。

⑥航班起飞前48小时且航班有空余座位的情况下保证白金卡会员本人的奖励机票或奖励升舱座位申请。

⑦白金卡会员为本人和受益人兑换的东航航班奖励机票和奖励升舱，发生自愿退票，可享积分免费回退；白金卡会员以来回程标准兑换东航航班，自愿退其中某一航段，则扣除已使用航段单程积分后的余额退还至会员账户。

⑧免费升舱：在国内航班头等舱有空余座位的情况下，白金卡会员本人享受国内直达航班无限次免费升舱服务，须在值机关闭前于两舱柜台提出申请。免费升舱不得提前订座，不保证头等舱餐食，不享受头等舱免费行李额。白金卡会员在等级有效期内拥有4张会员本人专享国际、地区航班免费升舱券，会员可致电白金卡服务专线或登录东航官网、东方航空APP申请使用。

白金卡权益详解

东航在2016年6月18日正式推出了白金卡，目前已有逾万名白金卡会员，下面着重介绍一下白金卡的几大特色权益。

特色权益1：国内直达航班无限次免费升舱，国际航班4次免费升舱

只要有空位就可以免费升舱，当白金卡人数超过空位数时，按值机顺序先到先得。从执行情况看，除了京沪线等极热门航线，白金卡升舱的概率还是非常高的，但是随着白金卡数量越来越多，提早值机或许是个提高升舱概率的方法。

国际航班的4次免费升舱，性价比非常高，比如中美航线，使用波音777-300ER执飞，公务舱采用反鱼骨，可平躺，免费升舱的价值轻松过万。但需要注意的是，这个权益仅限白金卡本人使用，在有同行人的情况下，就会略显尴尬，后续是否会有调整尚不确定，不管怎样，这个权益还是非常超值的。

白金卡会员4张国际升舱券

特色权益2：奖励机票保证兑换，允许退票

白金卡会员可以为本人兑换距起飞前48小时以上的任意航线免票，有位置就可以兑换，而且允许退票，积分全额退还，这个权益对于积分多且行程计划不确认的白金卡会员简直是福音。另外，在非白金卡期间兑换的未使用免票，如果还在有效期内，在成为白金卡后，也可以享受免费退票、积分全额退还的服务。

特色权益3：增值权益三选一（免费酒店住宿、免费体检、免费模拟机体验）

东航白金卡之所以一经推出就引起业内轰动，跨界的增值权益功不可没。免费住宿三晚、免费体检、免费模拟机体验三大权益任选其一。官网上找到增值权益券，点击使用预约，即可进行预约。

白金卡会员增值权益券

普遍认为"免费酒店住宿3晚"在这三个权益中性价比最高、使用最方便。由于东航与喜达屋集团的深度合作，所以提供的"免费酒店住宿3晚"均为喜达屋集团旗下酒店，涵盖北京、上海、广州、杭州、桂林、三亚、成都、重庆、澳门、阿姆斯特丹、法兰克福、巴黎、布拉格、圣彼得堡、名古屋、曼谷、清迈、墨尔本、悉尼、纽约，总共20个国内外城市，商务旅游兼备，可选同一酒店，也可选不同酒店，可以三天连住，也可以分三次来住，各酒店的房型不一，但全部含早餐，东航该权益可谓诚意满满。

免费住宿券预约页

免费体检在多个城市可用，体检套餐种类很多，内地为爱康君安和爱康国宾提供，台湾地区为国泰健康管理提供。由于体检套餐在许多电商网站均有低价促销，所以如果有国外住宿刚需的话，这个免费体检权益就显得不那么划算了，有兴趣的白金卡会员可以登录官网查看权益。

最后一个增值权益是模拟机体验券，这个价值因人而异，但个人认为与酒店住宿权益相比并不划算。

重要权益更新：

自2016年12月15日起，东航与SPG俱乐部联合推出了"悦享东方计划™"，"东方万里行"银卡、金卡和白金卡会员在入住参与SPG俱乐部的酒店与度假酒店时，每一美元符合条件的住宿消费（在如常获得Starpointss积分的基础上）将可额外获得2点"东方万里行"里程点数。

"东方万里行"白金卡和金卡精英会员还可在逾1300家参与SPG俱乐部的酒店与度假酒店尊享额外礼遇：

- SPG俱乐部精英会员优先登记入住权
- 下午四点延迟退房
- 免费客房内网络连接
- 升级至首选客房（视供应情况而定）
- 在参与活动的中国酒店乐享八五折或以上的餐饮折扣

（酒店列表请参照官网 https://spgchinapromo.com/index）

同时，SPG白金会籍以及金会籍会员搭乘东航实际承运航班并且成行后，每累积"东方万里行"4点积分可额外获得1点Starpointss积分（需先在东航官网绑定SPG账号）；SPG俱乐部白金会籍会员在搭乘东航实际承运航班上还可额外享受"东方万里行"银卡权益：

- 优先值机
- 优先登机
- 行李优先
- 超额免费行李
- 指定机场公务舱休息室

SPG 和东航的跨界合作可谓是诚意满满，比如 SPG 酒店常旅客不用飞行 25 次即可得到东航银卡权益，而且每次乘坐东航航班，除了可以正常累积东航积分，还可以额外按 4∶1 的比例获得 SPG 积分，比如小 A 是 SPG 白金会籍会员（即东航银卡），一趟上海至北京往返的 Y 舱，可以累积东航积分约 2930 分，按照 4∶1 的比例，可以获得 SPG 的 Starpointss 积分 732 分，3 个京沪线 Y 舱往返所赠送的积分，就可兑换 SPG 的 CAT1 级别酒店的一晚住宿了（一晚 SPG 的 CAT1 级别酒店需要 2000 点 Starpointss 积分）。所以不论你是 SPG 还是东航的会员，这次的东航和 SPG 的跨界合作不容错过。

贵宾会员隐藏权益

所谓隐藏权益，是指贵宾手册明文规定以外的权益，这里简单提几个常用的隐藏权益。

隐藏权益 1：机上五件套

对于金卡、白金卡会员，乘坐东航、上航实际承运航班时，空乘人员会在飞机上提前准备好枕头、毛毯、拖鞋、报纸、瓶装水，俗称五件套或大礼包，并且会有登机问候和降落时间通知，部分航线银卡也有此待遇。

隐藏权益 2：白金卡专用值机通道及 VIP 休息室

许多机场已经专门为白金卡会员开辟了白金卡专用值机通道，与金银卡分开，不再担心排队的困扰。同时，白金卡会员在部分机场可以使用与金银卡分开的 VIP 休息室或白金卡休息区，如：在上海浦东机场。

天合联盟权益

天合联盟成员包括：俄罗斯国际航空、阿根廷航空、墨西哥航空、西班牙欧洲航空、法国航空、意大利航空、中华航空、中国南方航空、中国东方航空、捷克航空、达美航空、印尼鹰航、肯尼亚航空、荷兰皇家航空、大韩航空、黎巴嫩中东航空、沙特阿拉伯航空、罗马尼亚航空、越南航空以及厦门航空。

AEROFLOT 俄罗斯航空公司　　AerolineasArgentinas 阿根廷航空公司　　AEROMEXICO 墨西哥航空公司　　AirEuropa 西班牙欧洲航空公司　　AIRFRANCE 法国航空公司

CHINA EASTERN 中国东方航空公司　　CHINA SOUTHERN 中国南方航空公司　　CZECH AIRLINES 捷克航空公司　　DELTA 美国达美航空公司　　Kenya Airways 肯尼亚航空公司

MEA 中东航空公司　　SAUDIA 沙特阿拉伯航空公司　　TAROM 罗马尼亚航空公司　　Vietnam Airlines 越南航空公司　　XIAMENAIR 厦门航空公司

CHINA AIRLINES 中华航空公司　　Alitalia 意大利航空公司　　KOREAN AIR 大韩航空　　KLM 荷兰皇家航空公司　　Garuda Indonesia 印尼鹰航空公司

天合联盟成员

2011年6月21日，东航与子公司上海航空正式加入天合联盟，成为联盟中第14位成员航空公司。"东方万里行"金卡、白金卡会员即为天合联盟超级精英会员；"东方万里行"银卡会员即为天合联盟精英会员。"东方万里行"贵宾会员，乘坐航班代号方和实际承运方为天合联盟航空公司航班，可享受以下服务。

"东方万里行"贵宾会员权益（天合联盟成员实际承运航班）

服务项目	天合联盟超级精英会员	天合联盟精英会员
保证订座①	√ （6小时以上国际航班）	无
优先订座候补	√	√
机上选位	√	√
优先机场候补	√	√
优先机场票台②	√ （在有条件的机场提供）	无
优先值机	√	√
超额免费行李③	计重制：20公斤 计件制：1件 （与其所乘航班舱位的单件行李限额一致）	计重制：10公斤 计件制：1件 （与其所乘航班舱位的单件行李限额一致）
优先安检和优先边防通道④	√ （在有条件的机场提供）	无
休息室候机⑤	√ （可携一名同行者）	无

优先登机	√	√
优先中转柜台⑥	√ （在有条件的机场提供）	无
行李优先	√	无
消费积分奖励	标准里程的30%	标准里程的15%
	贵宾会员乘坐不累积升级积分的舱位时，不可享受积分奖励	

① "东方万里行"白金卡、金卡会员在乘坐6小时以上的天合联盟国际航班时，需在航班起飞24小时前向承运的联盟航空公司提出申请，可保证经济舱全价票订座。

②、④、⑥可提供优先机场票台、优先安检和优先边防通道、优先中转柜台的机场明细，请登录东航官网查询。

③天合联盟各成员公司向天合联盟贵宾会员提供的免费行李额可能会有差异，详情请直接向该公司查询。

⑤ "东方万里行"白金卡、金卡会员乘坐或者转乘天合联盟成员航空公司国际航班的当日，不论何种舱位等级，都可以在特定的机场进入天合联盟候机室，且可邀请一名亲友共同享用贵宾休息室，该亲友需与会员搭乘同一天的天合联盟国际航班并同时出现。您只需出示天合联盟航空公司国际航班当日机票和有效的超级精英会员卡即可。目前东航向联盟开放的贵宾室明细请登录东航官网查询。关于联盟内成员航空公司提供服务的机场范围，请向该联盟公司查询。

除特别说明外，实际承运方为天合联盟成员的子公司且该子公司未加入天合联盟，则乘坐该承运方航班时不享受贵宾权益。

大中华携手飞

"大中华携手飞"，是中华航空、中国东方航空、中国南方航空、厦门航空四航联手，为经常往返的旅客提供更优质便捷的服务。其中包括制定会员专属产品，扩增四航会员权益，如符合条件的精英、超级精英会员可使用遍及中国大陆、香港、台湾等自营机场贵宾室等优先服务。

四家航司的天合联盟精英会员（东航银卡、南航银卡、厦航银卡、华航金卡），在搭乘四航往返大陆—台湾、大陆—香港、台湾—香港三个航班时，可使用任一家自营休息室。

四家航司的天合联盟超级精英会员（东航白金卡、东航金卡、南航金卡、厦航金卡、华航晶钻卡、华航翡翠卡），除四航航班外，搭乘南航、东航、厦航的中国境内航线也可以使用任一家自营休息室，除此之外，还可携带一名乘坐同航班的人员进入。

参与"大中华携手飞"的休息室

南航	广州、北京、上海（浦东、虹桥）、乌鲁木齐、沈阳、长春、郑州、哈尔滨、贵阳、长沙、海口、三亚、深圳、重庆、汕头、大连
东航	上海（浦东、虹桥）、昆明、西安、合肥、兰州、石家庄、青岛
厦航	厦门、福州、杭州、晋江、南昌、天津
华航	台北（桃园）、高雄

东方万里行里程/航段累积规则及技巧

东航、上航航班累积

会员乘坐航班代号为"MU""FM"，且由东航、上航或者有常旅客合作关系的伙伴航空实际承运的航班。可累积消费积分、升级积分和升级次数，累积规则见下表。

积分累积规则（东航、上航实际承运航班）

服务等级	舱位	消费积分① (标准里程② * 累积率)		升级积分 (标准里程 * 累积率)	升级次数
		基础积分③	舱位奖励积分④		
豪华头等舱⑤	U	100%	300%	400%	3.0
头等舱	F/P (国际/地区)	100%	200%	300%	2.0
	P (国内)	100%	25%	125%	1.0
公务舱	J/C/D/I	100%	100%	200%	1.5
高端经济舱	W	100%	25%	125%	1.0

续表

服务等级	舱位	消费积分① (标准里程② * 累积率)		升级积分 (标准里程 * 累积率)	升级次数
		基础积分③	舱位奖励积分④		
超级经济舱	W (国际/地区)	100%	25%	125%	1.0
经济舱	Y	100%	25%	125%	1.0
	B/M/E/H	100%	–	100%	1.0
	K/L/N/R/S/V/T	50%	–	50%	1.0
不可累积舱位	A/O/X/G/Z/Q	0			

①消费积分：乘坐有效的东航航班、伙伴航空航班、在非航空合作伙伴处消费及参加各类营销活动所累积的积分，会员可用消费积分兑换各类奖励。

②标准里程：是指根据国际航空运输协会（IATA）公布的 TPM 为参照的城市间距离，以公里为单位。可在东航官网查询。按照（单位换算关系：1 英里 =1.609 公里）"东方万里行"积分累积遵循"最低标准里程"，即当城市间距离小于 500 公里时，标准里程以 500 公里计。但个别伙伴航空航班的积分累积不享受"最低标准里程"。

③基础积分：舱位基础累积积分，等于标准里程乘以所购机票舱位对应的基础累积率得出的积分值（结果四舍五入）。

④舱位奖励积分：购买指定舱位的奖励积分，等于标准里程乘以所购机票舱位对应的奖励累积率得出的积分值（结果四舍五入）。

⑤豪华头等舱（U 舱）累积标准自 2014 年 10 月 31 日起适用。

需要特别注意的是，所有的包机航班均不能享受积分和航段累积。消费积分和升级积分以标准里程作为计算基数。如果会员同时参与其他常旅客计划，只可选定一家常旅客计划累积积分。会员必须于成行后 6 个月内申请航空积分补登。在成为会员前一个月的东航航班乘机记录，会员可以申请补登。

天合联盟航班累积

会员乘坐挂有天合联盟的航班代号，且由天合联盟成员公司实际承运的航班，可累积消费积分、升级积分和升级次数，具体累积规则见下表。

积分累积规则（天合联盟实际承运航班）

航空公司及航班代号	服务等级	购票舱位	消费积分（标准里程*累积率）基础积分	舱位奖励积分	升级积分（标准里程*累积率）	升级次数
俄罗斯航空（SU）	公务舱	J/C/D	100%	30%	130%	1.5
		I/Z	100%	–	100%	1.0
	超级经济舱	W/S/A	100%	10%	110%	1.0
	经济舱	Y/B	100%	–	100%	1.0
		M/U/K/H/L	75%	–	75%	0.5
		Q/T/E/N	50%	–	50%	0.5
墨西哥航空（AM）	公务舱	J/C/D	100%	30%	130%	1.5
		I	100%	–	100%	1.0
	经济舱	Y/B/M/U/K/H/L/Q/T/E	100%	–	100%	1.0
		W/N/R/V	50%	–	50%	0.5
西班牙欧洲航空（UX）	公务舱	J/C/D	100%	50%	150%	1.5
		I	100%	–	100%	1.0
	经济舱	Y/B/M/L/E/K/V/H	100%	–	100%	1.0
		S/R/U/T/Q	50%	–	50%	0.5
		P/A/N	25%	–	25%	0.5
法国航空（AF）	头等舱	P/F	100%	50%	150%	2.0
	公务舱	J/C/D/I/Z	100%	25%	125%	1.5
	超级经济舱	W/S/A	100%	10%	110%	1.0
		A	100%	–	100%	1.0
	经济舱	Y/B	100%	–	100%	1.0
		H/K/L/Q/T/E/N	50%	–	50%	0.5
	其中：T/E/N 舱所对应的运价级别最后一位为 9 时不可累积					
意大利航空（AZ）	公务舱	J/C/D/I/E	100%	25%	125%	1.5
	经济舱	P/A/Y/B/M/H/V/K/T	100%	–	100%	1.0
		Q/N/S/X	50%	–	50%	0.5
阿根廷航空（AR）	公务舱	J/C/D/I	100%	30%	130%	1.5
	超级经济舱	W/S	100%	30%	130%	1.5
	经济舱	Y/B/M/U/K/H/L/Q	100%	–	100%	1.0
		T/E/N/V/A/R/G	50%	–	50%	0.5

续表

航空公司及航班代号	服务等级	购票舱位	消费积分（标准里程*累积率）		升级积分（标准里程*累积率）	升级次数
			基础积分	舱位奖励积分		
中华航空（CI）	头等舱	F	100%	50%	150%	2.0
	公务舱	J	100%	30%	130%	1.5
		C	100%	25%	125%	1.5
		D	100%	15%	115%	1.0
	超级经济舱	W/U	100%	15%	115%	1.0
		E	100%	−	100%	1.0
	经济舱	Y/B/M	100%	−	80%	1.0
		K/V/T	80%	−	75%	0.5
		R/Q/H/N	50%	−	50%	0.5
作为中华航空子公司的华信航空，当会员乘坐部分华信航班时亦可累积积分，且舱位累积率同上表，详见东航官网						
中国南方航空（CZ）	头等舱	F/P	100%	50%	150%	2.0
		其中：P舱为奖励机票时不可累积				
	公务舱	J/C/D	100%	30%	130%	1.5
		I	100%	−	100%	1.0
	经济舱	W	100%	10%	110%	1.0
		Y/B/M/H/K	100%	−	100%	1.0
		U/L/E/Q/S/A	40%	−	40%	0.5
捷克航空（OK）	公务舱	C/D/J	100%	30%	130%	1.5
	经济舱	Y/B/M/H/K/T	100%	−	100%	1.0
		G/A/L/Q/X/U	50%	−	50%	0.5
印尼鹰航（GA）	头等舱	F/A	100%	50%	150%	2.0
		P	100%	40%	140%	2.0
	公务舱	J/C	100%	25%	125%	1.5
		D/I	100%	15%	115%	1.5
	超级经济舱	W	100%	−	100%	1.0
	经济舱	Y/B	100%	−	100%	1.0
		M/K/N	50%	−	50%	0.5
美国达美航空（DL）	头等舱	F/P	100%	150%	250%	2.0
		A	100%	75%	175%	2.0
		G	100%	50%	150%	2.0
	公务舱	J/C	100%	100%	200%	1.5
		D/I	100%	75%	175%	1.5
		Z	100%	50%	150%	1.5

续表

航空公司及航班代号	服务等级	购票舱位	消费积分（标准里程*累积率）基础积分	消费积分（标准里程*累积率）舱位奖励积分	升级积分（标准里程*累积率）	升级次数
美国达美航空（DL）	经济舱	Y	100%	25%	125%	1.0
		B/M/S/H	100%	—	100%	1.0
		Q/K	75%	—	75%	0.5
		L/U/T/X/V/E	50%	—	50%	0.5
肯尼亚航空（KQ）	公务舱	J/C/D/I/Z	100%	30%	130%	1.5
	经济舱	Y/B/M/U/K/H/L/Q/E/N/T	100%	—	100%	1.0
		V/G	50%	—	50%	0.5
荷兰皇家航空（KL）	公务舱	J/C/D/I/Z	100%	25%	125%	1.5
	经济舱	Y/B	100%	—	100%	1.0
		W/H/K/S/A/L/Q/T/E/N	50%	—	50%	0.5
大韩航空（KE）	头等舱	R	100%	65%	165%	2.5
		P/F	100%	50%	150%	2.0
	公务舱	J/C/D/I	100%	30%	130%	1.5
		Z	100%	—	100%	1.0
	经济舱	Y/B/M/S/H	100%	—	100%	1.0
		E	75%	—	75%	0.5
		K/Q/L/U	50%	—	50%	0.5
中东航空（ME）	公务舱	J/C/D/I/Z	100%	30%	130%	1.5
	经济舱	Y/B/M/U	100%	—	100%	1.0
		K/H/L/Q/T/N/V/R	50%	—	50%	0.5
	头等舱	P/F/A	100%	50%	130%	2.0
		其中：A舱为奖励机票时不可累积				
		J/C/D/I	100%	30%	130%	1.5
		Y	100%	—	100%	1.0
		Q	75%	—	75%	0.5
		U/E/B/M/K/H/L/T/N/V/G	50%	—	50%	0.5
		J/C/D/I	100%	30%	130%	1.5
		Y/B/M/U	100%	—	100%	1.0
		K/R/H/G/L/Q/N/T/V/S/E	50%	—	50%	0.5
		J/C	100%	25%	125%	1.5

续表

航空公司及航班代号	服务等级	购票舱位	消费积分（标准里程*累积率）		升级积分（标准里程*累积率）	升级次数
			基础积分	舱位奖励积分		
		D	100%	—	100%	1.0
		W/Z	100%	10%	110%	1.0
		Y/M	100%	—	100%	1.0
		B/S/H/K/L/Q	50%	—	50%	0.5
		F/A	100%	50%	150%	2.0
		其中：A舱为奖励机票时不可累积				
		国内：J/C/D/I	100%	50%	150%	1.5
		国际：J/C/D/I	130%	30%	130%	1.5
		Y/B/M/L/H	100%	—	100%	1.0
		K/N/Q/V	50%	—	50%	0.5

除表格所述的累积规则外，还有一些需要注意的内容。上表中未列明舱位为不可累积积分的舱位。所有的包机航班不能享受里程累积。乘坐天合联盟航班累积"东方万里行"积分遵循"最低标准里程"，即当城市间距离小于500公里时，标准里程以500公里计。如果会员同时参与其他常旅客计划，只可选定一家常旅客计划累积积分。会员必须于成行后6个月内申请航空积分补登。成为会员前一个月的天合联盟航班乘机记录，会员可以申请补登。

其他航班积分累积

会员乘坐挂有以下航空公司的航班代号，且由该公司或由东航实际承运的航班，可以累积消费积分，但不能累积升级积分和升级次数，具体规则见下表。

积分累积规则（其他航空实际承运航班）

航空公司及航班代号	服务等级	购票舱位	消费积分（标准里程*累积率）	
			基础积分	舱位奖励积分
日本航空（JL）	头等舱	国际：F/A	100%	50%
		国内：F（全价）	100%	50%
		国内：F（折扣）	100%	25%

续表

航空公司及航班代号	服务等级	购票舱位	消费积分（标准里程 * 累积率）	
			基础积分	舱位奖励积分
日本航空（JL）	公务舱	国际：J/C/D/X	100%	25%
		国际：I	70%	—
		国内：J（全价）	100%	10%
		国内：J（折扣）	80%	—
	超级经济舱	国际：W	100%	—
		国际：E	70%	—
	经济舱	国际：Y（全价）/B	100%	—
		国际：H/K/M/L/V/S	70%	—
		国际：Q/N/G/O/R	50%	—
		国内：Y（全价）	100%	—
		国内：Y（折扣）	70%	—
澳大利亚航空（QF）	头等舱	F/A	100%	50%
	公务舱	J/C/D/I	100%	25%
	超级经济舱	W/R/T	100%	10%
	经济舱	Y/B/H/K	100%	—
		G/L/M/V/S	50%	—
		N/O/Q	25%	—

与天合联盟实际承运航班的累积一样，上表中未列明舱位为不可累积积分的舱位。所有的包机航班不能享受里程累积。乘坐其他合作伙伴的积分累积不设"最低标准里程"。如果会员同时参与其他常旅客计划，只可选定一家常旅客计划累积积分。会员必须于成行后 6 个月内申请航空积分补登。成为会员前一个月的合作伙伴航班乘机记录，会员可以申请补登。

非航空类积分累积

除了乘坐航班累积，还可以通过东航的各类合作伙伴进行积分累积。信用卡累积详见本书有关航空联名卡章节，在此主要介绍酒店和其他行业的累积。

东航与绝大多数的知名酒店连锁品牌都有合作，具体累积比例如下表：

积分累积规则（酒店合作伙伴）

合作伙伴	累积标准	合作伙伴	累积标准
明宇商旅	每次入住 300-700 点	君澜酒店集团	每次入住 800/300 点 *
半岛酒店集团	每次入住 800 点	百乐酒店集团	每次入住 800/500/400 点
朗廷酒店集团	每次入住 1000 点	凯悦酒店集团	每次入住 800 点 *
香格里拉酒店集团	每次入住 800 点 *	万豪酒店集团	每消费 $1=1 点 /2 点
文华东方酒店集团	每次入住 800 点	洲际酒店集团	每消费 $1=1 点 /2 点
君华酒店集团	每次入住 800 点	温得姆酒店集团	每次入住 800/400 点 或每消费 $1=3 点 *
千禧酒店集团	每次入住 800 点	希尔顿酒店集团	每消费 $1=1 点
富豪酒店集团	每次入住 800/400 点	澳洲皇冠酒店	每次入住 1600 点
金陵连锁酒店	每次入住 800/400 点 *	喜达屋酒店集团	每消费 $1=2 点 /3 点 *
开元酒店集团	每次入住 800/400 点 *	凯莱酒店集团	每次入住 800/400 点 *
新罗首尔酒店	每次入住 500 点		
* 酒店奖励计划积分可转换为"东方万里行"消费积分			

为确保可以顺利累积，订房时请提供"东方万里行"会员卡号，并在办理入住手续时出示"东方万里行"会员卡。

此外，东航还有很多其他行业的合作伙伴，具体累积比例如下表：

积分累积规则（其他合作伙伴）

合作伙伴	累积标准	合作伙伴	累积标准
Agoda.com	每消费￥10=3-8 点	锦江国际	星级酒店每消费 10 元 =3 点 * 锦江之星每消费 10 元 =1 点 * 百时快捷酒店每消费 10 元 =1 点 * 锦江出境游每消费 10 元 =1 点 * 锦江国内游每消费 20 元 =1 点 * 锦江租车每消费 10 元 =3 点 * 锦江 4S 店每消费 10 元 =1 点 *
上航假期	每消费￥10=5 点		
Hotels.com	每消费￥10=5 点		
	住 10 晚即享 1 晚免费住宿		
i-天地	每 12 点 i-天地会员积分 =1 点		
飞客茶馆	12000 飞米 =500 点		
里享家	每消费￥10=5-20 点		
乐益通	每 10 点中信乐益通积分 =1 点	嗨悠游	每消费￥1=4-6 点
上航旅游	每消费￥10=5 点	艺龙网	每消费￥10=3 点
携程网	每消费￥10=3 点	天会调查	每 1000 个天会宝 =100 点
全球订房网	每消费￥10=5 点	安飞士租车	1 次租用 =400 点
至尊租车	1 次租用 =400 点 *	友邻租车	1 次租用 =400 点

续表

合作伙伴	累积标准	合作伙伴	累积标准
道乐租车	1 次租用 =800 点	赫兹租车	1 次租用 =400/800 点
上海联通	每 1000 点联通积分 =100 点	芒果网	每消费 ¥10=3 点
欧洲购物村	欧洲九大购物村：每消费 £1/€1=3 点 苏州奕欧来购物村：每消费 ¥10=3 点	平安万里通	每 50 万里通积分 =1 点
		携程全球购	每消费 ¥100=25 点起
迈生活	每消费 ¥1-4=1 点		

* 合作伙伴奖励计划积分可转换为"东方万里行"消费积分

里程/航段累积技巧

自 2016 年 3 月 18 日开始，东航每个月的 18 号定为东航会员日，会推出各种优惠活动，截至目前已经有过双倍航段、双倍积分、乘坐 10 次额外 1 万积分等各种活动，多关注东航的官网活动有助于快速累积积分和航段。

从白金卡推出至今，不少金卡、银卡会员，甚至普卡会员，为了更快地达成白金卡，利用短途、低价航线来进行快速获得升级次数（俗称"刷航段"）。下面简要地推荐一些短途、低价的刷航段航线，比如：上海－安庆航线、南京－盐城航线、上海－南京航线、北京－吕梁航线、西安－延安航线等。另外，一些空余时间较少的会员会选择豪华头等舱（U 舱）来快速获得航段，因为 U 舱的升级次数为 3，不过豪华头等舱目前仅在东航的波音 777-300ER 执飞的航班中使用，且该机型主要用来飞国际航线，不过不用担心，如果真的需要，可以通过乘坐该机型执飞的国际航线国内段来进行快速累积升级次数，如：福州－上海航线的 MU587 航班。

国际航线国内段（MU587 航班）

东方航空里程兑换规则及技巧

东航里程可以兑换免费机票、升舱、礼品、行李额等各种丰富奖励。但仔细研究就会发现,除了免费机票,其他奖励并不划算,所以在此仅介绍有关里程兑换免费机票的有关规则及技巧。下面对东方航空的免票兑换分为普通的积分兑换免票(东航、上航实际承运航班)、兑换天合联盟航班免票、兑换合作伙伴航班免票、机票随心兑这几种方式分别进行介绍。

1. 积分兑换免票(东航、上航实际承运航班)

使用"东方万里行"积分兑换东航奖励机票的全程必须是东航航班,航班代号方和实际承运方皆为东航航班,且为直达航班。如果来回程分别为不同的舱位,则所需积分为相应舱位来回程所需消费积分的50%相加。具体标准如下表:

中国国内(不含港、澳、台地区)航线兑奖标准(单位:点)

航程距离	经济舱		公务舱		头等舱	
	单程	来回程	单程	来回程	单程	来回程
1-600公里	6000	12000	8000	16000	11000	22000
601-1200公里	12000	23000	16000	30000	21000	40000
1201-1800公里	16000	30000	20000	38000	28000	53000
1801-2400公里	20000	38000	25000	48000	35000	66000
2401公里+	25000	48000	32000	60000	43000	82000

国际(地区)航线兑奖标准(单位:点)

自/至 中国大陆	经济舱		公务舱		头等舱	
	单程	来回程	单程	来回程	单程	来回程
港澳台	20000	38000	30000	58000	40000	70000
东北亚、东南亚	25000	48000	38000	70000	50000	80000
南亚、中亚、中东、北非	30000	55000	45000	80000	60000	90000
欧洲、南太平洋、夏威夷	46000	90000	85000	160000	135000	240000
北美、南非	55000	98000	100000	180000	155000	280000

需要注意的是,为受益人兑换中国与欧洲、南太平洋地区、夏威夷、北美或南非区域的头等舱或公务舱飞行奖励,一年最多兑换2套来回程奖励机票(4套单程

奖励机票）或 4 次升舱奖励；为受益人兑换经济舱飞行奖励以及兑换其他区域的头等舱或公务舱飞行奖励，不受上述兑换次数的限制。

若全程兑换东航航班奖励机票，退票规则有以下两种情形：

①东航原因导致会员非自愿退全程机票，则退还已兑换的积分至会员账户；

②因东航原因导致会员非自愿退其中某一航段，则退还该航段对应舱位的单程积分至会员账户。

怎样兑换更为划算呢？国内线而言，大多数的来回程兑换比两个单程的兑换要划算；如果要兑换国内航线的头等舱，建议先查下该航线是否有国际航线的国内段执飞，因为国际航线的国内段的头等舱是按公务舱进行销售和兑换的。在国际线方面，很多航线东航也还算厚道。同时，在兑换前也可关注每月 18 日的东航会员日活动，比如时有出现的 6 折兑换免票的活动。

如果同时累积东航、南航、国航等多家国内的常旅客积分，建议将东航的积分用在 600 公里以内的经济舱、头等舱兑换（包括单程和往返），以及 800—1800 公里、2000—2400 公里的头等舱单程兑换，这些航线的积分兑换，东航的性价比略胜于其他两家。

2. 兑换天合联盟航班免票

会员可使用"东方万里行"的积分兑换挂有天合联盟成员公司的航班代号且由该公司实际承运航班的奖励机票。可以兑换单独一家联盟伙伴航空公司的奖励机票，也可以兑换多家联盟成员航空公司（包括东航）联运的奖励机票。如果奖励机票全程为东航航班，则使用兑换东航航班的奖励机票标准。具体标准如下表：

天合联盟航班之国内航线单程兑奖标准（单位：点）

	一国之内		经济舱	公务舱	头等舱
Ⅰ	中国大陆	1-1200 公里	15000	25000	30000
		>1200 公里	25000	50000	60000
Ⅱ	美国（美国 49 洲，不包括夏威夷）、俄罗斯、加拿大、巴西、澳大利亚、印度、阿根廷、哈萨克斯坦、苏丹、阿尔及利亚、刚果、墨西哥、沙特阿拉伯、印度尼西亚		20000	40000	50000
Ⅲ	台湾地区内的航班，以及除Ⅰ和Ⅱ以外的国家和地区		15000	30000	40000

天合联盟航班之国际（地区）航线单程兑奖标准（单位：千点）

区域名称		港澳台	东北亚	东南亚	南亚中亚	欧洲	美国加拿大	墨西哥加勒比海中美洲	南美洲北部	南美洲南部	夏威夷	南太平洋	中东北非	中非南非
中国大陆	经济舱	25	25	35	40	55	60	60	70	85	50	50	50	60
	公务舱	40	40	55	70	100	110	110	130	165	90	90	90	110
	头等舱	50	50	70	85	135	140	140	160	210	120	120	120	140
港澳台	经济舱	25	25	35	40	55	60	60	70	85	50	50	50	60
	公务舱	40	40	55	70	100	110	110	130	165	90	90	90	110
	头等舱	50	50	70	85	135	140	140	160	210	120	120	120	140
东北亚	经济舱		25	35	40	55	60	60	70	85	50	50	50	60
	公务舱		40	55	70	100	110	110	130	165	90	90	90	110
	头等舱		50	70	85	135	140	140	160	210	120	120	120	140
东南亚	经济舱			25	35	60	65	65	70	85	55	45	50	55
	公务舱			40	55	110	120	120	130	165	100	80	90	100
	头等舱			50	70	140	155	155	160	210	135	110	120	135
南亚中亚	经济舱				25	50	65	70	85	90	75	60	35	40
	公务舱				40	90	120	130	165	175	140	110	55	70
	头等舱				50	120	155	160	210	220	180	140	70	85
欧洲	经济舱					25	30	40	55	60	65	85	35	55
	公务舱					40	40	70	100	110	120	165	55	100
	头等舱					50	50	85	135	140	155	210	70	135
美国加拿大	经济舱						25	30	40	55	40	75	65	70
	公务舱						40	40	70	100	70	140	120	130
	头等舱						50	50	85	135	85	180	155	160
墨西哥加勒比海中美洲	经济舱							25	35	45	35	80	65	80
	公务舱							40	55	80	55	160	120	160
	头等舱							50	70	110	70	200	155	200
南美洲北部	经济舱								25	35	40	75	65	65
	公务舱								40	55	70	140	120	120
	头等舱								50	70	85	180	155	155
南美洲南部	经济舱									25	50	65	70	55
	公务舱									40	90	120	130	100
	头等舱									50	120	155	160	135

续表

区域名称		港澳台	东北亚	东南亚	南亚中亚	欧洲	美国加拿大	墨西哥加勒比海中美洲	南美洲北部	南美洲南部	夏威夷	南太平洋	中东北非	中非南非
夏威夷	经济舱											15	50	75	80
	公务舱											30	90	140	160
	头等舱											40	120	180	200
南太平洋	经济舱												25	70	65
	公务舱												40	130	120
	头等舱												50	160	155
中东北非	经济舱													30	40
	公务舱													40	70
	头等舱													50	85
中非南非	经济舱														30
	公务舱														40
	头等舱														50

需要特别注意的是，天合联盟航班奖励机票的座位数量视座位供应情况而定。大韩航空公司实行奖励机票的限制使用日期，详见大韩航空官网。奖励机票可兑换单程或来回程，国际（地区）航线来回程奖励机票允许在同一兑奖区域内的缺口，国内航线来回程奖励机票不允许缺口。来回程兑换标准为单程兑换标准的两倍。当去程和回程为不同舱位时，将不同舱位所对应的单程积分进行相加即为整个来回程所需的积分。

总体来看，天合联盟的联盟内航空公司的免票兑换不如星空联盟和寰宇一家厚道，所以如果没有特别情况，还是建议参加天合联盟常旅客的会员，累积哪家就兑换哪家的机票。

3. 兑换合作伙伴航班免票

会员可使用"东方万里行"的积分兑换合作伙伴航班：日本航空公司（JL）和澳大利亚航空公司（QF），挂有该航空公司代号并且由该航空公司实际承运的奖励机票。

日航只支持兑换往返，不支持单程，如来回程分别为不同舱位，则所需积分为相应舱位来回程所需积分除以2以后相加，日航国内航线奖励机票有效期自出票日起的90天内有效。

日航奖励机票兑换标准（单位：点）

区域之间	来回程（往返）所需积分		
	经济舱	公务舱	头等舱
日本国内	35000	65000	
日本—中国大陆	50000	75000	100000
日本—港澳台	50000	75000	100000
日本—韩国	50000	75000	100000
日本—东南亚	65000	100000	130000
日本—南亚、中亚	65000	100000	130000
日本—南太平洋	95000	140000	190000
日本—北美	100000	150000	200000
日本—欧洲	105000	160000	215000
日本—夏威夷	65000	100000	130000
日本—南美洲南部	150000	225000	300000
北美—南美洲南部	95000	140000	190000
北美—墨西哥、加勒比海、中美洲	65000	100000	
东南亚—东南亚	27000	55000	

澳航可兑换单程或来回程，国际（地区）航线来回程奖励机票允许在同一兑奖区域内的缺口，国内航线来回程奖励机票不允许缺口。来回程兑换标准为单程兑换标准的两倍。当去程和回程为不同舱位时，将不同舱位所对应的单程积分进行相加即为整个来回程所需的积分。

澳航奖励机票兑换标准（单位：点）

航程距离	经济舱		公务舱		头等舱	
	单程	来回程	单程	来回程	单程	来回程
澳大利亚境内	22500	45000	40000	80000	50000	100000
澳大利亚—中国大陆	60000	120000	100000	200000	125000	250000
澳大利亚—港台	60000	120000	100000	200000	125000	250000

续表

航程距离	经济舱		公务舱		头等舱	
	单程	来回程	单程	来回程	单程	来回程
澳大利亚—南太平洋	25000	50,000	45000	90000	55000	110000
澳大利亚—东北亚	60000	120000	100000	200000	125000	250000
澳大利亚—东南亚	50000	100000	90000	180000	110000	220000
澳大利亚—南亚、中亚	75000	150000	130000	260000	155000	310000
澳大利亚—北美	100000	200000	170000	340000	210000	420000
澳大利亚—夏威夷	65000	120000	100000	200000	125000	250000
澳大利亚—南美洲南部	80000	160000	135000	270000	165000	330000
澳大利亚—欧洲	110000	220000	190000	380000	230000	460000
澳大利亚—中非、南非	85000	170000	145000	290000	180000	360000
东南亚—南亚、中亚	35000	70000	60000	120000	75000	150000
东北亚—欧洲	75000	150000	130000	260000	155000	310000
东南亚—欧洲	75000	150000	130000	260000	155,000	310000
美国境内	30000	60000	50000	100000	65000	130000

4. 机票随心兑

2014年12月23日起，"东方万里行"推出国内航线"机票随心兑"产品，除原有的奖励机票积分兑换之外，开放现金购买舱位可以使用积分进行兑换。

国内航线"机票随心兑"的兑换范围：①适用于东航国内航班单程和来回程有价销售机票；②会员可为本人兑换，贵宾会员兑换还可享受折扣优惠，目前为8折优惠；③会员可为儿童受益人或成人受益人兑换本产品；本产品暂不支持为婴儿受益人兑换。积分随心兑的机建费和税费由东航承担，但退票费、改期费、升舱费仅限积分支付。乘机人成行后与正常现金购票一样，可获得达人券；乘机人如为会员，成行后仍可按成行舱位享受"东方万里行"积分累积；购买本产品不享受东航官网购票额外积分赠送和航延险赠送。该产品仅限东航官网销售，该类机票的退票、改期和升舱仅限官网操作。该产品的积分售价实时变动，以实际操作时网站显示为准；该产品官网自愿改期升舱仅限3次，逾次按自愿退票处理。

虽然大多数的机票随心兑所需的积分比普通的积分兑换高出不少，但是机票随心兑也有一定的优势。首先机票随心兑开放的票量较多，而且兑换免收燃油费、机场建设费，同时实际乘坐后，还能赠送达人券、累积积分和升级航段。比如：成都—昆明航线，使用普通的积分兑换，需要 12000 积分 + 机场建设费 + 燃油费，而且没有达人券赠送、没有积分和航段累积，但是选择机票随心兑，经常有 12000 积分甚至低于 12000 积分的折扣经济舱，花费同样的积分甚至更少的积分，就可以兑换到免票，而且不用缴纳燃油费、机场建设费，同时实际乘坐后，还能赠送达人券、累积积分和升级航段，这样比普通积分兑换要划算得多。所以在使用积分兑换免票时，多做比较，找到最合适的兑换方式。

东方航空乘坐心得

东方航空航线众多，而且还有上航、中联航与东航进行航线互补，所以大多数的出行需求都可以解决。同时，中联航转型为低成本航空后仍然参与东方万里行的积分累积，为一些需要低价票又想同时累积积分的常旅客提供了便利。下面主要从购票、选座等方面介绍一下心得。

1. 购票技巧

由于第三方网站购票会有各种不确定因素，所以在此只讨论通过东航官网、东航手机 APP 购票的购票技巧。往返票有优惠大家都听过，但是经常买票的人会发现，有时候国内航线的往返票甚至比 2 个单程还贵，主要是往返票的折扣是在公布运价的基础上进行打折的，而一些经济舱的单程票已经在公布运价的基础上进行了优惠，所以会出现往返票比 2 个单程还贵的情况。

需要特别提醒的是，自 2013 年 7 月 22 日（含）出票起，公布来回程、联程、折扣运价客票退票，如客票全部未使用，从已付票款中扣除相应舱位的退票手续费后退还余额；如客票已部分使用，从已付票款中扣除已使用航段相应舱位的单段公布运价票款，及未使用航段相应舱位的退票手续费后退还余款。虽然购买往返票有很大的优惠，但是在其中一段使用后的改期/退票会收取高昂的费用，所以在购票前需要特别注意。

除了达人计划、银联支付活动外，目前官网长期活动还有机票集市、会员专享价、青老年特惠价等，都是购票好帮手。除了这些，还是强烈希望各位多去关注每月 18 日的东航活动，如购票立减、购票送券、国际航线买一送一等，在购票时先看一下官网的促销信息再买票，说不定能省下一大笔钱。

另外，东航套票对于经常往返于两地的常旅客而言，是个非常划算的产品，套票舱位只有标准头等舱（F舱）和标准经济舱（Y舱），但是价格的确是非常优惠和诱人。如果是购买国际/地区机票，建议官网和手机APP都搜索下，手机APP经常会查到官网查不到的票价，而且经常有很低的折扣商务舱。

2. 选座技巧

众所周知，经济舱第一排和紧急出口排的座位最为宽敞，但是这两排的座位大多数情况下会预留给贵宾会员，普通会员可以到机场尝试索要，但如果到了机场才办理值机、选座，很有可能连前排靠过道或者前排靠窗都无法选择。所以提前进行座位预留（经济舱第一排和紧急出口排不可选）或提前通过官网、手机APP进行手机值机对于普通会员是个很好的选择。

在东航官网购票，绝大多数航班在购票后可以直接在官网进行选座，同时，如果不是通过官网购票的常旅客计划，也可以提前一两天（各机场开放值机时间不同，详见官网）通过东航官网、手机APP办理值机、选座。

非自愿签转

碰到航班取消、起飞前很久就告知延误这类情况，免费签转至其他航空公司（有签转协议的航空公司）。比如小A同时是东航和国航的会员，在东航购买了一张特价经济舱，在起飞前1天通知小A该航班取消，并且小A发现同时段有一班国航航班且有余票，小A可以直接致电东航客服要求签转到国航同时段航班，签转后机票变为全价经济舱（Y舱），差价由东航承担。同样的道理，如果遇到购买特价头等舱时遇到航班取消，签转到他航时，也会变为全价头等舱（F舱），对于有多家常旅客计划的常旅客计划而言，是非常划算的。但是各大航司已经陆续对天气原因造成的延误不再给予非自愿签转服务，如果是航司自身原因（如机械故障、公司计划等）还是可以享受该服务。

3.5 中国南方航空及明珠俱乐部会员等级权益

作者：邓国栋

飞客茶馆 ID：Nicksterdgd

中国南方航空简介

中国南方航空总部设于广州，旗下设有新疆、北方、北京、深圳、海南、西安、黑龙江、吉林、大连、湖北、湖南、广西、上海、台湾以及珠海直升机等分公司和厦门航空、汕头航空、贵州航空、珠海航空、重庆航空、河南航空等6家附属公司。除了广州外，主要枢纽还有北京、乌鲁木齐和重庆。此外，在长沙、西安、大连、贵阳、哈尔滨、海口、沈阳、深圳等靠近广州或者是原北方航空基地的机场也有较大的存在感。

南航明珠俱乐部简介

南航的飞行常旅客奖励计划是南航明珠俱乐部（Sky Pearl Club）。明珠俱乐部会员除了在南航和天合联盟会员航空的航班上累积和兑换里程，还可在四川航空（航空合作伙伴）的航班上累积和兑换里程。此外，明珠俱乐部还与其他酒店、汽车租赁、信用卡、电信公司等合作，提供里程兑换及增值服务。

精英会籍级别以及相关权益

级别	权益	要求（每年评定一次）
金卡	天合联盟精英级别：天合联盟超级精英	升级里程：80000公里 升级航段：40个指定航段
	精英里程：标准里程的30%	
	经济舱全票价订座确认：起飞前48小时	
	乘机手续办理：头等舱柜位	

级别	权益	要求（每年评定一次）
金卡	贵宾室：可邀请1名于当天乘坐南航航班的旅客共同进入	升级里程：80000 公里 升级航段：40 个指定航段
	额外免费行李：20 千克或 1 件	
	优先候补及升舱	
	航班不正常：头等舱旅客地面服务待遇	
	定期收到礼品、资料（官方公布权益，实测不太靠谱）	
银卡	天合联盟精英级别：天合联盟精英	升级里程：40000 公里 升级航段：20 个指定航段
	精英里程：标准里程的 15%	
	经济舱全票价订座确认：起飞前 72 小时	
	乘机手续办理：商务舱柜位	
	贵宾室：限本人进入	
	额外免费行李：10 千克或 1 件	
	优先候补及升舱	
	航班不正常：商务舱旅客地面服务待遇	
	定期收到礼品、资料（几乎没有）	

下表为南航各舱位的订票代号及飞行里程累积比例。

客舱级别	订票代号	可登记的飞行里程奖励比例（适用于南航明珠俱乐部及天合联盟其他成员航空公司常旅客会员）	可登记的升级航段
明珠头等舱（国内航班）	A	350%	3
头等舱	A（国际航班）	350%	3
	F	300%	2
	P	200%	2
公务舱	J	250%	2
	C	200%	2
	D	150%	2
	I	110%	2
	W	110%	1.5
	S	75%	1

	Y	100%	1.5
	B、M、H、K	100%	1
	U、L、E、Q、A	50%	0
	V、Z、T、N、R	25%	0

和天合联盟其他航空公司的会员卡一样，南航明珠卡积累天合联盟内其他航空公司的飞行里程，也是极度令人失望。飞很多公司都只能积累两舱或者经济舱高票价的里程，尤其是航段计算更是抠门。比如南航明珠卡积累印尼鹰航，经济舱只有 Y 和 B 两个舱位才能积累一个航段。经过整理，累积率比较令人满意的航空公司只有西班牙欧罗巴航空和肯尼亚航空公司，比较之下可以勉强接受的航空公司有：阿根廷航空、罗马尼亚航空、意大利航空、墨西哥航空。

为什么要选择南航的明珠俱乐部？

国内的天合联盟成员除了南航还有东航和厦航，南航的明珠卡优势如下：

1. 兑换机票

首先，起点低，换短程机票的神器。800 公里内的航线只需 6000 里程兑换经济舱机票。以昆明到重庆为例，南航兑换一张经济舱需要 6000 而东航需要 12000。

其次，票量足，在时间和航线上的限制大大少于东航。

再次，南航每年会推出一至两次几乎全线网络的半价兑换，非常实惠。

最后，如果是金卡会员，在没有机票或者数量不够的情况下，可以拨打 95539 人工客服申请放出免票，成功概率较高。

2. 增值服务

南航明珠的精英会员会得到澳大利亚和新西兰签证的便捷签证服务，免去提供大量财力证明的负担。尤其是新西兰签证，几乎是填表即可。

3. 累积里程

南航也经常推出新航线、新机型、促销航线的额外里程赠送活动以及全网络的根据乘机次数、购票次数确定的额外里程赠送活动。

另外，作为精英会员的额外里程，不仅适用于南航自身航班，也适用于联盟内其他可累积的航班。

4. 升舱便利

新版南航明珠规则里面，除了极少数特殊折扣票和免票以外，南航都开放了自家航班上各种低折扣经济舱位向上升舱的里程兑换。

5. 航线红利

在本家的航空公司使用自家的卡肯定是福利会多于在联盟内使用，南航在国内和国际的网络上都是比东航和厦航有明显优势的，当然作为会员，也可以有更多的实惠。

6. 里程补登快速方便

不管是南航航班还是其他航班，补登都比较容易，只需电话至95539，然后再发邮件到南航俱乐部，很快就可以成功。

7. 最新增加的权益

精英会员能在会员级别处于精英会籍期间里程不过期。

再说说南航明珠卡的短板。

没有完美的会员卡，南航明珠卡也有它令人遗憾的地方：

1. 机上精英会员识别为零。实际上乘务员是清楚地知道有几名金卡的，只是令人遗憾的是无问候，无"x"件套，无优先选择餐食等很多精英常旅客可能比较在意的权益。反而，南航金卡乘坐厦航还会有识别服务。

2. 免费升舱概率微乎其微。和大多数国内航空公司一样，免费升舱概率和中彩票的概率没有太大差别。甚至有时候超售了，也只会升舱晚到值机的乘客，也不会先升精英会员。对于习惯了国泰航空这样的常旅客来说，需要很多的心理调整。

3. 很多便宜的票价都是不能累积航段，增加了升级或者保级的难度。

正确玩转南航明珠俱乐部的注意事项：

1. 添加受益人为别人时换票比较复杂：

每名会员最多可设置8名"奖励机票兑换受让人"，首次请尽量用满名额。

首次建立受让人名单，如会员账户自2009年1月1日起有3条（含）以上乘机记录，可即刻生效；如未达到3条乘机记录，则将于成功申请之日起30天后生效（3条乘机记录不包含川航、天合联盟航班累积比例为零的乘机记录）。

2. 很多活动只能在官方网站、95539或者手机移动端上订票才能参加，经常使用去哪儿和携程的朋友要注意。

3. 关于休息室的使用：南航是"大中华携手飞"的成员，其金银卡会员可以使用东航、厦航、中华航空的参与该活动的自营休息室。如：南航金卡搭乘厦航航班从昆明飞往贵阳，可以使用东航在昆明的自营休息室。

在过去的一年中，在天合联盟这个中国国内势力最为庞大的联盟国内成员中，以东航的动作最大，各项权益直线上升，也对南航明珠客户的忠诚度产生了很大的冲击。

那么如何快速辨别自己是否适合选择或者继续选择南航计划呢？

首先，考虑一下自己飞行的机场及主要航线是否是南航主场。如果主要出发机场为广州、重庆、乌鲁木齐、大连、哈尔滨等城市，可以考虑南航的明珠计划。因为这几个出行目的地由南航直飞的概率更高，或者在都有直飞的情况下，航班频次高的可能性越大，这个才是回归到了飞行的本质。

其次，统计自己可以搭乘天合联盟航班的频次和判断自己的会员卡预期。如果频次很低的情况下，只是为了累积积分，可以考虑南航。如果是在20次左右，也可以考虑南航。如果是50次以上的高频次，可以考虑东航，毕竟东航推出了全新的白金卡，有着非常丰厚的权益。主要原因是东航的银卡是要25个航段，而南航只要20个航段。

第三，考虑一下主要航线上的付费舱位等级。如果主飞两舱，南航的特价商务、头等都可以在明珠计划里面获得2个航段，也就是说10次特价两舱飞行就可以获得南航银卡（天合精英卡）；而东航的特价两舱只有1—1.5个航段，再加上银卡本身标准略高，获取银卡的难度大大增加。如果主要飞经济舱，尤其是特价经济舱，在同时段同航线又有东航的情况下，可以考虑转投东航，毕竟每个付费票都能换到一个航段。

总之，虽然东航的计划升级带来了很大的挑战，但是在一些特定条件下，南航明珠计划还是有自己的优势，大家需要根据自身情况进行仔细甄别，才能找到在联盟内最适合的会员计划。同时也希望南航的决策层能够尽快升级会员计划，提升竞争力。

3.6 海南航空及金鹏俱乐部会员等级权益

作者：楼翔

飞客茶馆 ID：katmai

海南航空简介

海南航空（国际航协代码 HU，下同）成立于 1993 年，是中国第四大航空公司，总部位于海口。海南航空目前尚未加入任何航空联盟，曾有传言海南航空会加入寰宇一家，但目前没有任何确认消息。不过海南航空和寰宇一家旗下的多个成员如美国航空、柏林航空等确实有着紧密的合作关系。

海南航空的主要基地机场包括海口美兰机场、北京首都机场，重点机场包括西安咸阳机场、太原武宿机场等。而海南航空的国际航线也主要集中在北京，拥有多条从北京飞往欧美的洲际航线。

海南航空金鹏俱乐部会员等级介绍

海南航空的常旅客计划称作金鹏俱乐部，同时金鹏俱乐部也是海航集团旗下香港航空（HX）、大新华航空（CN）、祥鹏航空（8L）、天津航空（GS）、首都航空（JD）、福州航空（FU）、扬子江航空（Y8）、北部湾航空（GX）共同的常旅客奖励计划。会员可以搭乘这些航空公司累积消费里程和升级里程，以后可能会有更多的海航系航空公司加入。金鹏俱乐部将里程称为积分，为了全书统一起见，我们还是称为里程。

除上述海航系航空公司外，柏林航空（AB）、阿提哈德航空（EY）也可以累积金鹏俱乐部的消费里程，而阿拉斯加航空（AS）更可以同时累积金鹏俱乐部的消费里程和升级里程。

此外，各种日常消费如酒店住宿、餐饮、购物、租车、信用卡也能赚取里程。以酒店为例，洲际、喜达屋、希尔顿、温德姆、香格里拉等国际连锁酒店，还有锦江、金陵、开元等国内连锁酒店以及Agoda、Booking等第三方预订网站，都可以赚取金鹏俱乐部的里程。

除了上述来源外，海南航空也开始大大方方卖里程，而且是和Points.com合作。售价是1000里程20美元，不过暂时没见到像美国航司那样动不动就来个买一送一五折促销的。这个价格比兑换国内机票的"现金+里程"方式要贵，但理论上可以用来兑换国际机票。

金鹏俱乐部的里程有效期为2年，但是海航采取了类似欧美航空公司的里程有效期规则，即只要两年内账户有变动即可自动延长两年。所以如果办张海航联名信用卡，只要每两年刷一笔即可保证里程长期有效。当然里程放在会员账户里也没利息，随着不断修改的里程兑换标准还会逐渐贬值，所以能用掉还是尽早用掉为好。

随着国内航空运输市场的发展，频繁乘坐飞机的公务客越来越多。传统的金银卡分级标准下，很多热门公务线路上金银卡乘客超过普通旅客数量也不再是新闻。因此金鹏俱乐部也顺应潮流推出了更高等级的白金卡，同时推出了独具特色的飞行卡。

金鹏俱乐部自2016年起分成五个会员等级，自高到低依次为白金卡、金卡、银卡、飞行卡和普通卡会员。具体的升/保级标准如下：

会员等级	升级标准（连续12个月内）	保级标准（贵宾资格有效期内）
白金卡	10万里程或80次有效乘机	10万里程或80次有效乘机
金卡	5万里程或40次有效乘机	5万里程或40次有效乘机
银卡	3万里程或20次有效乘机	3万里程或20次有效乘机
飞行卡	5000里程或4次有效乘机	5000里程或4次有效乘机

金鹏银卡及以上会员等级有效期内，获得的定级里程或定级航段超出保级标准的部分，可以滚动计入下个保级周期。此外金鹏俱乐部还经常推出挑战活动，其他航司高级会员或银行白金信用卡客户通过较少的航段就能升级为高级会员，比如

2016 年初的挑战活动，6 个航段即可升银，12 个航段即可升金。

　　金鹏飞行卡在按票价累积里程时可以额外获赠 10% 的里程，而升（保）级后也可以获得 1000 里程的奖励。另外里程票的退票改签费可以打折。因此哪怕飞得不多，也不妨注册一个试试。

金鹏银卡的权益主要包括：
- 额外 25% 的消费里程
- 公务舱值机柜台和休息室
- 额外 20 公斤或一件行李
- 公务舱休息室
- 提前 48 小时保证经济舱订座

金鹏金卡的权益包括：
- 额外 50% 的消费里程
- 头等舱值机柜台和休息室，可带一人
- 额外 30 公斤或一件行李
- 可透支 10000 里程
- 提前 48 小时保证经济舱订座
- 国内航班免费选座

　　金鹏白金卡权益基本等同金卡，但按票价累积里程时可享受额外 80% 的消费里程，并且提前 24 小时保证经济舱订座，国际航班免费选座，可以带两人享用头等舱值机和休息室，此外可以透支 20000 里程，可以赠送一个银卡资格给亲友等。金鹏金卡、白金卡会员还可以在乘坐阿拉斯加航空时享受贵宾休息室服务。

　　除以上和其他航空公司高级会员类似的权益外，金鹏银卡及以上会员还享有一个很特殊的权益：凡购买可累积里程舱位的国内航班机票，在航班起飞 2 小时前均可免费退票或免费变更，同时里程票变更也免费。

海南航空金鹏俱乐部累积和兑换标准

　　海航系各家航空公司的舱位代码并不统一，比如同样 Z 舱在海航、大新华、福州航是头等舱，在首都航却是公务舱，而在天津航则是经济舱，因此累积表格比较复杂。下表中如为空白，即为无此舱位或不能累积里程。

自 2017 年 7 月起，金鹏向北美三大航学习，海航系旗下除香港航空外，其他的航空公司的消费里程都将改为按票价累积，票价含燃油税，同时必须为可累积里程的舱位。如一张含燃油税 2355 元的机票，普卡会员可以累积 2350 里程，即不足 10 元部分不累积。

这个改变对于一些票价低累积里程多的国际票是利空，而对于国内许多距离短票价高的航线则是利好。比如北京—西安，全价 1830 人民币，旧规下普卡 Y 舱累积 125% 也才 1171 里程，新规下普卡则是 1830 里程，如果是飞行卡或更高级别会员得到的消费里程会比旧规更多。

而升级里程和航段仍然按旧标准执行，可以参考下表。

金鹏俱乐部舱位	代码	海南航空/大新华航空 国内		海南航空/大新华航空 国际		天津航空 国内		天津航空 国际		祥鹏航空		首都航空 国内		首都航空 国际		福州航空		扬子江航空		北部湾航空		香港航空	
		里程	航段	里程	航段	里程	航段	里程	航段	里程	航段	里程	航段	里程	航段	里程	航段	里程	航段	里程	航段	里程	航段
头等	F	200%	2	200%	1.5					200%	2					200%	2						
	Z	150%	1.5													120%	1.5						
	A	125%	1.5													100%							
公务	C	150%	2	200%	2	125%	2	150%	2	150%		150%	2	160%	2							200%	2
	D	125%	1.5	150%	1.5	100%	1.5	125%	1.5			125%	1.5	125%	1.5			150%	2			200%	2
	I	125%	1.5	125%	1.5	100%	1	100%	1			100%	1					125%	1.5				
	R	100%	1	100%	1																		
	J											100%	1			100%	1						
经济	Y	125%	1.5	125%	1.5	125%	1.5	125%	1.5	125%	1.5	125%	1.5	125%	1.5	100%	1.5	125%	1.5	125%	1.5	130%	1.5
	B	100%	1	100%	1	100%	1	100%	1	100%	1	75%	1	100%	1	90%	1	100%	1	100%	1	130%	1
	H	100%	1	100%	1	100%	1	100%	1			75%	1	100%	1	85%	1	100%	1	100%	1	100%	1
	K	100%	1	100%	1	100%	1	100%	1	100%	1	75%	1	100%	1	80%	1	100%	1	100%	1	100%	1
	L	100%	1	100%	1	100%	1	100%	1			75%	1	100%	1	75%	1	100%	1	100%	1	100%	1
	M	100%	1	100%	1	100%	1	100%	1	100%	1	75%	1	100%	1	70%	1	100%	1	100%	1	100%	1
	W	100%	1	50%	1	50%	1	50%	1			50%	1	50%	1	50%	1	50%	1	50%	1	10%	0
	Q	50%	1	50%	1	50%	1	50%	1	50%	1	50%	1	50%	1	50%	1	50%	1	50%	1	50%	1
	X	50%	1	50%	1	50%	1	50%	1			50%	1	50%	1	50%	1	50%	1	50%	1	30%	1
	U	50%	1	50%	1	50%	1	50%	1			50%	1	50%	1	50%	1	50%	1	50%	1	50%	1
	E	50%	1	50%	1	50%	1	50%	1			50%	1	50%	1			50%	1	50%	1	30%	1
	V	50%	1															50%	1			30%	1
	N	50%	1									50%	1	50%	1					50%	1	50%	1
	T	50%	1			50%	1	50%	1			50%	1	50%	1							50%	1
	S	50%	1			50%	1	50%	1													30%	1
	R																						
	Z					50%	1							50%	1								

合作伙伴柏林航空、阿提哈德航空、阿拉斯加航空的累积标准请查询官网。

以下为兑换海南航空机票的兑换标准，其他海航系航司的兑换标准也大同小异。

国内航线奖励机票兑换标准

航距（公里）	经济舱		公务舱		头等舱	
	单程	往返	单程	往返	单程	往返
1-800	8000	14000	11000	19000	14000	24000
801-1200	11000	20000	15000	27000	18000	28000
1201-1600	13000	23000	18000	33000	21000	38000
1601-2000	15000	26000	20000	36000	23000	40000
2001-3000	18000	32000	24000	43000	30000	52000
3001+	28000	50000	38000	68000	45000	80000

国际及地区航线奖励机票兑换标准

航距（公里）	经济舱		公务舱		头等舱	
	单程	往返	单程	往返	单程	往返
1-2500	24000	40000	35000	60000	45000	75000
2501-5000	28000	45000	40000	65000	60000	90000
5001-8500	45000	80000	80000	135000	120000	185000
8501-11000	55000	90000	90000	145000	135000	205000
11001+	80000	135000	130000	200000	160000	250000

换合作伙伴柏林航空、阿提哈德航空、阿拉斯加航空的标准请查询官网。

同时自 2017 年 7 月起，金鹏将增加随票价浮动的动态里程兑换，可以用较多的里程得到更多的兑换机会。

兑换机票时，需要提前设置受益人，30 天后才能生效。婴儿及儿童兑换机票的标准和成人相同。兑换后的奖励机票和升舱机票有效期为一年。在航班起飞前可办理自愿变更，收费国内航线 100 元/次，国际航线 200 元/次；如果航班已经起飞则客票作废。如果自愿退票，则已经使用的里程不退，只退税费。

　　海南航空金鹏俱乐部总体上没有什么特别出彩的地方，也因为海南航空及海航系其他航空公司并未加入任何航空联盟，因此乘坐海南航空及海航系其他航空公司出行的乘客只能在金鹏俱乐部的账户中累积里程。而乘坐柏林航空、阿拉斯加航空、阿提哈德航空的乘客也可以在金鹏俱乐部的账户中累积里程。只要金鹏的账户一直有更新和变动，账户中的里程就不会过期。所以如果您每年搭乘飞机的次数并不多，同时也不希望每年一两次乘机累积的里程最终过期，那么出行时不妨考虑选择上述航空公司。

3.7 国泰及港龙航空马可孛罗会员等级权益

作者：楼翔
飞客茶馆 ID：katmai

国泰及港龙航空简介

国泰航空是寰宇一家航空联盟的创始成员，2014 年，国泰航空被 Skytrax 评为五星级航空公司，并获得全球最佳航空公司殊荣。国泰航空还拥有两家子公司：一家是华民航空，为货运航空公司，另一家就是大家所熟悉的港龙航空。

2006 年，国泰航空宣布收购港龙航空，也加入了寰宇一家。2016 年开始，港龙航空更名为国泰港龙航空（Cathay Dragon），标志也更换为红色版本的的国泰鱼翅标志。

在中国内地，除了北京和上海外，其他城市航点都是由港龙航空独家来营运，而国泰虽然也运营北京和上海的航点，但是港龙在北京和上海的航班数量比国泰要多。相比国泰清一色的宽体客机，港龙航空的机队全部是包括空客 320 系列、330 系列在内的中短途客机，一些东南亚和日韩的低客流航线也交由港龙来运营。而国泰航空则以香港国际机场作为枢纽，运营大量的洲际航线，包括著名的连接欧洲和澳洲的袋鼠航线。

等级介绍

国泰和港龙共用常旅客计划——亚洲万里通（Asia Miles），但亚洲万里通只管理消费里程。旗下的等级会员部分又独立成为另一个计划"马可孛罗会（MARCO POLO）"涉及升级里程。

不同于一般航空公司的常旅客计划，马可孛罗会需要会员付费才能加入。当然，如果不加入马可孛罗会也完全可以单独注册亚洲万里通累积消费里程，只是不能够成为高级会员而已。虽然要付费100美元才能加入马可孛罗会，但是在成为会员后，即便是最低等级的会员绿卡也是拥有一些权益的，如专属值机柜台和优先登机等。

从2016年4月15日起，马可孛罗会改用新的升级标准，将升级里程和升级航段统一为会籍积分，原先账户中的升级航段或者里程会按对用户最优方案作相应转换。

乘坐国泰/港龙航空时累积会籍积分的标准见下表。

"子舱位"	超短途 1-750 里数	短途 751-2750 里数	中途 2751-3700 里数	中长途 3701-5000 里数	长途 5001-7500 里数	超长途 7501或以上 里数
头等舱 F, A	20	35	70	100	125	140
公务舱 J, C	15	30	60	85	105	120
公务舱 D, I	15	25	50	70	90	100
特选经济舱 W, R	10	15	30	45	55	60
特选经济舱 E	10	15	25	35	45	50
经济舱 Y, B, H, K	10	15	25	35	45	50
经济舱 M, L, V	5	10	20	30	35	40
经济舱 S, N, Q	5	5	5	10	10	10

同北美航空公司的趋势一样，马可孛罗会的新标准明显更多考虑了高票价舱位

的贡献值，只不过没那么露骨而已。同样 8000 英里的航班，以前头等舱只是经济舱的 1.5 倍升级里程，而新标准下头等舱差不多是经济舱的 3 倍了。这样土豪们更容易拿到钻石卡了，以前坐 8000 英里的头等舱每次 1.5 倍拿到 12000 英里升级里程，升钻石得飞 10 次，新标准只要 8 次多一点了。如果以前坐全价经济舱，15 次 8000 英里也能拿到钻石，新标准得 24 次了。而对于经济舱唯一的亮点是以前不能累积升级里程的几个舱位也能累积那么一点点了。

下面再来看看各等级会员的主要权益和升级/保级条件：
绿卡
- 专用会员值机柜台
- 优先登机
- 累积 200 会籍积分时可获得公务舱休息室使用券一张

升级条件：12 个月内累积 100 会籍积分，积分不够需要交 100 美元年费

银卡（相当于寰宇一家的红宝石卡）
除绿卡级别的权益外
- 公务舱值机柜台
- 预订机位优先候补
- 公务舱休息室
- 额外 10 公斤行李重量额
- 累积 450 会籍积分时可获得公务舱休息室使用券两张

升级条件：12 个月内达到 300 会籍积分

金卡（相当于寰宇一家的蓝宝石卡）
除银卡级别的权益外
- 起飞前 72 小时保证经济舱机位
- 额外 15 公斤行李重量额或额外携带多一件行李
- 可带同行宾客一人同享用公务舱休息室
- 可享用入境休息室（不可携带同行宾客）

- 累积 800 会籍积分时可获得公务舱休息室使用券两张
- 累积 1000 会籍积分时可获得升舱券 4 张（中长途及以上航班不适用）

升级条件：12 个月内达到 600 会籍积分

钻石卡（相当于寰宇一家的绿宝石卡）

除金卡级别的权益外

- 头等舱值机柜台
- 可带同行宾客两人同享用头等舱休息室或公务舱休息室
- 起飞前 24 小时保证可得到公务舱及以下机位
- 额外 20 公斤行李重量额或额外携带多一件行李
- 享有 15 公斤手提行李重量额
- 累积 1400 会籍积分时可获得头等或公务舱休息室使用券两张
- 累积 1600 会籍积分时可获得升舱券 4 张
- 累积 1800 会籍积分时可赠送一个金卡会籍给他人

升级条件：12 个月内达到 1200 会籍积分

可以看到满足升级条件后，马可孛罗会给你设置了额外的任务让你继续"练级"，这样让乘客达到某个等级后有动力继续飞下去。

另外马可孛罗会还推出了面向银卡及以上高级会员的"会籍假期"制度。如果你预计一段时间内可能不会飞，没法保级也不需要享用高级会员待遇，就可以申请假期。假期可以从 1 个月到 12 个月，会员一生中可以最多申请三次假期。请假期间级别和会籍积分有效期将顺延，假期内乘机也不享受会员待遇，但累积亚洲万里通消费里程不受影响。

亚洲万里通

亚洲万里通是国泰旗下一家专注于里程积分运营的独立公司，曾多次获得

"最佳飞行常旅客计划"殊荣，在亚洲万里通的官网上几乎看不出国泰的影子。相比之下内地航空公司负责积分运营的只是航空公司旗下一个负责常旅客计划的部门而已。

亚洲万里通在香港有着非常广泛的合作伙伴网络，从银行保险到餐饮酒店，从租车到网络购物，甚至连访客漫游使用香港的移动电话网络也能累积亚万里程。多年前我到访香港，落地后打开手机，一登入香港某运营商网络就收到短信，只要上网登记亚万会员号，每分钟漫游通话就能获得相应的亚万里程。

亚洲万里通在内地也有不少合作伙伴，除了众多酒店和信用卡之外，像我们的飞客茶馆也可以兑换亚万里程。

亚洲万里通的会员只要两岁以上即可申请免费加入。

除寰宇一家的成员外，中国国际航空（星空联盟）、新西兰航空（星空联盟）、皇家文莱航空（BI）、海湾航空（GF）、曼谷航空（PG）、印度捷特航空（9W）、爱尔兰航空（EI）和阿拉斯加航空（AS）也能累积和使用亚洲万里通里程。

国泰子公司国泰港龙航空和国泰同为寰宇一家联盟成员，可以累积亚洲万里通、寰宇一家联盟各成员及国航凤凰知音的里程。

亚洲万里通里程累积和兑换标准

乘坐国泰（港龙）航空航班累积亚洲万里通规则见下表：

舱位	认可舱位代号（子舱位）	您可获取
头等舱	F, A	实际飞行英里数的150%
公务舱	J, C, D, I	实际飞行英里数的125%
特选经济舱	W, R, E	实际飞行英里数的110%
经济舱	Y, B, H, K, M, L, V	实际飞行英里数的100%
经济舱	S, N, Q	实际飞行英里数的25%

请注意，亚洲万里通和内地航空公司不一样，累积里程单位为英里（1英里折合1.609公里），也就是如果你同样坐1000公里的国航或者国泰航班，累积国航可能是1000里程，累积亚万就是621里程。

亚洲万里通的兑换

亚洲万里通的机票兑换分三种情况。请注意下面所有"里数"单位均为英里。

第一种是兑换国泰（港龙）及合作伙伴公司的航班。亚万很厚道，兑换伙伴公司和自家都是一个标准。

合作伙伴包括寰宇一家成员日本航空、柏林航空、智利国家航空、马来西亚航空、澳洲航空、美国航空、英国航空、卡塔尔航空、皇家约旦航空、斯里兰卡航空、芬兰航空、巴西天马航空、西班牙国家航空、俄罗斯西伯利亚航空，以及非寰宇一家成员的新西兰航空、皇家文莱航空、海湾航空、曼谷航空、爱尔兰航空和阿拉斯加航空，和不能混合兑换的中国国际航空、印度捷特航空。可以兑换多段联程，最多可以做到两个停留两个中转和一个开口。所需里程为各航段累加后的标准，如果有开口，则按往返中最长一段算往返。如果兑换单程，可以有一个停留。如果兑换多家航空公司，则其中必须包含国泰（港龙）的航班。

注意国航不支持和其他航空公司一起兑换，也就是只能兑换一张只有国航的机票，且不支持停留。

从下表可以看到，兑换往返比单程要划算不少。

	奖励区域						
	S	A	B	C	D	E	F
实际飞行距离（里数）	0－600	601－1200	1,201－2500	2501－5000	5001－7500	7501－10000	10001 或以上
奖励机票种类	兑奖所需亚洲万里通里数						
单程经济舱	10000	15000	20000	25000	40000	55000	70000
往返经济舱	15000	20000	30000	45000	60000	90000	110000
单程特选经济舱	12000	18000	24000	30000	48000	66000	84000
往返特选经济舱	18000	24000	36000	54000	72000	108000	132000
单程公务舱	20000	25000	30000	45000	70000	85000	110000
往返公务舱	30000	40000	50000	80000	120000	145000	175000
单程头等舱	25000	30000	40000	70000	105000	130000	160000
往返头等舱	40000	55000	70000	120000	180000	220000	260000

第二种是优越奖励机票，就是在普通的兑换没票的时候可以多花里程来兑换机票，可以理解为类似东航的"积分随心兑"。其中优越奖励机票级别2比优越奖励

机票级别 1 提供更多兑换机会。可以理解为旺季的涨价。

	奖励区域						
	S	A	B	C	D	E	F
实际飞行距离（里数）	0 – 600	601 – 1200	1201 – 2500	2501 – 5000	5001 – 7500	7501 – 10000	10001 或以上
奖励机票种类	兑奖所需亚洲万里通里数						
优越奖励机票级别 1							
单程经济舱	15000	25000	30000	45000	80000	95000	120000
往返经济舱	25000	35000	45000	75000	120000	155000	190000
单程特选经济舱	20000	30000	40000	80000	130000	145000	185000
往返特选经济舱	30000	45000	60000	140000	195000	240000	290000
优越奖励机票级别 2							
单程经济舱	20000	35000	40000	65000	120000	135000	170000
往返经济舱	30000	45000	60000	115000	175000	215000	285000
单程特选经济舱	28000	42000	55000	130000	210000	225000	275000
往返特选经济舱	40000	70000	90000	225000	310000	365000	450000

　　第三种就是兑换寰宇一家的机票。按照亚洲万里通的规则，该次旅程如不含国泰（港龙），则需包含国泰（港龙）以外至少两家寰宇一家联盟航空公司的航班；该次旅程如包括国泰（港龙）航班，则需总共有至少三家寰宇一家联盟航空公司的航班。会员可以在一次行程中搭乘所有寰宇一家联盟航空公司的航班，但该次旅程的飞行总距离不得超过 50000 英里。在同一旅程中，会员最多可以中途停留五次，转机或开口两次。机票兑换需要额外加收燃油附加费和机场税。这个兑换和第一种兑换相比，兑换标准更高，但是中途可以有更多的停留。

奖励区域	实际飞行距离（里数）	兑奖所需亚洲万里通里数 / 奖励种类		
		经济舱	公务舱	头等舱
01	0 – 1000	30000	55000	70000
02	1001 – 1500	30000	60000	80000
03	1501 – 2000	35000	65000	90000
04	2001 – 4000	35000	70000	95000
05	4001 – 7500	60000	80000	105000
06	7501 – 9000	60000	85000	115000

续表

奖励区域	实际飞行距离（里数）	兑奖所需亚洲万里通里数 / 奖励种类		
		经济舱	公务舱	头等舱
07	9001 – 10000	65000	95000	130000
08	10001 – 14000	85000	115000	155000
09	14001 – 18000	90000	135000	190000
10	18001 – 20000	95000	140000	205000
11	20001 – 25000	110000	160000	235000
12	25001 – 35000	130000	190000	275000
13	35001 – 50000	150000	220000	335000

如果兑换机票后需要自愿改签，亚洲万里通也非常厚道，改签费只要25美元或1000里程。如果要自愿退票，退票费则是120美元或12000里程，相比内地航司自愿退票不退里程或者收一半里程，这个退票费其实不贵。

总之，亚洲万里通作为大中华区域内唯一一个属于寰宇一家联盟的常旅客里程计划，适合选择乘坐国泰和港龙航空以及其他寰宇一家联盟航空公司如美国航空、英国航空、日本航空、澳洲航空的乘客累积，同时也适合乘坐中国国际航空的乘客累积。如果您乘坐的航空公司比较分散，但都散布在上述航空公司，那么亚洲万里通无疑是最佳选择。同时如果您乘坐寰宇一家联盟航空公司航班次数较多，那么不妨付费加入马可孛罗会。

3.8 如何更好地使用航空里程

作者：楼翔

飞客茶馆 ID：katmai

前面我们介绍了常旅客计划的基本概念，也介绍了大中华地区的几大航空公司，下面我们来谈谈如何更好地使用里程，比较一下国航、东航、南航、海航和国泰（亚万）这五家常旅客计划哪家兑换最划算。

国航、东航、南航、海航的常旅客计划兑换国内航线（不包括港澳台）都是按距离兑换，而兑换国际航线（包括港澳台）国航、东航是按区域兑换，南航、海航则是按距离兑换。

什么叫按距离兑换？

就是按航线飞行距离设几个档次，比如 800 公里以下是一档标准，800—1200 公里一档，1200—2000 公里一档等。

什么叫按区域兑换？

就是两个指定区域之间都是一口价，比如中国到东南亚，不管飞河内还是新加坡还是巴厘岛都是一个标准；中国到北亚的日韩又是一个标准；等等。注意不同公司的区域定义可以不一样。

而亚洲万里通呢，反正香港没有国内航班，不管兑换国泰还是合作伙伴都是按距离兑换。由于两种标准的双轨制，我们可以找出不少划算的航线。

我们以国内国东南海四家常旅客计划以及亚洲万里通计划的官方公布的普通兑换标准作比较，暂不考虑各种促销及淡季折扣和旺季加价兑换，举例的兑换如无特别说明均为经济舱。

首先我们看兑换中国国内航线，亚万曾经可以兑换东航的航班，但2016年5月起取消合作了，所以只能兑换国航的了。有人觉得用亚万兑换国内航线似乎有些暴殄天物，这里做个比较让大家认识一下。以下列举国东南海四家换自己的和亚万换国航的对比。为方便比较把东航和南航兑换联盟和伙伴航空也列入了，如东航可以兑换同联盟的南航和厦航，而南航也能兑换同联盟的东航和厦航以及伙伴四川航空。

亚万的兑换距离600/1200/2500英里三档已经换算为公里，考虑国内基本很难有超过2500英里（4023公里，1英里等于1.609公里）的航线，所以不设2500英里以上的标准。

亚万所需里程中，括号内为将所需亚万英里里程数转换成公里后的标准。为什么要列两个呢？因为国内不少信用卡兑换亚万1英里里程和兑换国内航空公司1公里里程所需积分数是一样的。但是坐飞机累积的话是要考虑公里和英里这个累积差异的，也就是同样一段1000公里的航程，100%累积到国航是1000公里里程，100%累积到亚万是621英里里程。所以如果是用信用卡积分的请看括号外的数字，靠飞飞飞的话请看括号内的数字。

经济舱兑换标准

经济舱		600	800	966	1200	1600	1700	1800	1931	2000	2400	3000
国航 凤凰知音	单程	8000			12000			15000			20000	
	往返	1500			22000			26000			36000	
东方 万里行	单程	6000			12000			16000			20000	25000
	往返	12000			23000			30000			38000	48000
东航换 南厦航	单程			15000						25000		
	往返			30000						50000		
南航换东厦 川航	单程	10000				15000				20000		28000
	往返	20000				30000				40000		56000
南航明珠	单程	6000			12000					15000		25000
	往返	12000			24000					30000		50000
海航金鹏	单程	8000		11000		13000		15000			18000	28000
	往返	14000		20000		23000		26000			32000	50000
亚洲万里通 换国航班	单程	10000（16093）				15000（24140）				20000（32187）		
	往返	15000（24140）				20000（32187）				30000（48280）		

公务舱兑换标准

公务舱		600	800	966	1200	1600	1700	1800	1931	2000	2400	3000
国航凤凰知音	单程	15000		21000		26000					34000	
	往返	27000		35000		45000					62000	
东方万里行	单程	8000		16000		20000				25000		32000
	往返	16000		50000		38000				48000		60000
东航换南厦航	单程			25000				50000				
	往返			50000				100000				
南航换东厦川航	单程	20000			30000					40000		56000
	往返	40000			60000					80000		112000
南航明珠	单程	12000			24000			30000				50000
	往返	24000			48000			60000				100000
海航金鹏	单程	11000	15000		18000		20000				24000	38000
	往返	19000	27000		33000		36000				43000	68000
亚洲万里通换国航班	单程	20000（32187）				25000（40234）				30000（48280）		
	往返	30000（48280）				40000（64374）				50000（80467）		

头等舱兑换标准

公务舱		600	800	966	1200	1600	1700	1800	1931	2000	2400	3000
国航凤凰知音	单程	20000		25000		30000					40000	
	往返	30000		37000		48000					65000	
东方万里行	单程	11000		21000		28000				35000		43000
	往返	22000		40000		53000				66000		82000
东航换南厦航	单程			30000				60000				
	往返			60000				120000				
南航换东厦川航	单程	25000			38000					50000		65000
	往返	50000			76000					100000		130000
南航明珠	单程	15000			30000			38000				63000
	往返	30000			60000			76000				126000
海航金鹏	单程	14000	18000		21000		23000				30000	45000
	往返	24000	28000		38000		40000				52000	80000
亚洲万里通换国航班	单程	25000（40234）				30000（48280）				40000（64374）		
	往返	40000（64374）				55000（88514）				70000（112654）		

从表中来看，总体上兑换经济舱中短途用南航兑换更划算，长途用国航兑换更划算，东航就不如南航或国航了。个别区段东航换东航还不如南航换东航划算。而

兑换两舱时中短途用东航兑换更划算，长途用国航兑换更划算，南航就不如东航或者国航了。而海航在中等距离上不管经济舱还是两舱都很有优势。

另外国航虽然看起来兑换长距离（3000公里以上）划算，然而国航压根就没多少长距离的国内航线，唯一一条超过3000公里的就是北京飞喀什。而南航由于在中国三个角落（华南、东北、新疆）都是基地，有大量3000公里以上航线，如广州飞新疆每个城市都在3000公里以上，最远的喀什距离达到3930公里，此外三亚飞哈尔滨也超过了3000公里。

而亚万总体看起来也不算太差，部分国内长距离区间甚至好于国航，如果靠信用卡里程来得太多用不掉，用于国内航线也无妨。

注意亚万兑换单程并不是往返的一半，短途基本是6-7.5折。虽然其他航司兑换往返也比单程略有优惠，但亚万明显是兑换往返比单程划算。

接下来我们看看国际，首先是国航和东航的国际区域兑换表，因为国航和国泰的特殊关系，所以国航也能兑换国泰，因此一并列举：

经济舱		中国大陆	港澳台	北亚	东南亚	南亚	欧洲	大洋洲	北美	夏威夷	中东北非	南非	南美	加勒比
国航凤凰知音	单程		25000	25000	30000	30000	50000	60000	60000	60000	30000	30000	100000	80000
	往返		45000	45000	50000	50000	90000	100000	100000	100000	50000	50000	140000	120000
东方万里行	单程		20000	25000	25000	30000	46000	46000	55000	46000	30000	55000		
	往返		38000	48000	48000	55000	90000	90000	98000	90000	55000	98000		
国航换国泰香港出	单程	30000	25000	30000	40000	40000	47500	40000	65000		40000	47500		
	往返	50000	40000	50000	70000	70000	85000	70000	120000		70000	85000		

公务舱		中国大陆	港澳台	北亚	东南亚	南亚	欧洲	大洋洲	北美	夏威夷	中东北非	南非	南美	加勒比
国航凤凰知音	单程		53000	47000	60000	45000	100000	110000	120000	120000	45000	45000	120000	120000
	往返		90000	80000	110000	70000	180000	200000	200000	200000	90000	90000	190000	180000
东方万里行	单程		30000	38000	38000	45000	85000	85000	100000	85000	45000	100000		
	往返		58000	70000	70000	80000	160000	160000	180000	160000	80000	180000		
国航换国泰香港出	单程	40000	35000	35000	55000	55000	52500	55000	105000		55000	52500		
	往返	60000	60000	60000	100000	100000	95000	100000	200000		100000	95000		

头等舱		中国大陆	港澳台	北亚	东南亚	南亚	欧洲	大洋洲	北美	夏威夷	中东北非	南非	南美	加勒比
国航凤凰知音	单程		75000	75000	98000	65000	150000	155000	160000	160000	65000	65000	160000	160000
	往返		120000	120000	170000	100000	260000	280000	280000	280000	130000	130000	240000	240000
东方万里行	单程		40000	50000	50000	60000	135000	135000	155000	135000	60000	155000		
	往返		70000	80000	80000	90000	240000	240000	280000	240000	90000	280000		
国航换国泰香港出	单程	50000	45000	45000	90000	90000	60000	90000	155000		90000	60000		
	往返	80000	80000	80000	170000	170000	110000	170000	300000		170000	110000		

然后是南航、海航和亚万的国际兑换表：

南航明珠	南航班往返为单程两倍						
公里航程	0800	8011700	17013000	30015000	50017700	770110000	10001+
英里航程	0497	4971056	10561864	18643107	31074784	47846214	6214+
经济舱	20000	25000	28000	30000	40000	55000	64000
明珠经济舱	24000	30000	34000	36000	48000	66000	77000
公务舱	30000	38000	42000	45000	60000	90000	110000
头等舱	40000	50000	56000	60000	80000	135000	155000
海航金鹏							
公里航距		02500		25015000	50018500	850111000	11001+
英里航距		01553		15533107	31075282	52826835	6835+
经济舱单程		24000		28000	45000	55000	80000
经济舱往返		40000		45000	80000	90000	135000
公务舱单程		35000		40000	80000	90000	130000
公务舱往返		60000		65000	135000	145000	200000
头等舱单程		45000		60000	120000	135000	160000
头等舱往返		75000		90000	185000	205000	250000
亚洲万里通	为节约篇幅兑换标准均为英里						
公里航程	0966	9661931	19314023	40238047	804712070	1207016093	16093+
英里航程	0600	6011200	12012500	25015000	50017500	750110000	10001+
经济舱单程	10000	15000	20000	25000	40000	55000	70000
经济舱往返	15000	20000	30000	45000	60000	90000	110000
特选经济舱单程	12000	18000	24000	30000	48000	66000	84000
特选经济舱往返	18000	24000	36000	54000	72000	108000	132000
公务舱单程	20000	25000	30000	45000	70000	85000	110000
公务舱往返	30000	40000	50000	80000	120000	145000	175000
头等舱单程	25000	30000	40000	70000	105000	130000	160000
头等舱往返	40000	55000	70000	120000	180000	220000	260000

这两张表看起来，内地航司兑换国际航线明显比兑换国内航线贵不少，加上国际航线的税费也很高，兑换前请有心理准备。

而从前一张表里，细心的同学一定发现了一个特别划算的兑换，就是用国航兑换国泰的欧洲线两舱，比换国航自己的欧洲线两舱划算得多，也比亚万换自家国泰也划算许多，这是国航最大的亮点。

如何计算飞行距离呢，可以在 www.gcmap.com 这个网站输入机场三字码查询，而且可以查联程的总飞行距离比如 PVG-HKG-BKK-SIN（上海—香港—曼谷—新加坡），不知道机场三字码的请百度"XXX 机场三字码"。算出来结果是英里。为方便使用，表中已经添加了英里的航距标准，对号入座即可。

由于亚万是按实际距离兑换，相比国东两大航的分区兑换，这样我们可以发现很多短途国际航线的价值洼地。这类洼地容易出现在沿海、沿边城市到毗邻国家（地区）的航线上。如上海—台北、拉萨—加德满都、北京—首尔等。

这三条 600 英里以内的国航航线，用国航里程兑换往返机票分别是 45000/50000/45000 公里，其他航司如东航兑换上海—台北往返也要 38000 公里，但是用亚万兑换国航往返都只要 15000 英里。

但随着距离的增长，如内地城市到东南亚甚至更远的国家，这种按实际距离兑换的优势就不明显了。比如北京到新加坡，国航兑换往返还是按中国到东南亚这个区域来兑换要 50000 公里，亚万按 2500-5000 英里这个区间要 45000 英里。除非是亚万来得太容易，否则还是用国航划算。

亚万的隐藏属性

国东南海航都只能兑换点对点航班，联程要分段计价，亚万兑换国航时也只能兑换点对点。但是我们别忘了亚万还能兑换国泰及众多合作伙伴，兑换上述航空公司时可以兑换二停留二中转一开口，这才是亚万的魅力所在。中国周边能用亚万兑换的航空公司除国泰（港龙）航空外，还有日本航空、马来西亚航空、曼谷航空、皇家文莱航空等，你可以发挥想象力用这些公司混搭出一个包括多个航空公司的行程（必须包含国泰），注意这些都不能和国航混搭。

因此亚万特别适合兑换短途国际航线（特别是国航执飞的航线），以及一次出发希望游玩多个目的地的行程（适合东南亚、日本），或者想多体验寰宇一家航空公司的行程。但兑换欧美长途航线时优势并不明显，可以考虑用其他航司的里程来兑换。

3.9 航空联名信用卡

作者：李岩＆沈航＆楼翔
飞客茶馆 ID：rockie & hangscar & katmai

一、中国国际航空联名信用卡攻略

如果平时没有那么多飞行需求，通过信用卡来累积里程无疑是最便捷的途径。目前国航与多家银行发行了联名信用卡，这些信用卡除了少数刚性年费的卡，兑换比例多在 12∶1—18∶1 之间。

银行	卡种	累积 1 里程所需刷卡金额	备注
招商银行	银联 +VISA	18RMB/2USD	
中信银行	银联 +Master	18RMB/2USD（普卡） 15RMB/1.5USD（金卡） 10RMB/1USD（白金卡、钛金卡） 8RMB/0.5USD（世界卡、无限卡）	
工商银行	银联 银联 +VISA 银联 +Master VISA EMV 银联 +AE	15RMB	
广发银行	银联	7RMB（白金卡） 14RMB（金卡）	航空、酒店、旅行社双倍里程；年度机票＋酒店超过一万，额外 5% 里程奖励；自带意外险
中国银行	银联单标 VISA 单标（EMV） 银联 +VISA	18RMB（金卡） 12RMB（白金卡）	商旅消费每年每满一万额外送 1000 里程
民生银行	银联 +VISA	6RMB（无限卡） 10RMB（豪华白金） 15RMB（标准白金） 18RMB（金卡）	

续表

银行	卡种	累积1里程所需刷卡金额	备注
建设银行	银联 银联+Master	12RMB（白金卡） 18RMB（金卡）	
兴业银行	银联 银联+Master	6RMB（标准白金卡） 10RMB（精英白金卡） 15RMB（金卡）	

多家银行也提供了信用卡积分直接兑换国航里程的服务，适合在缺少量里程的时候凑整用。

银行	兑换比例（折算成标准积分）	备注
中国银行	16	白金卡外币双倍
交通银行	18	白金卡常有多倍积分活动，高至10倍
中信银行	年费白金25 金普和小白50	
民生银行	比例同联名卡	兑换有额外手续费
兴业银行	25	900年费的行悠可以10：1
浦发银行	运通白12 其他60	2017年1月1日起调整比例
农业银行	20	
建设银行	20	
招商银行	15	限白金以上等级卡片，可以给别人兑
华夏银行	16	三倍积分已无
北京银行	18	有三倍积分及打折兑换活动
花旗银行	12	限礼程白金卡
南洋商业银行	20	
广发银行	20	限留学生、商旅白及以上等级卡片
广州农商银行	金卡18 白金卡7	

大部分银行的积分兑换国航相比兑换南航、东航相比没有很大的优势，但有些专门针对国航里程累积进行优化的卡片是非常值得"国航控"考虑的。

在各类信用卡攻略中亮相最多的就是中国银行的国航知音VISA白金了，这张卡的申请代号是0029，是带有EMV芯片的单标卡，隶属于全币种国际芯片卡系列。简而言之，这张卡的玩法就是刷外币。EMV在境外适应性极佳，很少出现刷不出的情况且没有货币转换手续费；海淘网购也同样适用。在12元1里程的基础上，中行针对外币消费经常有"返现+双倍里程"奖励，再加上此卡的隐藏属性，即年度商旅机票或境外消费满 10000 元额外送 1000 里程（10000 里程封顶），在极限情况下可以获得 3.75：1 的无敌兑换比。这张卡通常都是终身免年费，却比其他刚性年费的卡的兑换比例优越太多，广受推崇是实至名归的。刷境外另外一个需要考虑的问题是返现，2015 年"黑五"的时候中行卡境外返现达到逆天的 18%，再配上高里程附加值，这张卡确实"神"过好一阵子。

再一个累积国航比较强大的是北京银行，积分兑换里程的话只有国航一种选择，基础比例略差，为 18：1。但北京银行在 2014 年推出的生肖系列卡（2014 年为马系列，2015 年为羊系列，2016 年为猴系列）在百货、酒店、餐馆消费时可获得三倍积分，相比曾经华夏复杂的群族要简单许多，也不用一次携带多张卡。最坏的情况下遇到商家套码也可以拿到一倍积分而不像华夏的 0.5 倍。此外北京银行白金等级的卡片在积分兑换时可以享受 9 折优惠，算下来指定消费 5—6 元可以得到 1 里程，这个比例已经相当好了。另外北京银行多卡共享一个积分池，利用乐驾卡等特殊卡片的送分活动也能获得一些分一并兑成国航里程。

当年华夏银行信用卡也是换国航里程的神卡，虽然华夏没有联名卡，但积分系列的卡片都可以打客服电话将积分以 16：1 的比例兑成国航里程（从 2016 年 7 月 25 日起渠道已经改成从微信里兑换），每年五万里程封顶（最早是没有封顶的）。曾经华夏以前，同时持有多张卡分别加入不同的三倍积分群族，消费时选择对应群族的卡即可获三倍积分，折合 5.33：1 的国航里程兑换比例。逢生日周再叠加双倍一共可以获得六倍积分。然而随着华夏 2016 年 2 月的一纸公告，所有三倍积分计划都成了明日黄花，目前多倍只有靠生日周的双倍积分。因此华夏在国航里程兑换上已经走下神坛。华夏的另外一个亮点就是每个季度每月刷卡达标获得 18 万积分（新的一期改成五个月 25 万积分）的活动，虽然偶有间断，但也持续了好几年，每年参加一下即可获得数万里程。

除了利用信用卡积分来兑国航里程，国航的等级也是可以用来 match 高等级信用卡的，最典型的就是中信银行国航世界卡，只要有国航金卡以上即可打国航客服电话上门办理，有效期一年年费可免，次年按照国航卡等级重新认定是否续卡。额度 8 万起，已有中信其他卡的即可轻松曲线达到 8 万。这张卡最逆天之处在于延误两小时即赔的延误险，上限可以到 5000，是 i- 白金的五倍，特别适用于国际航班。另外自带无限可带人的龙腾卡。此外一些电影、网球之类的附加权益也都只能算毛毛雨了。这张卡曾经没优势的兑换比例15∶1让其泯然众卡矣，后来中信良心发现终于改成8∶1，这才有点像高端卡的样子。

二、中国东方航空联名信用卡介绍

"东方万里行"的会员通过申办东航联名信用卡来快速累积积分，当然，联名卡并不一定是最快的累积方案，下面简单推荐两款快速累积积分的方案。

中信银行信用卡

中信金卡、免年费白金卡客户可享受50∶1的兑换比例（50∶1指50信用卡积分兑换1东方万里行里程，下同），中信付费白金卡、AE白金卡客户可享受25∶1的兑换比例，最低500里程起兑。众所周知，绝大多数银行的兑换比例在18∶1或者15∶1，乍看之下，中信很不划算，但是中信的几张神卡让这个比例瞬间变得很美好。

比如入门级卡片，中信淘宝V卡，达到淘宝V4/V5级别时，支付宝快捷支付可享受4倍积分，活动日8倍积分，即使没有付费白金卡或者AE白金卡，也可以达到平日消费12.5∶1（活动日6.25∶1）的兑换比例，如果有付费白金卡或者AE白金卡，这个比例将提高至6.25∶1（平日）/3.1∶1（活动日），堪称神卡，但是淘宝V卡的局限是只限支付宝快捷支付可享受4倍/8倍积分。如果消费种类多，中信刚刚推出的易卡也是个不错的选择，满足条件的情况下，享受9倍积分，相当于5.6∶1（金卡）/2.7∶1（付费白金卡/AE白金卡）。

浦发银行信用卡

浦发银行普通卡的兑换比例为60∶1，看上去同样很不划算，但是浦发银行的5倍积分活动、浦发爱红包活动可谓里程累积神器。5倍积分有支付宝、微信、餐饮、百货、娱乐各种类型，每个权益3元/月，购买5倍积分权益后，积分兑换比例可达12∶1，同时配合浦发红包活动，已然非常划算。同时，浦发的积分系统改革，除特殊联名卡，其他卡片积分可以自由转移，这样的情况下，浦发加速白金卡自带超市、加油5倍积分特效，如果再开个餐饮和微信的5倍，每月只需6元，就可以涵盖绝大多数日常生活的刷卡需求了。

除了中信、浦发的兑换比例，也可以多关注各银行与东航的官方合作，比如办卡送几千里程，或者刷卡送几千里程的活动，也可以快速累积东航里程。

三、中国海南航空联名信用卡介绍

海南航空和以下银行合作发行联名信用卡：中国工商银行（消费 16 元积 1 里程）、中国农业银行（消费 15 元积 1 里程）、中国民生银行（豪华白金卡消费 10 元积 1 里程，标准白金卡消费 15 元积 1 里程，金普卡 18 元积 1 里程）、中信银行（白金卡消费 15 元积 1 里程，金普卡消费 18 元积 1 里程）、中国建设银行（白金卡消费 14 元积 1 里程，金卡消费 15 元积 1 里程）、中国银行（白金卡消费 12 元积 1 里程，金卡消费 18 元积 1 里程）。此外香港航空和工银亚洲也有联名信用卡。

中国建设银行和中国银行的海航白金联名卡持卡人还享有 7 折升级特权，即一年内累积的定级积分或定级航段只需达到升级标准的 70%，即可升级为金鹏俱乐部金银卡会员。

除联名卡以外，以下银行普通信用卡积分也可以兑换海航金鹏里程：中国农业银行（500 里程为单位，20 分兑 1 里程）、交通银行（500 里程为单位，18 分兑 1 里程）、中国建设银行（2000 里程为单位，18 分兑 1 里程）、兴业银行（500 里程为单位，25 分兑 1 里程）、浦发银行（500 里程为单位，AE 白金卡 12 分兑 1 里程，其他卡 60 分兑 1 里程）、东亚银行（500 里程为单位，20 分兑 1 里程）、中国银行（500 里程为单位，25 分兑 1 里程）等。其中浦发银行 AE 白开通五倍积分后的兑换比例最高。

四、亚洲万里通联名信用卡介绍

交通银行曾经在 2015 年以前与亚洲万里通发行联名信用卡。交行和亚万停止合作后，中信银行接过了这面大旗，目前发行亚洲万里通和国泰航空两种联名卡，两种卡的各自特色在于：亚万版兑换机票以外的产品可以打 9 折，而国泰版则送马可孛罗会绿卡（正常入会需缴纳 100 美元入会费）。此外两种卡均可提前两天网上兑换折扣奖励机票，具体累积比例则均为金卡 15 元积 1 里程，白金卡 10 元积 1 里程。白金卡需要年费（小白金 480 元或者大白金 2000 元），缴纳年费后可享受对应层级白金卡的其他贵宾服务。

而信用卡积分直接兑换，除中信银行（普通中信卡 50 分兑 1 里程，中信大白金 25 分兑 1 里程）外，花旗银行（礼程卡消费 12 元得 1 礼程 =1 里程，礼享卡 36

积分兑 1 里程每年最多 20000 里程）、广发银行（留学生卡 20 分兑 1 里程，臻尚白金卡 25 分兑 1 里程）、招商银行经典白金卡（1800 分兑 2000 里程，每年超过 5 万里程后是则 3000 积分兑 2000 里程）、上海农商银行白金卡（鑫卡 20 积分兑 1 里程，其他卡 40 积分兑 1 里程）、渣打银行信用卡（36 积分兑 1 里程）、平安银行信用卡（12500 积分兑 200 里程）等也可兑换亚万里程。

上述信用卡兑换亚万时有个优势是，比如同样是 20 积分兑换 1 里程，兑换内地航司时 1 里程是 1 公里，而兑换亚万就是 1 里程等于 1 英里了。要知道同样坐飞机累积英里里程比起公里里程可是要除以 1.609 的，所以显然兑换亚万划算得多。

至于港台等地能累积亚万的信用卡就更多了，这里就不一一介绍了。

Part 2
常旅客计划指南

第 4 章　高端信用卡
无限信用卡 PK
开启贵宾室体验之旅
让延误不再头疼
作为一名"飞客",如何配置自己的专属卡包

第4章

高端信用卡

4.1 无限信用卡 PK

作者：廖锴

飞客茶馆 ID：小廖

作为 VISA 中的顶级卡系列，无限卡一直以来都是很多人努力达成的小目标。与白金卡相比，无限卡的级别更高，持卡人可以享受更丰富的权益。现在，国内已经有 7 家银行发行了无限卡，分别是：中行、建行、招商、中信、广发、民生、光大（排名不分先后）。它们之间又有何异同呢？

首先我们来看看 VISA 为无限卡提供的权益：

1. 专属秘书服务：无论在国内还是在国外，VISA 无限卡每周 7 天、每天 24 小时提供服务。可以享受各种生活服务，包括通过 VISA 无限卡秘书专属服务热线或网络在线秘书预订酒店或机票。

2. 旅行意外保险：使用 VISA 无限卡支付旅行费用时，即可享受至少一百万美元以上的旅行意外保险。

3. 享用世界各地机场贵宾休息室服务：出国旅行时，可在全球各地参与计划的机场免费享受贵宾休息室服务。

4. 酒店礼遇：（2017 年活动参与时间请以 VISA 官网为准）

（1）希尔顿（Hilton）：住宿满 2 次即享希尔顿 HHonors 金会籍，在活动结束前注册登记成为希尔顿 HHonors 会员，90 日内入住希尔顿 HHonors 合作酒店或度假村2次或单次住宿满4晚，可享希尔顿HHonors金会籍礼遇。

（2）洲际（IHG）：IHG Rewards Club优悦会会员持本人有效的VISA白金卡、御玺卡及无限卡，预订并入住参与活动的大中华区（含中国香港、澳门和台湾地区）的洲际酒店集团旗下品牌酒店可享受"VISA高端客户升级"礼遇；最优弹性房价基础上，免费升级房型；免费双人早餐。

（3）凯悦（Hyatt）：VISA Platinum, Signature以及Infinite信用卡持卡人可享：在亚洲地区参与酒店以凯悦标准房价连续入住两晚即可享受第三晚免费。享受此优惠，需要同时为"凯悦金护照"会员。

（4）Kempinski：在不同城市可享连续入住两晚第三晚免费入住权利或连续入住三晚第四晚免费入住权利。

（5）悦榕庄：可享8—8.5折优惠。

除上述酒店外，文华东方、丽晶、香格里拉均有特殊优惠，具体可拨打VISA客服咨询：4008811401。

以上权益，为VISA卡组织提供的国内7张无限卡都包含的权益，下面我们再来看看这7张卡又有哪些自有权益吧。

一、中国银行无限信用卡

1. 年费：3600元

2. 权益

（1）商旅权益：

▲PP卡（主、附均可）

▲2000万元航空意外保险

▲延误险（单个自然月消费等值人民币199元满三笔即送一整年；新户任意消

费一笔即可）

▲挂失前 72 小时失卡盗用保险

（2）健康权益：

▲健身：每月 5 次健身

▲高尔夫：每年 2 次平日和 1 次假日免果岭

▲游泳：每年 3 次免费泳池

▲羽毛球：每年 3 次免费场地

▲网球：每年 2 次室外场地 +1 次室内场地

（3）其他权益：

国内主要城市 30 余家酒店、餐厅自助餐两人同行一人免单。

中行的年费政策十分模糊，据了解，有部分人终身免费，还有的人是要求有积分消费满 5 万，还有的是刷 8 次免……跟年费同样模糊的还有申请条件，有要求 100 万放在银行存 3 个月，也有 50 万存 3 个月就下卡，额度也不错的，最神奇的是某机关单位工作证直接下卡还终身免年费的（羡慕嫉妒不恨），总之就是很神秘。

中行无限卡分为 EMV VISA 美元（卡编号为 020（2）、长城 VISA（卡编号为 020（1）两个卡面，前者芯片后者磁条，大家可以根据自己的不同需求去申请，比如常年混迹欧洲的可能更适合芯片卡。

中行无限卡的年费是 7 家银行里面最低的，当然相比之下权益也不够出众。积分也比较鸡肋，可以兑换里程，但是比例不划算。但是，如果持卡人是终身免年费的话，那这张卡的无限 PP 卡就超值了。所以，好不好，看年费了。

二、建设银行无限信用卡

1. 年费：主卡 4800 元，附属卡 2800 元（年费可用 240 万积分兑换）

2.权益

（1）商旅权益：

▲无限次国内机场贵宾厅服务 + 无限次 PP

▲3000 万元航空意外保险

▲延误险（4 小时起赔，每年累积最高 10000 元）

▲2 次机场接送服务

（2）健康权益：

▲三甲医院无限次贵宾挂号服务，也可为亲属预订

▲全球医疗救援

（3）其他权益：

▲指定餐厅用餐可享免费套餐

▲刷卡双倍消费积分

建行无限卡实际名字是建设银行钻石信用卡，是一张银联 +VISA 的双标卡。在 7 家银行中，建行无限卡的年费仅高于中行，也算是比较低的了。此外，建行应该是除了航空联名卡和这张无限卡以外，其他的卡的积分都是不能兑换里程的。这张无限卡享受 20：1 的兑换比例，双倍积分下，等于 10：1，就无限卡来说，还不如浦发 AE 白 5 倍加持下的 2.4：1。比较值得关注的权益包括无限次的国内机场贵宾厅服务以及无限次的三甲医院贵宾挂号服务。建行无限卡的申请条件与中行一样，也是非常神秘的。

三、招商银行无限信用卡

1.年费：10000 元

2.权益

（1）商旅权益：

▲机场贵宾通道，可携伴 3 人

▲3000 万元航空意外保险

▲旅行不便险（4 小时起赔，最高赔付 4000 元）

▲行李延误险 + 行李丢失险

▲每年一次香港接送机（往返）

▲每年 4 次 "300+100" 酒店预订权益

（2）健康权益：

▲健身：每月 12 次健身

▲体检：免费 1 次口腔护理服务

▲高尔夫：每年 6 次免费击球，无限次练习场

（3）其他权益：

▲开卡礼：60000 招行永久积分

▲生日当天 10 倍积分

招行无限卡的权益总的来说就是，不仅"大而全"，同时还很美。说起国内的无限卡，很多人的第一反应都是招行无限。这张卡最引人注目的就是 60000 分的开卡礼。每消费 20 元积 1 分的积分政策让很多人直呼伤不起，所以一次性赠送 6 万积分的慷慨着实令人瞠目。总的来说，论权益招行无出其右，值得拥有。

四、中信银行无限信用卡

1. 年费：20000 元

2. 权益

（1）商旅权益：

▲无限龙腾+PP

▲延误险：2小时最高赔付5000元

▲3000万元航空意外保险

▲享受8次接送/机场贵宾通道（付年费可享）

（2）健康权益：

▲国内预约挂号及全程陪护服务

▲高尔夫果岭、网球、游泳、羽毛球、高端健身合计全年共36次

（3）其他权益：

▲每年365次9分享兑（可兑换商户为星巴克、哈根达斯）

▲可自定义卡号

▲24小时全球贵宾服务专线

每年365次9分享兑是中信无限卡最让人瞩目的权益，如果能薅齐的话，已经等于拿回大半的年费了。与此同时，人民币交易3倍积分，外币交易4倍积分。除此以外，无限的龙腾+PP也是非常不错的。有趣的是，这样一张羊毛轻松过万的卡居然还可以免年费，据说某些受邀办卡的世界500强企业高管，以及部分中信高净值客户都是免年费的。小廖只想说：土豪们，请带上我！

五、广发银行无限信用卡

1. 年费：12000元

2. 权益

（1）商旅权益：

▲无限龙腾+无限PP

▲最高1500万元的旅行意外保险附加2000元旅行不便保险

▲无限次 100 公里以内免费道路救援服务

▲6 次接送机服务（主卡+附属卡）

（2）健康权益：

▲预约：三甲医院无限次预约挂号服务

▲境外：全球紧急医疗救援服务

▲高尔夫：全年平日 24 次高尔夫免果岭+无限次免费练球

（3）其他权益：

每年免费使用 10 次 E 代驾服务

广发无限卡是唯一一张靠"绯闻"走红的无限卡。当年"京城四少"中的某一位因拖欠信用卡 260 万余元，被广发银行北京分行告上法院的故事流传甚广。广发无限卡也随之走红，频繁曝光在各大媒体。

避开绯闻不谈，我们仍然可以发现这张卡的权益还是很不错的。比较值得关注的就是这张卡的持有人可以成为广发铂金俱乐部会员，可以享受免费酒店入住等权益，再叠加无限龙腾和 24 次高尔夫免果岭，广发无限卡可以说是比较值得办理的信用卡了。

六、民生银行无限信用卡

1. 年费：10000 元

2. 权益

（1）商旅权益：

▲无限 PP

▲1000 万元航空意外保险

▲延误险

（2）健康权益：

▲挂号服务：三甲医院无限次贵宾挂号

▲积点可兑换洗牙、体检、美容、网球等一系列服务

（3）其他权益：无

民生无限卡的年费与中行、建行相比并不便宜。然而权益又拼不过招行、广发，很多白金卡的服务都比它要好很多。唯一值得关注的一点就是积分兑换比例比较划算（6∶1兑换国航、东航里程，8∶1兑换南航里程），但是花这么多的年费去兑换值得吗？毕竟有那么多积分兑换比例都还不错的信用卡。当然，如果有免年费的权利，此卡还是可以一办的。

七、光大银行无限信用卡

1. 年费：5000元

2. 权益

（1）商旅权益：

▲ 无限次使用龙腾贵宾厅（可带10人次）

▲ 500万元航空意外保险

▲ 2次机场接送服务

（2）健康权益：

▲ 三甲医院无限次贵宾挂号

▲ 每月一次免果岭费，每年12次高尔夫练习场

▲ 1次体检，2次洗牙

（3）其他权益：

▲ 3次北京市区内酒后代驾

光大无限卡给人的感觉就是一张"路子很野"的卡。首先是持卡人的数量非常少,以至于很少看到有卡友晒图,更逗的是,它是唯一一张配发龙腾却不配发PP的无限卡,让人想不通这是为什么。大家都懂光大的积分堪比冥币,值得关注的活动也不太多,这张卡本身的权益也不是特别出众,所以大家看个热闹就好了。

看过了7张无限卡之后,是不是有点眼花?其实不必,这里用几句话简单总结一下:权益要看招行、广发;星巴克死忠粉可选中信;"关系很硬"能免年费就挑中行、建行;民生、光大就看个人兴趣了。以上观点纯属主观臆断,不服就不服吧。

4.2 开启贵宾室体验之旅

作者：黄波

飞客茶馆 ID：jonsonhwang

机场贵宾室是什么？

机场贵宾室（Airport Lounge，或称机场休息室，以下简称贵宾室）就是让你远离拥挤的候机楼，可以静下来看看书，处理一下事务；与家人或者朋友好好地聊聊天，吃些热食补充一下能量；或者在你旅途或转机疲惫时，有个地方可以洗个舒服热水澡，然后不被人打扰地躺一会儿……

以前坐飞机，从安检到指定登机口，一路上总会陆续看到 VIP 通道、机场贵宾室这样的标识，觉得很厉害的样子。

几年前的一次转机，终于带着度蜜月的老婆，踏进了樟宜机场 T3 的龙腾贵宾室。当时就觉得仿佛打开了一个新世界的大门，原来候机室还可以这样，高端的按摩椅、宽敞的休息大厅、丰富的自助餐、干净的独立淋浴间……

最重要的是，进入机场贵宾室并没有想象中的那么高门槛，甚至花不了你一分钱。美好生活，从此展开！

贵宾室在性质上一般分为 3 种：

1. 航空公司自建贵宾室

一般大型航空公司在主要的枢纽机场或航线较多的机场都会自建贵宾室。拿着两舱（头等舱、商务舱）机票或者航司的指定等级会员卡就能进入。不同的机场、航司有好几个贵宾室，也有可能一个贵宾室就搞定了。航司的贵宾室有时也会服务于联盟内其他航司的两舱及精英旅客。

这类贵宾室一般都在安检之后，拥有完整的正餐点心、酒水饮料可供免费选择。

在大多数情况下，这类贵宾室都是机场最好的，有些航司甚至为这些贵宾室特别命名，尤其是那些航司特别建造甚至特别命名的贵宾室，比如著名的国泰"寰宇堂"、"玉衡堂"，深航"尊鹏阁"等。

2. 机场自有贵宾室

机场自营贵宾室最初的目的是为了那些在本机场没有自建贵宾室的航空公司或者下属的贵宾服务公司提供两舱及精英会员的贵宾室服务。

因此机场自有贵宾室的质量就非常参差不齐了，只能说比外面好吧。有一点特别之处，因为是机场自营的贵宾室，所以大部分情况下带有贵宾安检通道服务，算是一个亮点。

3. 第三方贵宾室

这些休息室一般都是由某些公司（比如银行）在机场内租赁一块场地自己运营的，面向的客户主要是自己的高端客户。

这种贵宾室一般在安检前，有很好的休息环境，你可以和朋友、客户在安检前再聊一会儿，不过没什么吃的。

最后说明一下，PP（Priority Pass）和龙腾（Dragon Pass）没有自营贵宾室，一般都是和航司、机场的贵宾室合作的。所以可以先在手机 APP 上查询清楚，然后进入相对应的贵宾室。

	航司	机场	第三方
人流	相对有点多	不定	少
餐饮	有多种餐食饮品，且质量较好	不定	简单的饮料点心
安检	两舱及精英会员有	大部分有	有单独通道
推荐指数	5星	1星	3星

贵宾室一般最基本的配置就是沙发、桌椅、WIFI、报刊、电视、酒水饮料及点心。有些会提供更多，例如在正餐时间提供自助，同时有淋浴设施及按摩椅等。

综上，笔者的参考建议是，如果去一个陌生的机场：

1. 时间较长，有餐食需求，建议选择航司贵宾室，其次是机场贵宾室，最后选择第三方贵宾室；

2. 如果就想安静地坐着，无须用餐，那么首选第三方贵宾室。

当然，全球各地走多了，也会逐渐熟悉这些套路，那就按自己的意愿来吧！

如何获取贵宾室资格？

只有真正试过在机场过夜或者要等待超过 8 小时的人才能理解为什么贵宾室对他们来说很重要！在两个长途飞行之间，能够好好地洗上个热水澡，吃点热食饮料，从容地躺在按摩沙发上刷刷朋友圈，那该有多么舒心！

那么，我们如何获取贵宾室进入资格呢？

1. 两舱

头等舱及商务舱的旅客直接进入，费用含在票价内（有折扣头等舱机票也可经常关注）。

2. 航司精英会员

航司精英会员在搭乘本公司航班的时候可以使用航司贵宾室，如果是高级精英会员，那么在搭乘同联盟的航班时也可以使用联盟休息室，而且还可以携带一名同行的朋友进入休息室。

航司	中国东方航空	中国国际航空
常旅客计划	东方万里行	凤凰知音
会员等级	银卡、金卡、白金卡	银卡、金卡、白金卡、终身白金卡
贵宾室（休息室）	1.银卡可使用指定机场公务舱休息室； 2.金卡及以上可使用指定机场头等舱休息室，可带 1 人（当天乘坐东航的旅客）	1.银卡乘坐国航、深航航班，可免费或消费 1500 公里使用指定公务舱休息室； 2.金卡可使用指定机场公务舱休息室（如无公务舱则进头等舱休息室），可带 1 人（当天指定航司）； 3.白金卡及以上可使用指定机场头等舱休息室，可带 1 人（当天指定航司）
所属联盟	天合联盟	星空联盟
对应等级	银卡 = 天合联盟精英会员 金卡及以上 = 天合联盟超级精英会员	银卡 = 星空联盟银卡 金卡及以上 = 星空联盟金卡
联盟及其他权益	1.银卡及以上乘坐"大中华携手飞"国内航班（含港澳台）可使用以上航司指定贵宾室； 2.金卡及以上乘坐天合联盟成员航司航班，可使用联盟指定候机室，可带 1 人（当天乘坐天合联盟航班的旅客）	1.金卡及以上乘坐国航、深航航班可进星空联盟金卡休息室，可带 1 人（当天乘坐星空联盟航班的旅客）； 2.澳门航班可进入指定休息室

航司	中国南方航空	海南航空
常旅客计划	明珠会员	金鹏俱乐部
会员等级	银卡、金卡	飞行卡、银卡、金卡、白金卡
贵宾室（休息室）	1.银卡可使用明珠精英会员休息室； 2.金卡可带1人（当天乘坐南航的旅客）	1.银卡在北京、海口、西安、天津出港可使用金鹏贵宾会员休息室； 2.金卡在北京、海口、西安、天津出港可使用金鹏贵宾会员休息室，可带1人（同航程）； 3.白金卡可使用两舱休息室，可带2人（同航程，1名成年人及1名未成年人）
所属联盟	明珠会员	暂无
对应等级	银卡＝天合联盟精英会员 金卡＝天合联盟超级精英会员	暂无
联盟及其他权益	1.银卡及以上乘坐"大中华携手飞"国内航班（含港澳台）可使用以上航司指定贵宾室； 2.金卡乘坐天合联盟成员航司航班，可使用联盟指定候机室 3.金卡乘坐或紧接联盟国际航班，可带1人（当天乘坐天合联盟航班的旅客）	1.金卡及以上乘坐阿拉斯加航空，在安克雷奇、洛杉矶、波特兰、西雅图出港，可带1人使用阿拉斯加航空贵宾休息室； 2.白金卡乘坐海航、大新华航空可使用指定贵宾室

航司	国泰航空
常旅客计划	马可孛罗会
会员等级	绿卡、银卡、金卡、钻石卡
贵宾室（休息室）	1.绿卡200积分可为自己或同航次伙伴兑换国泰或指定航司的公务舱贵宾室服务1次； 2.银卡可使用国泰、港龙航空公务舱贵宾室，也可用450积分兑换2张公务舱贵宾室使用券； 3.金卡乘坐国泰、港龙或"寰宇一家"联盟航司航班可使用上述航司公务舱贵宾室，可带同航班1人（2岁以下不计人数），也可用800积分兑换2张公务舱贵宾室使用券； 4.钻石卡乘坐国泰、港龙或"寰宇一家"联盟航司航班可使用上述航司头等舱或公务舱贵宾室，可带同航班2名（2岁以下不计人数）；也可用1400积分兑换2张头等舱或公务舱贵宾室使用券； 5.银卡以上搭乘由国泰营销由新西兰航空运营往来奥克兰及香港的航班，可使用奥克兰和香港机场的公务舱贵宾室，金卡以上搭乘新西兰航空运营往来基督城或威灵顿及香港、途经奥克兰，可带同航班1人（钻石卡可带2人）； 6.金卡及以上搭乘由国泰或港龙营销及营运航班飞抵香港、伦敦（仅限CX251及CX255）或法兰克福，可使用入境大楼贵宾室，伦敦需提前领取邀请卡，仅限抵达当日使用，不含同行人。

续表

航司	国泰航空
所属联盟	寰宇一家
对应等级	银卡 = 红宝石卡 金卡 = 蓝宝石卡 钻石卡 = 绿宝石卡
联盟及其他权益	1. 金卡可使用"寰宇一家"联盟航司商务舱或飞行常旅客贵宾室,可带1人(须乘坐本联盟航班); 2. 钻石卡可使用"寰宇一家"联盟航司头等舱、商务舱或飞行常旅客贵宾室,可带1人(须乘坐本联盟航班) 注:美国航空、澳洲航空及卡塔尔航空指定贵宾室除外

①大中华携手飞:指中华航空、中国东方航空(包括上海航空)、中国南方航空、厦门航空

②国航系:指中国国际航空、深圳航空、山东航空、澳门航空、大连航空、内蒙古航空、西藏航空

3. 高端银行卡

一般白金卡及以上级别的信用卡、借记卡可以进入指定贵宾室。有些银行在机场有自己的贵宾室,只要你达到标准就可以使用。有些银行是给高端卡配备龙腾卡或者PP卡,然后赠送或者低价出售龙腾点数。例如前两年带我入门的中信i白金,就赠有8个点的龙腾点数,可到机场使用龙腾合作的贵宾室。

	名称及门槛	银行贵宾室
工商银行	1. 私人银行签约高净值客户不限次数,资产800万以上; 2. 白金级信用卡,免年费方式:20万消费或16万积分兑换(其中银联标准牡丹白金信用卡14万积分兑换)	境内43家; 工行运通白金卡蓝盒子版可使用全球环亚机场贵宾室
农业银行	1. 钻石卡客户不限次数,12个月日均资产500万以上; 2. 尊然白金卡不限次数,首年刚性年费880元,次年5万积分兑换或刷卡满30次免年费; 3. 吉祥航空联名白金卡不限次数,首年刚性年费880元,次年刷卡满30次免年费	境内45家,可带人
中国银行	财富管理贵宾卡,资产200万	境内25家

续表

建行银行	1. 私人银行卡、财富卡、理财白金卡，3000 积分 / 次； 2. 白金信用卡可免积分使用	境内 48 家
交通银行	1. 沃德财富卡、私人银行卡，有些需要提前预约及扣除积分； 2. 白金信用卡 6 次免，之后 6 万积分 / 次	境内 40 家
招商银行	1. 金葵花卡日均资产 50 万起积分，贵宾室需扣积分，部分需预约； 2. 经典白全年 6 次贵宾室，后续 3000 积分 / 次，年费 3600 元，1 万分抵年费； 3. 钻石卡、白金运通百夫长卡、私人银行卡本人及随行 1 人可免费无限次，钻石卡、百夫长白金卡年费 3600 元，首年免； 4. 无限卡本人及随行 3 人可免费无限次，刚性年费 1 万元； 5. 其他白金卡 3000 分 / 次兑换贵宾室	境内外百家合作贵宾室
中信银行	1. 白金借记卡日均资产 50 万，全年无限次，部分需登记； 2. 白金信用卡贵宾室服务（大白金卡）	境内 31 家
浦发银行	月日均资产 100 万元的"浦发卓信"钻石贵宾客户全年最多累积 14 点，800 万元的浦发私人银行贵宾客户全年最多累积 26 点，需兑换龙腾卡然后扣除积点进入贵宾室，机场需 2—4 点	境内外 300 多家合作贵宾室
民生银行	1. 月日均资产 100 万元的钻石卡级贵宾客户，积分扣减，可携带同航班 1 人； 2. 豪白卡、钻石卡、AE 白金卡及无限卡可享贵宾室服务（部分卡可使用国外 PP 贵宾室）	境内 24 个城市机场，部分需预约
兴业银行	1. 日均资产 30 万以上的"自然人生"钻石卡、黑金卡和白金卡客户，积分抵扣； 2. 白金信用卡客户无限次使用，每年可携带 4 人次，境外可使用 PLAZA 贵宾室	境内 24 个城市机场，部分需预约
华夏银行	华夏理财金卡，积分扣减	境内 23 个城市机场，部分需预约
光大银行	日均资产 100 万以上的财富钻石卡客户，积分抵扣；	境内 21 个城市机场
广发银行	1. 日均资产 30 万以上的财富管理贵宾客户，联合龙腾贵宾室； 2. 白金信用卡客户	全球 252 家机场、466 个贵宾室
花旗银行	综合账户余额不低于 800 万的私人客户，送 10 次 PP 贵宾室	全球 PP 贵宾室

4. 付费

大部分机场和第三方贵宾室都可以付费进入，均价在 200 元左右 / 人次。龙腾和 PP 卡需要在购买标准会籍后再按次数购买贵宾室服务。携程等第三方平台也有优惠的贵宾室服务购买，相信随着市场需求越来越大，也会有越来越多的单次付费方式出现。

（PS：春秋也推出了付费的贵宾室）

5. 龙腾或PP

相比于购买两舱机票，累积到成为航司精英会员，搬砖成为银行白金客户，还有直接花钱，龙腾和PP卡应该是出入贵宾室性价比最高的方式了。

当然，你可以去龙腾和PP的官网购买它们的专有会籍，但是这个不是我们的主要办法。如何更低成本，甚至无成本地去获得才是我们所关注的。我想这也是为什么前两年的中信i白金、现在的浦发运通白这么受欢迎的原因之一。

PP卡境外贵宾室较多，龙腾卡境内贵宾室较多，获取方式如下：

1. 中国银行：

a. 无限卡、私人银行长城美国运通卡送无限PP，年费3600元，各地免年费方式不同；

b. 白金信用卡可9万分兑1次龙腾或PP，年费800元，可用积分兑换。

2. 建设银行：

a. 钻石卡、全球智尊信用卡无限PP，刚性年费5800元；

b. 白金卡每年3次PP，刚性年费1800元起。

3. 交通银行：白麒麟卡，主卡和附属卡都赠送6点PP，对于有出门需求的家属比较友好，超过之后27美金/次；

4. 招商银行：运通百夫长白金卡，本人无限次PP，年费3600元，首年免；

5. 中信银行：

a. 钻石卡、无限卡随卡附赠无限次PP卡和龙腾卡，刚性年费2万元；

b. 尊尚、尊贵、高尔夫白金卡每年8次龙腾贵宾厅服务，年费2000元，45万积分抵；

c. 美国运通白金卡，送8点龙腾点数，年费2000元，2016年12月31日前申请免首年年费。

6. 浦发银行：

a. 美国运通超白金信用卡，本人无限次PP，每次还可免费携3位朋友，刚性年费1万元；

b. 美国运通白金信用卡，本人无限次PP还可免费携伴6次，年费3600元，首年免，之后以 20 万积分兑换年费；

c. VISA 白金信用卡 PP 会员卡 65 折优惠，PP 高级会员卡及至尊会员卡 75 折优惠，年费 680 元，首年免，之后以 3 万积分兑换年费；

7. 民生银行：美国运通白金信用卡，本人无限次 PP，年费 6000 元；

8. 光大银行：白金、钻石、无限信用卡客户每年送 3 点、8 点、无限次龙腾卡服务，每年清空，白金卡年费可积分抵扣或部分抵扣；

9. 广发银行：

a. 无限卡/世界卡、南航白金卡、国航白金卡、商旅白金卡本人无限次龙腾，无限卡/世界卡可携伴 1 位，刚性年费 2500 元以上，无法免；

b. 臻享白金卡、真情白金卡、车主白金卡、高尔夫白金卡、尊越白金卡每年 6 点龙腾卡，刚性年费 800 元以上，无法免；

10. 花旗银行：礼程卡送 6 点龙腾卡，800 元刚性年费；

11. 渣打银行：臻程系列卡每年 8 次龙腾/PP 贵宾室，首年年费 2500 元，刷满 25 万元（2016 年 15 万元）免次年年费。

注：JCB 金卡以上应该都可进入金色世纪及 JCB 机场贵宾室，因此不再单独讨论 JCB 金色世纪贵宾室问题。

下次出门前，先打开"龙腾出行"或者"Priority Pass" APP 查看你要出发的机场有没有合适的贵宾室，如果没有再看看自己手上的白金卡吧。

4.3 让延误不再头疼

飞客茶馆 ID：达叔

如果夏秋季暴雨多发，特别是南方还时不时来场台风，乘坐飞机十有六七都会遭遇延误。然而，众人皆延误，心情却不尽相同——延误险，这道"美丽"的分割线，将被延误的人们，无情地分至两边——坦然者，自是叠加了多种延误险，优哉游哉地盘算着延误时间与赔付金额的正比例关系；焦虑者，定是后悔当初，由于自己的疏忽大意，痛失一次绝佳的薅羊毛时机。

不过，聪慧如你，有幸看到此篇航空延误险指南，藏至包中，从此无悬念地悄然走向致富之路。

一、招商银行

招商银行的航空延误保险，主要分为三大类，官方将它们称作旅行不便险、高额旅行不便险、商务卡综合保险，其中，商务卡综合保险又分为"标准计划"与"精英计划"。

1. 旅行不便险

（1）适用卡片

国航知音信用卡、南航明珠信用卡、海航联名卡、厦航白鹭联名卡、东航联名卡、ANA CARD 全日空信用卡、如家酒店连锁信用卡、7 天连锁酒店信用卡、汉庭联名卡、凯莱酒店集团联名卡、全币种国际信用卡

（2）延误时长/赔付金额

航班延误 4 小时，金卡最高 1000 元；普卡最高 300 元人民币补偿

（3）须知

▲支持延误期间必要费用实报实销

▲该险种按次赔付且无累积赔偿限额

▲包含附属卡持卡人

▲延误时间仅以到达时间计

▲由华安财产承保

2. 高额旅行不便险

（1）适用卡片

招商银行黑金卡、无限卡、钻石卡、白金卡

（2）延误时长/赔付金额

航班延误 4 小时，可获得黑金卡最高 5000 元；无限卡/AE 卡最高 4000 元；钻石卡/经典/精致/银联白金卡最高 2000 元人民币补偿（均含 500 元定额津贴）

（3）须知

▲不包含附属卡持卡人

▲延误时间仅以到达时间计

▲由华安、华泰共同承保

3. 商务卡综合保险

（1）适用卡片

a. 标准计划：商务信用卡、浙江诚商金卡、美国运通商务绿卡、清华校友认同卡

b. 精英计划：精英商务信用卡、浙江城商精英卡、美国运通商务金卡

（2）延误时长/赔付金额

航班延误 4 小时，标准计划可获得最高 1000 元人民币补偿（含 300 元定额津贴）；精英计划可获得 5000 元人民币补偿（含 500 元定额津贴）

（3）须知

▲不包含附属卡持卡人

▲延误时间仅以到达时间计

▲由华安财产保险承保

招行的旅行不便险可以通俗解释为"实报实销"。即在航班延误 4 小时的情况下，可以享受根据卡级别不同的额度赔偿。但切记必须有发票，且消费内容必须是在延误期间的餐饮费、住宿费、通信费、必备生活用品等费用。即使没有发票，500 元的定额津贴也是可以凭延误证明拿到的。所以如果在航班取消的情况下，招

行高端卡例如 AE 白，住个五星级酒店吃个高级大餐，真的太爽了。

二、平安银行

平安银行的航班延误险，针对以下卡种：平安白金系列信用卡（适用卡片包括平安精英白金卡、平安白金卡、平安聚富白金一账通卡、平安创富白金一账通卡）、平安钻石卡、平安深圳公务卡、平安北京公务卡。

1. 平安白金系列信用卡

（1）适用卡片/延误时长/赔付金额

白金信用卡、聚富白金一账通卡：2 小时延误，优惠期内不限次赔付；每次最高赔付 2000 元（不高于票价）

（2）适用卡片/延误时长/赔付金额

精英白金信用卡、创富白金一账通卡：3 小时延误，优惠期内不限次赔付，每次最高赔付 800 元（不高于票价）

▲支付 80%（含）以上机票票款后，该航次"航班延误保险"方始生效；不包含旅游团费

▲延误时间以起飞/到达时间计，以两者较长者为准

▲航班取消、备降、返航均不赔付

2. 平安钻石信用卡

（1）延误时长

延误 2 小时及以上

（2）赔偿金额

赔偿票款，最高 6000 元

▲需支付机票全款后，不包含旅游团费

▲延误时间仅以到达时间计

▲航班取消、备降、返航均不赔付

3. 平安深圳/北京公务卡

（1）延误时长

延误 4 小时及以上

（2）赔付金额

每次事故赔偿 300 元

延误时间以起飞/到达时间计，以两者较长者为准

三、中信银行

中信信用卡持卡人凡通过中信银行的指定渠道为本人及合格同行人订购机票，并使用中信信用卡全额支付机票款，可享受航班延误保险。

1. 金卡、普卡、蓝卡

航班延误 4 小时最高可获赔 1000 元机票款

2. i 白金卡、VISA Signature 卡

航班延误 2 小时最高可获赔 1000 元机票款

3. 白金卡、钛金卡、公务卡金卡、商务卡主管卡

航班延误 2 小时最高可获赔 1000 元机票款

4. 无限卡、世界卡、钻石卡、御尊卡

航班延误 2 小时最高可获赔 5000 元机票款

须知

▲航班因延误取消正常赔付；由于"乘客数量少"等原因被取消则不会赔付

▲持卡人通过指定渠道为本人及其合格同行人订购机票，最多 3 名合格同行人可以享受航班延误险

▲i 白金卡客户和 VISA Signature 卡客户每自然月计积分交易达 3000 元，客户次月月底前搭乘航班可享受理赔

▲延误时间仅以到达时间计

▲中信银行的"指定渠道"将不定期更新，需要留意网站公示，目前指定渠道有：

    a. 移动中信商旅平台订票渠道（动卡空间）；

    b. 中信携程商旅服务专线：4006895558（携程专线）；

    c. 携程旅行（个人）客户端订票渠道；

    d. 中信电商机票服务热线：40000-95558.95558-3；

e. 中信电商网上订票渠道：http://mall.ecitic.com；
f. 中信国航商旅服务专线：4008095558；
g. 厦门航空购票服务热线：95557；
h. 东方航空服务热线：95530；
i. 海南航空服务热线：95339。

四、交通银行

延误时长/赔付金额

针对白金卡持卡人，每延误2小时，可获赔偿500元，每次最高赔偿4小时。延误时间以起飞/到达时间计，以两者较长者为准；该险种由平安保险承保。

五、中国银行

近日，中国银行对其航空延误险起始日期相关条款的更改较为频繁，新的起始日期以2016年7月1日为分界线。新规则下，2016年7月1日前，单自然月满足消费条件的持卡人，第二天即可获得免费的航空延误险，但是，7月1日以后，单自然月满足消费条件的持卡人，须待7日后才能获得延误险。

1. 普卡、金卡

（1）赠送条件

同一持卡人同一张信用卡消费满3笔且单笔满等值人民币199元方符合延误险赠送条件

（2）延误时间/赔付金额

延误满4小时赔付500元；延误满8小时赔付1000元；累积赔付最高2000元

（3）须知

▲客户持有多张符合赠送条件的信用卡，仅获赠产品等级最高的信用卡下对应的延误险

▲由中银保险承保

▲延误时间仅以起飞时间计

▲海航金鹏信用卡、凤凰知音国航中银信用卡持卡人不需用该信用卡支付机票或团费即可获赠延误险

2. 白金卡、美国运通卡、无限卡

（1）赠送条件

同一持卡人同一张信用卡消费满 3 笔且单笔满等值人民币 199 元方符合延误险赠送条件

（2）延误时间 / 赔付金额

延误满 2 小时赔付 300 元；延误满 4 小时赔付 500 元；延误满 8 小时赔付 1000 元；白金卡累积赔付最高 3000 元；美国运通卡、无限卡累积赔付最高 5000 元

（3）须知

▲针对中国银行美国运通卡、无限卡持卡人的延误险，均可包含其配偶、子女

▲由中银保险承保

▲延误时间仅以起飞时间计

▲海航金鹏信用卡、凤凰知音国航中银信用卡持卡人不需用该信用卡支付机票或团费即可获赠延误险

中国银行的延误险虽然金额不高，但是门槛低，只需单自然月消费 199（元）×3 笔就可以激活权益，单月消费满，全年皆受益，并且中行的白金卡精英版（如凤凰知音联名卡和海航金鹏信用卡）都可以不用该卡支付直接享受权益，实乃居家旅行必备之良卡。需要注意的是，目前中行的航空延误险到期时间为 2016 年 12 月 31 日。

六、花旗银行

1. 延误时长 / 赔付金额

花旗银行里程卡持卡人

延误 3 小时以上（含 3 小时）赔偿 1000 元

每次事故赔偿最高不超过 1000 元

2. 须知

▲同行配偶和子女均不承保

▲延误时间以起飞 / 到达时间计，以两者较长者为准

▲该险种由太平洋保险公司承保

七、工商银行

1. 适用卡片

工银白金信用卡、工银国航、南航、海航、东航联名信用卡、工银企业公务卡、工银运通商务卡

2. 延误时长／赔付金额

航班延误 4 小时，境内赔付金额 500 元／次；境外赔付金额 1000 元／次；累积赔付金额上限全年 5000 元

3. 须知

▲航班延误时间仅以到达时间计

▲该险种由中国人寿保险公司承保

八、建设银行

1. 航班延误险服务对象为龙卡信用卡商旅产品持卡人：

全球支付信用卡、世界旅行信用卡、东航龙卡、南航龙卡、欧洲旅行信用卡、港澳台旅行信用卡、深航龙卡、国航龙卡、芒果旅行信用卡、韩国旅行信用卡、日本旅行信用卡、艺龙旅行信用卡、春秋龙卡、商务卡、白金卡

2. 延误时长／赔付金额

普卡每 4 小时延误赔偿 200 元，每年累积不超过 1000 元；金卡、标准白金卡、白金卡每 4 小时延误赔偿 200 元，每年累积不超过 2000 元

（1）航班延误时间以起飞／到达时间计，两者较长者为准

（2）包含主卡及附属卡持卡人

（3）该险种由美亚财产保险公司承保

九、兴业银行

兴业银行针对指定钻石、白金、钛金信用卡（车友信用卡白金卡除外），均提供航空延误险服务。

延误时长／赔付金额

保险期间内，被保险人搭乘或转乘的航班延误（需符合航空公司对延误的规定）4 小时以上（含 4 小时），持卡人赔付 5000 元，配偶 5000 元，未成年子女每

人 5000 元，所有子女累积 10000 元

（1）仅以到达时间计算

（2）包含同行的配偶和未成年子女

（3）该险种由安诚保险承保

十、民生银行

延误时长 / 赔付金额

民生银行豪华白金卡、钻石卡、无限卡，均可享受航班延误险，延误时间超过 4 小时，直接赔付 400 元 / 次，全年不限次

（1）延误时间仅以落地时间为准

（2）该险种承保公司信息不明，民生银行客服也表示"不知晓"

十一、浦发银行

1. 延误险服务对象

VISA 白金简约版；VISA 金卡；上航浦发联名信用卡金卡及普卡；日航浦发联名信用卡金卡；优悦会浦发联名信用卡金卡及普卡；美美长沙浦发联名信用卡；东航浦发联名信用卡金卡；五星电器浦发银行联名信用卡白金卡；中国移动浦发银行借贷合一联名卡金卡；中国移动浦发银行借贷合一联名卡白金卡；中国移动浦发银行联名手机卡金卡；中国移动浦发银行联名手机卡白金卡；VISA 白金卡；VISA 白金卡标准版；上航浦发联名信用卡白金卡；东航浦发联名信用卡白金卡、钛金卡；尊尚白金卡；公务卡（主卡及附属卡持卡人）

2. 延误时长 / 赔付金额

每延误 4 小时，可获赔偿 300 元，每延误 8 小时，可获赔偿 600 元；每次事故赔偿限额 600 元；每年累积限额不超过 5000 元

3. 须知

航班延误时间以起飞 / 到达时间计，以两者较长者为准

十二、浦发美国运通白金信用卡

1. 延误时长/赔付金额

航班每延误 4 小时，赔偿 500 元，全年累积限额不超过 5000 元

2. 须知

（1）航班延误时间以起飞/到达时间计，以两者较长者为准

（2）包含同行的配偶和未成年子女，额度共享

自从浦发 AE 白升级成为一卡走天下的神卡后，其各项权益的体验也成为广大卡友关注的重点。而浦发航空延误险的理赔效率也相当高，基本上 7 个工作日内就可以搞定，对于持有 AE 白卡的卡友，就连支付宝等第三方渠道购买也可以赔付，不得不为浦发点个赞了。

十三、广发银行

高端信用卡

（1）适用卡片

广发臻尚卡、臻享卡、商旅信用卡、高尔夫信用卡、世界卡、无限卡

（2）延误时长/赔付金额

延误 4 小时以上（含 4 小时），补贴 100 元；延误 8 小时以上（含 8 小时），补贴 200 元；累积上限不超过 2000 元

（3）须知

▲客户持有多张符合赠送条件的信用卡，仅获赠产品等级最高的信用卡下对应的延误险

▲由中国人寿承保

▲延误时间仅以到达时间计

十四、广发东航信用卡

1. 延误时长/赔付金额

每延误 4 小时以上（含 4 小时），每次事故赔偿金额 1000 元，累积赔偿上限 1000 元

2. 须知

（1）由中国人保承保

（2）延误时间仅以到达时间计

（3）持卡人不需用该信用卡支付机票或团费即可获赠延误险

十五、广发南航明珠信用卡

1. 延误时长/赔付金额

普卡延误4小时以上（含4小时），每次事故赔偿金额300元，累积赔偿上限300元；金卡延误4小时以上（含4小时），每次事故赔偿金额1000元，累积赔偿上限1000元；白金卡延误4小时以上（含4小时），每次事故赔偿金额2000元，累积赔偿上限2000元

2. 须知

▲由中国人寿承保

▲延误时间仅以到达时间计

▲持卡人不需用该信用卡支付机票或团费即可获赠延误险

以上便是各大银行航空延误险的基本要点，掌握了延误险的"关键薅点"，才能薅得高效、薅得舒爽。最后，再多说几句，想要靠延误险发家致富除了正确姿势薅到赔付之外，还有必要掌握夜观天象、统筹规划、缜密分析等很牛的技能。比如很多第三方平台都有客运航班准点率报告，虽不见得有多么准确，但要乘坐倒数排位的航线和准点率低到离谱的航线时，还是特别要留意一下；或者又如在夏日午后飞东南沿海地区，建议除了信用卡自带延误险之外叠加一份第三方延误险，真的遇上延误想必心情也不会沮丧；当然最重要的是：一旦遇上航班延误，一定要记得去登机口或到目的地之后找航空公司开具延误证明，回头再仔细研究保险条款也不迟。

4.4 作为一名"飞客",如何配置自己的专属卡包

作者:杨一涛

飞客茶馆 ID:aoface

一、完美旅程

当准备动笔写这篇文字的时候,已经是深夜 11 点,我坐在厦门磐基皇冠假日酒店行政客房的书桌前回忆今天一天的行程。航班是 19 点的,预约的送机礼宾车 15 点准时在楼下等候,30 分钟后到达南京禄口机场的贵宾候机楼,接下去就是代办登机牌、休息、安检、送至登机口一站式服务。到达厦门后,接机礼宾车也已到达,直接开赴酒店。酒店方面提前一天致电告知房间已经准备好并已升级并且赠送了行政待遇。

整个行程非常舒适和妥当,那花费是多少呢?南京往返厦门的机票使用了 44000 国航里程,现金支付了 100 元的税费和机建费,接送机服务是浦发 AE 白金卡的免费权益,银联白金卡刷 1 元就可以使用禄口机场的 CIP,IHG 积分兑换了厦门皇冠假日酒店的全部房晚,因为含行政待遇也就意味着早餐和晚餐都可以在酒店免费解决,所有的现金支出加起来仅为 101 元!

这些免费的权益均来自于银行发行的信用卡,对于经常需要旅途奔波的人群而言,合理办理和配置信用卡可以很大程度上提升旅行品质。

二、为什么使用信用卡

信用卡是由银行依照用户的信用级别与财力发给持卡人的支付工具,持卡人持信用卡消费时无须支付现金,在免息期结束前进行还款。为了鼓励持卡人刷卡消费,银行会推出各式花样的活动来刺激持卡人消费,其中信用卡积分是最基本的返利手段,几乎所有银行发行的信用卡都有此功能,只是积分的有效期各家银行各有不同。积分最基本的用途是兑换礼品,随着时代的发展,银行

的积分和其他行业的积分也逐渐打通，比如可以用信用卡积分兑换酒店积分、航空里程等。现在刷卡已然成为商家必备的支付方式，消费者使用信用卡有以下几点基础优势：

（1）可以获得积分。积分是银行给这次刷卡消费行为的返利，可以进行等价值兑换；

（2）可以参与银行活动。银行不定期地推出各类活动，范围涵盖生活、商旅、出国等方面，持卡人能在很多消费领域享受实惠，比如餐饮五折、10元看电影、团费直减等；

（3）可以灵活安排资金。刷信用卡消费使用的是信用额度，不必当场支付现金，这部分现金可以在免息期内孳生收益；

（4）可以累积个人信用。对于未来有贷款需求的人而言，办理并使用信用卡是积累信用的最好方式，良好的消费和还款习惯可以提升个人信用，这是银行放贷时的重要参考依据。

三、合理配置信用卡

普通信用卡的办理门槛并不是太高，满足年龄条件和有工作收入的人都可以办理下来，有些银行针对没有工作收入的大学生也开放了办理通道，我就是2005年办下了人生的第一张招商银行信用卡，额度3000元，那时我还是在读研究生。所以现在想拥有一张信用卡并不难，难就难在面对五彩缤纷的信用卡推广彩页抉择办理哪张信用卡。因为支付是信用卡的基础功能，所以首先我们要明确一个目标，就是选择办理哪家银行的哪张信用卡目的是为了可以获得更多的利益，俗称"薅羊毛"，大家可以从三个方面进行综合考虑：

1. 消费族群

每个人的消费观念和消费习惯是不一样的，拿自己举个例子，在家里老婆爱美又是管家兼吃货，经常消费的场所在超市、商场和饭店，而我的消费区域在电子产品、旅游度假产品和海淘上。合理配置卡片的第一步就是先冷静分析自己的消费习惯，把自己划入一个消费族群。我自己热爱旅行，所以此篇文字就针对这类消费族群进行一些信用卡配置方面的建议。

2. 配置目标

对于旅行而言,图省事的朋友直接找一个旅游度假产品跟着旅行社就好了,但我们现在要折腾,要薅羊毛,提升我们的旅行品质,那么必须要考虑的三件事是:吃、住、行,钱包要装些什么卡片才能从银行那里薅到饭票、房费和路费就是接下去要完成的目标。

3. 住宿

A. 酒店积分

各大酒店集团都有自己的积分计划,积分可以用来兑换房费,积分一般都是通过预订并入住集团酒店后获得。但有部分酒店集团和银行合作推出联名信用卡,持卡人通过刷卡消费的信用卡积分会自动转换为酒店积分,这无形中给积累酒店积分增加了一个额外的通道。

洲际酒店集团(IHG)无疑是最典型的代表,与之合作的国内银行有浦发银行和中信银行,这两家银行的 IHG 联名信用卡积分与 IHG 积分的转换比例见下表。不难看出,住店时使用联名卡消费是双倍积分,所以出行前准备好这些卡放在钱包里是不会错的。此外,转换比例与信用卡级别相关,那是不是申请高转换比例的卡片就好呢?其实不然,后面会提到这个话题,此处暂且按下不表。

IHG 联名信用卡积分转换比例表

银行	卡种	转换比例(RMB:IHG Point)	年费(RMB)
中信银行	金卡	18:1	300(开卡当月刷卡消费/取现1次免首年年费;首年刷卡消费/取现5次免次年年费;以此类推)
	白金卡	15:1	3600(刚性)
	世界卡	10:1	20000(刚性)
浦发银行	普卡	16:1	免费
	金卡	8:1	免费

除了上述两家银行,花旗银行礼程卡的礼程(积分)可以按 1:1 的比例兑换 IHG 的积分,因为使用花旗礼程卡每消费 12 元人民币累积 1 个礼程,因此该银行与酒店的消费兑换比为 12:1。礼程卡还可以用礼程来兑换希尔顿荣誉客会积分,比例是 1:1.5,基本每年末都会有 1:2 比例兑换活动,有刚需的朋

友千万不能错过。花旗银行礼程卡有 1400 元的刚性年费，但交纳年费后会返还 1000 元携程卡。

接下来要登场的是一位最耀眼的明星：美国运通百夫长白金卡。国内只有招商银行、工商银行和民生银行发行了美国运通（简称"美运"）百夫长白金卡，这张卡不是酒店联名卡，但是该信用卡积分可以自由兑换喜达屋酒店集团（SPG）和希尔顿酒店集团的积分，兑换比例见下表。

百夫长白金卡积分与酒店集团积分兑换比例表

银行	兑换比例（现金：酒店积分）		年费（RMB）
	喜达屋	希尔顿	
招商银行	30（RMB）:1	10（RMB）:1	3600（刚性，首年送 25000 积分）
工商银行	55（RMB）:1	15（RMB）:1	3600（刚性）
民生银行	2.57（$）:1	0.64（$）:1	6000（刚性）

喜达屋（SPG）是深爱飞客喜爱的酒店集团，在国内并没有和银行合作发行联名卡，使用百夫长白金卡积分兑换是很多薅手的主要渠道。值得一提的是，虽然 SPG 和银行没有合作，但可以和 Uber 账户进行关联，在 Uber 消费金额可以赚得 SPG 积分（见下表）。

Uber 消费赚取 SPG 积分比例表

	在入住期使用 Uber	平时使用 Uber
优先会籍	2 分 / 美元	1 分 / 美元
金卡和白金会籍	3 分 / 美元	1 分 / 美元
75 晚的白金会籍	4 分 / 美元	1 分 / 美元

最后提一下香格里拉酒店集团，它与民生银行和工商银行合作推出了联名信用卡，消费兑换比例见下表。

香格里拉酒店联名信用卡积分转换比例表

银行	卡种	转换比例（RMB：Point）	年费（RMB）
民生银行	标准白金卡	120：1（酒店内消费双倍积分）	600（核卡两个月内刷卡一笔免首年年费，自核卡之日起每12个月内可累积积分的交易消费满18笔或满5万人民币或等值外币，免次年年费）
民生银行	豪华白金卡	60：1（酒店内消费双倍积分）	3600（香格里拉贵宾金环会翡翠级、钻石级会员以及2013年12月31日前入会的金卡会员，享首年年费八折优惠）
工商银行	白金卡	120：1（酒店内消费累积3倍积分，有效期为2016年8月1日至2017年7月31日）	2000（2017年7月31日前成功申办并启用的白金卡持卡人将减免首年年费，既有金环会钻石级、翡翠级会员成功申办并启用将减免3年年费）

B.酒店权益

除了通过上面提到的方法将消费所得的积分转换成酒店集团的积分来兑换免费的房晚，部分信用卡还带给持卡人额外的酒店权益。酒店权益大致可以分为提升会员级别、优先CI和CO、房价折扣、房型升级、给予行政待遇、赠送早餐、赠送各类消费券等。对于酒店集团来说，对于本集团的更高一级别的会员，当然给予的权益就会更多，所以我们把焦点集中在那些可以提升酒店集团会员级别的信用卡上。

以IHG为例，中信IHG联名信用卡金卡客户直接成为IHG优悦会的金卡会员，带来的权益就是在大中华地区（含澳门，香港、台湾除外）订周末房享七折优惠（含双份早餐），虽不及白金会员的六折，但对一张几乎无办卡门槛的信用卡而言，这个实惠对经常入住IHG的朋友来说已经非常不错了。表5列出了部分提供酒店权益的信用卡列表及相关权益内容。

银行信用卡提供的酒店权益列表

银行/卡组织	卡种	酒店权益列表		年费
浦发银行	AE超白金卡	免费4晚指定酒店； 入住雅高酒店住N送N； 香格里拉翡翠会籍		10000元，可用积分抵扣
	AE白金卡	50000分兑换指定酒店2次； 入住雅高酒店住N送N		3600元，可用积分抵扣
	IHG联名金卡	积分可作为IHG定级/保级分，兑换比例高		无
招商银行	百夫长白金卡	招行专属"300元+100积分"预订豪华酒店权益4次/年	希尔顿金卡会籍；卡尔森俱乐部金卡会籍	3600元刚性年费
	钻石卡		—	3600元刚性年费
	经典白金卡		—	3600元，可用积分抵扣
中信银行	IHG联名金卡	IHG金卡会员级别；周末7折优惠		300元，有条件减免
银联	钻石卡/白金卡	这些是卡组织自己的酒店礼遇计划，任何一家银行发行的该卡组织相应等级的卡片，均可以享受对应的酒店礼遇。礼遇详情可参见各卡组织网站		以发卡银行相关规定为准
	美运百夫长白金系列			
VISA	VISA无限卡、玉玺卡、白金卡			

C. 卡片配置

我们大致了解了刷信用卡消费可以得到信用卡积分，这些积分可以转换、兑换成酒店集团的积分，酒店积分可以用来兑换免费房晚，下面来聊一下怎么配置信用卡。这部分内容对于土豪来讲可以忽略，他们大可以直接花钱住出各种高级酒店会员，正如前面我们看到的，白金卡及以上的卡种兑换比例高，得到的额外权益也更多，但是这些卡需要付出更多的代价（年费），至于吾辈，当然是想花更少的钱办更多的事了。其实万事万物无非是寻求一个平衡，根据自己的需要选择一个适合自己且性价比高的卡片，因为工科出身的缘故，我把"选择"这事分几个步骤来做：

第1步：选择自己中意的酒店集团（主力将分积在一处总是没错的）

第2步：将可以兑换或转换该酒店集团的信用卡列出来

第3步：选择自己看重的酒店权益（人总是希望要全部，但人生总需要取舍）

第 4 步：在第 2 步中列出的信用卡中筛选出符合预期权益的卡片
第 5 步：将筛选出卡片的年费成本列出来，选择其中自己可以承受的信用卡

我本人很喜欢洲际（IHG），于是我选出了中信 IHG 联名卡和花旗礼程卡；我比较看重房价折扣、房型升级、行政待遇及早餐，于是我选出了中信 IHG 金卡、中信 IHG 白金卡和花旗礼程卡，四张卡片的年费分别是 200 元（刷够次数可免除）、3600 元（刚性）、免费、1400 元（刚性，但会送 1000 携程卡）。因为花旗礼程卡的年费相当于是 400 元，且花旗礼程的兑换范围很广，年费可以节省，中信 IHG 白金卡的刚性年费太高且无返利活动故被排除，最终我钱包里的卡片有中信 IHG 金卡和花旗礼程卡。而花旗礼程卡作为平时主刷的卡片，因为花旗的礼程不但可以兑换酒店积分，还可以兑换等会儿要说的航空里程。大家可以依法炮制，选择出适合自己的信用卡。

4. 飞行

A. 航空里程

旅行除了住宿，交通也是非常重要的一环，因为铁老大没有推出积分计划也没有任何联名信用卡，坐实了"铁公鸡"光荣称号，所以我们把目光集中在航空计划上。和酒店集团的积分计划类似，各大航司都有自己的里程计划，飞行常旅客通过乘坐本航司的航班均可以累积里程用于兑换免费的航班。各大航司几乎都和银行合作发行了联名信用卡，均有将消费积分转换为航空里程的功能，不过兑换比例稍有不同，另外还有一些非联名信用卡也提供里程兑换的功能，下表列举了国内部分信用卡的航空里程兑换比例。想要快速让里程发挥作用，那么最好将所有赚取的里程都累积在一家航司里，所以首先要明确的问题是"自己经常乘坐的航司是什么"。

部分银行信用卡的航空里程兑换比例表

银行			信用卡积分兑换航空里程（年费）比例（积分：里程）			
			国航	东航	南航	亚洲万里通
中信银行	联名卡	无限卡	无	8：1（￥10000 刚性年费）	无	无
		世界卡	8：1（￥10000 刚性年费，国航知音金卡会员可豁免）	无	无	
		白金卡	10：1（￥2000 刚性年费）			
		金卡	15：1（首年免年费，次年刷 6 次减免次年年费）			
		普卡	18：1（首年免年费，次年刷 6 次减免次年年费）			
	其他白金卡		12500：500（￥2000 刚性年费）			无
	其他金卡		25000：500（首年免年费，次年刷 6 次减免次年年费）			无
招商银行（所有卡种均 20 元积 1 分）	联名卡		金／普卡 18：1（首年免年费，次年刷 6 次减免次年年费）			无
	经典白金卡		·每年 5 万里程以内：1500：2000 ·每年 5 万里程以上：3000：2000 ·￥3600 年费，首年开始可以使用 1 万积分抵扣，生日当天 10 倍积分			·每年 5 万里程以内：1800：2000 ·每年 5 万里程以上：3000：2000
	钻石卡		·1500：2000（￥3600，刚性年费，主卡核发 3 个月内，任意 1 笔消费可获赠 25000 积分） ·核卡或续卡后一年内，持卡人可享全年 4 次境内任意直达航线儿童经济舱机票全免费权益。包括但不限于这些航空公司，具体与客服确认			1800：2000
	百夫长白金卡		1500：2000（￥3600，刚性年费，主卡核发 3 个月内，任意 1 笔消费可获赠 25000 积分）			无
花旗银行（礼享卡 1 元积 1 分，礼程卡 12 元积 1 分）	礼享卡		36：1（首年免年费，次年刷 6 次免除次年年费）			
	礼程卡		1：1（￥1400，刚性年费，每年返 1000 元携程卡）			

续表

银行		信用卡积分兑换航空里程（年费）比例（积分：里程）			
		国航	东航	南航	亚洲万里通
浦发银行	联名卡	无	·白金12：1（¥1500） ·钛金14：1（¥360） ·金卡15：1（免年费）	无	无
	AE白金卡	12：1（每自然年20万里程封顶）（¥3600，首年免年费，次年开始可用25万积分抵扣）			无
	AE超白金卡	10：1（每自然年100万里程封顶）（¥10000，首年达到60万有积分消费可豁免，次年开始可用60万积分抵扣）			无
兴业银行	联名卡	无	·白金6：1（¥2600,刚性年费） ·白金精英版/钛金10：1（¥500，首卡于核卡60日内交易满2000元即可减免首年年费。次年内有积分交易满30000元可减免次年年费） ·金卡15：1（¥200，首年免费，每年刷5次免除次年年费）	·白金8：1（¥2600,刚性年费） ·白金精英版12：1（¥500，首卡于核卡60日内交易满2000元即可减免首年年费。次年内有积分交易满30000元可减免次年年费） ·金卡15：1（¥200，首年免费，每年刷5次免除次年年费）	无
	行悠白金卡	10：1（每年2万里程封顶）（¥900，刚性年费）			无

*注：表中的积分不加说明默认是1元积1分。

明确了里程累积对象后，大家自然会把目光投向积分兑里程比例最高的信用卡上，前面我也提到有些信用卡持有是有年费成本的，所以除了关注兑换比例外，还要考虑到性价比因素。我建议本着卡片就少不就多的原则，先在本文住宿部分选择好的信用卡中先进行筛查，查看是否有兑换航空里程功能的卡片，我钱包里的花旗礼程卡正好具备这个功能，而且符合我累积国航里程的需求，那么这张卡片自然成了我的刷卡主力。当然，还有很多值得一办的卡片，比如浦发的AE白金卡，虽然它的积分兑换比例和花旗银行相同，但是浦发的积分活动非常多，何况此卡还附带了超值的酒店航空权益，最重要的是此卡近乎是免年费。

B. 机场贵宾权益

大家经常笑谈等飞机的时间比坐的时间还长，大量的时间消耗在托运行李、安检的排队上，头等舱和航司高级别会员可以享受优先办理登机牌、走单独安检通道、使用贵宾休息室等待遇。航司高级别会员一般都是经常在云端的空中飞人，银行也给吾等偶尔飞一次的旅客提供了另一条可能的途径：白金及以上信用卡附带的机场贵宾权益。此类权益大致分两种：一是使用银行在机场自建的休息室，有快速安检和送至登机口服务；另一种是PP、龙腾等机构在机场自建或合作的休息室。无论是哪种，都可以极大地提升我们的候机体验，从表6中提及的卡片筛选出提供机场贵宾权益的信用卡列表，大家可以在表7中进一步确认自己办理的目标。

部分信用卡提供的机场贵宾权益

银行		服务提供方			其他权益
		PP	龙腾	银行自营/租赁	
中信银行	白金卡	—	8点/年	—	—
招商银行	经典白金卡	—	—	每卡可享6次(含)免费服务，每人每次限携带1位嘉宾，嘉宾次数计入6次免费次数内	—
	百夫长白金卡	—	—	持卡人可尊享全年不限次百家机场贵宾厅登机礼遇，每次至多可免费携带1位嘉宾	—
	钻石卡				
花旗银行	礼程卡	—	6点/年，每次可携带一位同伴	—	—
浦发银行	东航联名白金卡	—	6点/年	—	—
	AE白金卡	本人不限次使用，可免费携带1人，每年6次（可一次用完）	—	—	每年送3次65公里内的境内机场接送
	AE超白金卡	本次不限次使用，每次可免费携带3人	—	—	每年境内免费接送机8次、境外100元一次可买4次

续表

银行		服务提供方			其他权益
		PP	龙腾	银行自营/租赁	
兴业银行	行悠白金	–	–	境内外各6次/年,不可携带同伴	每年4次国内接送机以及2次国际接送机
	东航/南航联名白金卡	境外本人无限次免费畅行,不可免费携带随行	–	境内本人无限次免费畅行,不可免费携带随行	每年境内40余个指定城市指定范围免费机场接送服务8次
	东航/南航联名白金卡精英版	–	–	境内本人2次免费畅行,不可免费携带随行	–

C. 延误险

坐飞机最怕什么？当晚是晚点，晚几十分钟是标配，2个小时也经常有，因为飞行要看天吃饭，天气不好，4小时以上可能也是家常便饭，所以延误险已然成为买机票时必须考虑的一个险种。不少银行信用卡向持卡人提供赠送延误险的权益，只要持卡人刷该行信用卡购买的机票，银行就会赠送其延误险，在满足延误标准后会向持卡人施行赔付。表8列出了部分国内银行提供的延误险赔付标准和赔付条件，因为各家银行都有自己的规则，所以在购买机票前最好还是要仔细阅读相关的细则，以免事后扯皮。

提供延误险权益的信用卡列表

银行	卡种	延误险赔付条件	赔付标准（最多）
中信银行	世界卡/无限卡	2小时及以上	1000元
	白金卡（含免首年年费的AE白）	2小时及以上	5000元
花旗银行	礼程卡	3小时及以上	1000元
交通银行	白金卡	3小时/6小时	500元/1000元
浦发银行	AE白金/AE超白金	4小时及以上	500元（每年最多5000元）
兴业银行	行悠白金卡	4小时及以上	600元（每年最多3000元）
招商银行	黑金卡	4小时及以上	最高5000元（含500元定额津贴）
	无限卡/百夫长白金卡		最高4000元（含500元定额津贴）

招商银行	钻石卡/经典/精致/银联白金卡	4小时及以上	最高2000元（含500元定额津贴）
	金卡		最高1000元
	普卡		最高300元

D. 卡片配置

针对飞行这一部分，首选信用卡当然是覆盖上述三个方面的：既可以累积航空里程，又附带机场贵宾权益，还自带延误险。将前三个表进行一次交集运算得到下表，列出了涵盖所有功能和权益的信用卡，最后筛除掉一些高成本的卡片，建议原因也在表中备注。

适合飞行的信用卡列表

银行	卡种	理由
招商银行	经典白金卡、钻石信用卡	经典白金很容易免掉年费，轻松获得机场权益；钻石卡虽然有年费，但有25000积分礼遇可以兑换里程，更重要的是4张免费儿童机票，年费可以抵销
花旗银行	礼程卡	交年费有返利，实交400元，但是可以兑换多家航空里程，也包括机场贵宾权益
浦发银行	AE白金卡	年费可轻松使用积分兑换，有不限次的机场贵宾权益，兑换里程也很超值
兴业银行	行悠白金卡	卡片中的接送机服务可以值回900元的年费
中信银行	中信淘宝信用卡、AE白金卡、国航联名世界卡	加持可积分兑换年费的AE白金卡，可以获得2小时起赔的延误险，中信淘宝信用卡可以快速累积人民币消费的积分，如果是国航知音金卡会员，一定要办理国航联名世界卡，此卡是中信的顶级卡且免年费

5. 餐饮

我的旅行是为了玩，而我老婆是个纯正的吃货，到哪儿第一时间就是打开某点评APP。为了方便和享受，有些银行经常有五星级酒店自助餐二免一活动，如果旅途正好入住这家酒店大可顺势吃上一顿（单身者除外）。因各大银行与餐饮的合作优惠太多，无法在此细数，建议时刻关注飞客茶馆信用卡版块，了解即时优惠。

6.卡包配置建议

综合考虑旅行过程中遇到的"吃住行"问题，大家可以从各色信用卡中选择适合自己的卡片办理。需要说明的是，不是所有清单中提及的卡片都要去办一张，选择那些力所能及的信用卡，这也是我接下来要聊的话题："理性办卡和理性消费"。

只要年满18岁的公民都可以申请信用卡，但是否获批是与申请人的工作性质、收入、资产状况和个人资信密切相关的，银行卡部可以不电话征信就直接批卡，也可能毫无缘由地拒绝。所以有些卡片虽好，但可能你无法立即办下来，比如招商银行的百夫长白金卡和钻石卡，我尝试了4次均告失败，浦发运通白金卡经历了18次网上申请才成功获批，因此大家在办卡时要摆正心态，理性对待申请结果。一般来说在一家银行办的多张信用卡是共用一个账户和额度，因此没有特别的原因，不建议持有太多一家银行的信用卡。信用卡是有年费的，各家银行都有刷次数免当年年费的政策，但是卡片一多很容易忘记，最后被银行收取了年费得不偿失。

再来聊一聊消费，信用卡积分及权益虽好，但这些积分是靠消费赚来的，消费完的账单是要用真金白银来还的，合理使用信用卡是在自身经济条件许可的情况下，切不可为了赚积分非理性消费而因小失大。有时候为了完成银行活动任务，可以合理地要一些小聪明，比如对于完成刷卡次数要求的任务，100元的话费充值可以分多次充，完成一定消费金额的任务，可以根据情况一次性购买一些购物卡（京东卡、携程卡、超市卡等）。

四、后记

因为各家银行的信用卡权益和政策变化很快，所以大家看到文中所提及的优惠或权益有被调整的可能性，不同时期不同的活动都可以经常关注飞客茶馆论坛和一些微信公众号，关于酒店和航空常旅客计划的详情可以参看第一版《飞客攻略——常旅客计划指南》了解。